1.5℃
이코노믹
스타일

기후가 걱정되는 이들을 위한 경제책

1.5도 이코노믹 스타일

ⓒ 김병권

1판 1쇄 발행 2024년 7월 22일

펴낸이 전광철 펴낸곳 협동조합 착한책가게

주소 서울시 마포구 독막로 28길 10, 109동 상가 b101-957호

등록 제2015-000038호(2015년 1월 30일)

전화 02) 322-3238 팩스 02) 6499-8485

이메일 bonaliber@gmail.com

홈페이지 sogoodbook.com

ISBN 979-11-90400-52-7 (03320)

1.5 °C

기후가 걱정되는 이들을 위한 경제책

이코노믹
스타일

김병권 지음

Economic style

COOPERATIVE
착한책가게

기후가 걱정되는가? 경제에 답이 있다

모두가 기후를 말하는 시대다. 국민의 90퍼센트 이상에게 걱정거리가 될 정도로 기후위기는 주목받는 관심사다. 세계 비즈니스 리더들 모임인 다보스 포럼은 2024년 인류가 공동으로 직면한 가장 큰 위험의 첫 번째로 '기후위기로 인한 극한 날씨'를 지목했다. 한국 시민들도 '저출산, 고령화 등 인구위기' 다음으로 심각한 사회 도전과제로서 '폭우, 가뭄 등 기후위기'를 꼽았다. 미래 세대의 이슈라고만 치부했던 기후위기가 당장 지금 세대의 문제이자 나의 관심사로 당겨졌다. 여유 있는 이들의 근심거리일 뿐이라고 외면하기에는 기후재난이 너무 가깝게 일상 곁으로 찾아왔다.

그 때문인지 지구 온난화나 기후위기에 대한 정보를 알려주는 책들이 부족하지 않을 정도로 나오고 있다. 모두 말한다. 더 이상 텀블러를 들고 다니고 쓰레기를 분리수거하는 것만으로는 기후위기를 막을 수 없다고. 그래서 되묻는다. 그러면 달리 뭘 더해야 할까? 이

질문에 속 시원한 답을 찾기 어렵다. 답답하다. 그래서인지 어떤 이들은 '기후 우울증'을 호소하기도 한다. 냉소적인 비관주의자가 되기도 한다. 상황이 점점 더 심각해지는 것을 알면서도 이에 대처해서 내가 무엇을 하면 되는지가 손에 잡히지 않기 때문이다.

기후는 자연현상이고 자연과학자들이 잘 설명해줄 수 있다. 하지만 지구 위의 생명체들이 안정되게 살도록 균형을 이뤄온 기후 시스템을 망가뜨리고 있는 것은 자연이 아니라 인간이다. 200여 년 전 영국에서 시작된 산업혁명과 경제팽창은 막대한 양의 석탄과 석유, 가스 같은 화석연료를 땅속에서 캐내 대량으로 태우며 거침없이 나아갔다. 그 결과 엄청난 산업화에 성공하고 놀랄 만한 물질적 풍요를 이루며 화려한 20세기 문명을 누리게 되었다. 그런데 대량의 화석연료를 탕진하면서 물질적 풍요에 빠져 사는 동안, 다른 쪽에서는 기후와 생태계의 균형이 무너져 내리는 값비싼 대가를 치루고 있음을 알아차리지 못했다.

화려한 물질문명을 누린 대가가 기후위기라면, 기후를 진정시킬 해법 역시 물질적 풍요를 누리게 해준 현대 경제에서 찾아야 한다. 기후변화를 일으킨 원인의 중심에 경제가 있기 때문이다. 기후위기의 심각성이나 파괴력은 자연과학이 알려줄 수 있지만, 위기를 막을 방법은 사회과학과 경제학의 지혜에 의지해야 한다. 바로 여기에 이 책을 쓴 목적이 있다.

더 많은 생산과 더 많은 소비, 더 많은 수익을 끝없이 추구하는 현대 경제는 더 많은 에너지와 자원이 필요하다. 에너지의 80퍼센트는 석탄, 석유, 가스라는 화석연료에서 나온다. 그런데 바로 화석에너지가 기후변화를 일으키는 온실가스 배출의 주범이다. 화석연료라는 거대한 에너지에 올라탄 자본주의 경제 시스템은 매년 고도성장을 거듭하면서 에너지와 자원을 흡수하였고, 지구 생태계가 감당하기 어려울 정도로 엄청난 온실가스를 뿜어냈다. 화석연료와 자본주의 무한성장 엔진이 통합된 지금의 '화석경제'를 바꾸지 않고서는 기후위기를 막을 수 없다.

자연과학의 시선으로 기후변화를 진단하고 위기 대응을 말하는 책들이 쏟아져 나오는 것과 달리, 경제학의 시각에서 해법을 모색한 책은 매우 드물다. 아직 제대로 된 기후위기 대응이 안 되는 이유 중 하나가 여기에 있을지 모른다. 다행스럽게 최근에 기후위기 해결책을 경제전환에서 찾으려는 움직임이 커져가고 있다. 2024년 1월 24일 〈뉴욕타임스〉에는 아주 흥미로운 기사가 실렸다. 제목이 "이제 우리는 모두 기후 경제학자다(We're all climate economists now)"였다. 최근까지 경제성장을 위해 불가피하게 치러야 할 비용쯤으로 환경문제를 대했던 경제학도 더는 기후위기와 환경파괴를 외면할 수 없게 된 것이다.

물론 기후나 환경문제를 전문적으로 다루는 전통적인 경제학 분과가 있다. 바로 환경경제학이다. 그런데 환경경제학은 기후위기나 환경피해를 우리 경제활동의 예외적이고 부수적인 결과로만 취급한다는 결정적인 한계가 있다. 1970년대부터 세계 유수의 대학에서 환경경제학을 연구하고 기후 해법을 개발해 왔지만 '탄소가격' 말고는 이렇다 할 대안이나 실제적인 대책이 없었던 이유다. 하지만 실망할 필요는 없다. 비슷한 시기에 유한한 지구의 생태적 한계 안에서 안전한 경제활동을 추구할 방법을 연구해온 새로운 경제학 분과인 생태경제학ecological economics이 생겨나서 상당한 연구 성과가 쌓여왔기 때문이다. 그리고 최근 기후위기 대응을 위한 강력한 해법들을 쏟아내고 있다.

이 책은 전통적인 환경경제학의 한계에서 벗어나 생태경제학의 관점에서 기후위기를 막고 경제적 번영을 이룰 다양한 대안들을 보여주려고 한다. 한국 대학에서 생태경제학은 사실상 전혀 다루지 않고 연구자들도 거의 없을 정도로 낯설다. 생태경제학이 어려워서가 아니다. 생태경제학은 기존 경제학에 넘쳐나는 복잡한 수학 공식들도 많지 않은 데다가 오히려 현실과 자연의 섭리와 가까워서 비전공자라도 훨씬 직관적으로 쉽게 이해할 수 있다. 자연에 관통하는 생물리학적 법칙이 경제학에도 예외 없이 작용한다는 점을 강조하므로 이공계 분야를 전공한 이들도 빠르게 습득할 수 있다는 장점까지 있다. 하지만 지금까지 경제학은 물론이고 사회과학과 심지어 환경운동조차 아직 생태경제학을 진지하게 탐구하지 않았다.

이런 척박한 상황에서 벗어나는 데 보탬이 되고자 지난 2023년 《기후를 위한 경제학》을 썼다. 생태경제학의 관점에서 기후위기 해법을 모색하는 한편, 지구 생태계의 수용 능력 안에서 우리 경제를 재구성할 대안을 보여주기 위해서였다. 번역한 책이 아닌 사실상 최초의 생태경제학 소개서였다. 많은 독자들이 관심을 보여주었고, 2023년 한 해 동안 약 100여 차례 기후시민들이 초대한 강의에 참여했다.

 그사이에 《기후를 위한 경제학》은 민중경제학자 유인호 선생을 기리는 '일곡 유인호 학술상'을 수상했고, 서점인들이 뽑은 '올해의 경제경영서'에 선정되었다. 전국 도서관 사서들이 뽑은 '사서 베스트 21선', 국립중앙도서관 '8월 사서추천도서', 환경정의가 뽑은 '올해의 환경책'에도 잇달아 선정되기도 했다. 정부가 출판문화를 진흥하기 위해 매년 선정하는 '세종도서'에도 포함되었다. 기후를 위해 경제를 어떻게 바꿔야 할지 알려는 기후시민들의 욕구가 그만큼 컸기 때문이라고 믿는다.

 하지만 《기후를 위한 경제학》은 450쪽에 가까울 정도로 분량이 많고 내용도 다소 학술적인 면이 없지 않다. 이 점이 더 많은 기후시민이 함께 읽고 토론하면서 기후 대응을 위한 실천에 참고하는 데 어려움을 주었다. 학술적 설명을 대폭 줄이고 기후 대응을 위해 꼭 필요한 주제들을 선별해서 간결하게 압축한 콘텐츠가 필요하다는 많은 요청이 있었다. 이 책은 그래서 현장 기후활동가, 기후시민, 기후 대응에 관심이 많은 청소년 등이 좀 더 쉽게 접근할 수 있도록 하는 데 주의를 기울였다. 기후를 바꾸지 않고 경제를 바꾸려면 무엇을 해야 할지 기후시민의 관점에서 말하는 기후경제학, 생태경제학 책이 되도록 말이다.

 기후위기가 더 방치할 수 없을 만큼 심각하다는 것을 알았다면, 이제 주변 동료시민들과 함께 당장 무엇을 해야 할지 토론하고 실천하는 것이 필요하다. 우리가 지구 위에서 안전하게 살아갈 한계선은 지구 평균온도를 추가로 1.5도 이상 높이지 않을 때 지킬 수 있다. 이를 위해 경제구조를 바꾸고 도시를 바꾸고 개인의 삶도 바꿔야 한다. '1.5도 이코노믹 스타일'이 이 책의 제목인 이유다. 기후를 위해 기꺼이 각자의 일상을 바꿀 마음이 생기고, 기후시민들과 함께 힘을 모아 우리의 경제를 바꾸자고 목소리를 낼 준비가 되어 있는 더 많은 독자들께 이 책이 도움이 되길 바란다.

역대 가장 더운 날씨 기록을 경신하고 있는 6월,
심학산 아래에서 김병권 씀

차 례

들어가는 말

하나뿐인 지구에서 전환을 외치다

"모든 것이 변해야 합니다. 지금은 저항할 때입니다!"

2003년생인 스웨덴 청소년 그레타 툰베리의 외침이다. 툰베리는 232년 만에 가장 더운 폭염이 있었던 2018년 여름, '기후를 위한 학교파업school strike for climate'이라는 피켓을 들고 매주 금요일에 학교를 결석한 채 국회의사당 앞에서 1인 시위를 했다. 툰베리의 활동은 순식간에 전 세계 청소년과 청년들의 공감을 불러일으켰다. 그뿐 아니라 기성세대의 성찰과 자각을 일깨우는 데 엄청나게 중요한 역할을 했다. 2015년 겨울에 195개국이 기후위기를 막겠다며 했던 파리협약의 약속이 문서로만 남아 힘을 잃고 있을 때 이들을 깨운 것은 툰베리와 청소년들이었다.

툰베리가 주도한 결석파업은 기후운동의 방향을 바꾸는 데 결정적인 역할을 했다. 이 파업은 다음해에 곧 세계적 기후운동인 '미래를 위한 금요일^{Fridays for Future}'로 이어졌다. 2019년 3월과 9월에 전 세계의 수백만 청소년과 청년이 참여한 기후파업으로 확산되던 것이다. 마치 "인류와 환경의 관계가 무너지면서 그 역풍으로 나타난" 초대형 재난인 코로나19가 2020년 세계를 휩쓸 것을 예견이나 한 것처럼 말이다. 청년들의 강력한 호응을 업고 툰베리는 2019년 9월 유엔 총회장에 직접 나와 기성세대 지도자들에게, "어떻게 감히(How dare you)" 지구가 이토록 위험에 처하도록 방치할 수 있는지 꾸짖었다.

닥쳐올 기후재앙을 막으려 2018~2019년 동안 세계 곳곳에서 미래 세대들이 거리로 나오기 시작한 광경을 목격하면서 미국의 진보적 생태주의자 존 벨라미 포스터는 이렇게 말했다.

"툰베리와 학생 기후파업 운동, 선라이즈 운동, 멸종저항, 그린뉴딜의 급부상은 모두 1년 내의 짧은 기간에 일어났다. 실제 시위와 파업에 참여한 수백만 기후변화 활동가 대다수는 청년이다. 선진 자본주의 국가에서 환경 투쟁의 거대한 변혁이 일어나고 있다."

언론도 움직이기 시작했다. 이전부터 기후변화와 환경 이슈에 매우 적극적으로 반응해왔던 영국 언론 〈가디언〉은 2019년 5월, 수동적이고 온화한 이미지로 다가오는 '기후변화^{climate change}'라는 용어를 더 이상 사용하지 않고, 대신 '기후 비상사태^{climate emergency}', '기후위기', '기후붕괴'와 같은 용어를 쓰겠다고 선언했다. 기후위기가 인류에게 재앙이 될 수 있다고 강조해온 과학자들의 주장을 독자들과 분명하게 소통하기 위해서라고 편집장은 그 취지를 덧붙였다.

2019년 5월에 오스트리아에서 열린 기후 정상회담에서 발언하고 있는 그레타 툰베리. 그는 권력을 가진 사람들이 기후위기를 막기 위해 아무것도 하지 않으며 미래를 훔치고 있다고 강하게 질책했다.

2021년 9월 24일 베를린에서 열린 '미래를 위한 금요일' 시위에 나선 툰베리. 맨 앞줄 흰색 상의에 메가폰을 든 이가 툰베리다.

심지어 2022년 4월에는 종일 실험실이나 연구실에 있을 법한 자연과학자들 1천여 명이 시위 참여자가 되었다. 대학과 연구소에서 일하는 기후과학자들이었다. 미국 항공우주국^{NASA} 소속 과학자도 있었다. 이 시위를 기획한 것은 2021년에 결성된 과학자 멸종저항 단체인 '과학자 저항운동^{Scientists Rebellion}'이었다. 도대체 왜 자연과학자들이 연구실을 뛰쳐나와 사회를 향해 직접 목소리를 내려고 작정했을까? 과학자 저항운동 멤버이면서 나사 소속 과학자인 피터 칼머스는 자신들이 거리로 나온 이유를 이렇게 힘주어 말했다.

> "과학자들이 거리에 왜 뛰쳐나왔냐고요? 우리가 얼마나 심각한 상황에 있는지를 알리기 위해서요. 지금은 실험실에 있을 때가 아니라 행동해야 할 때입니다."

새롭게 떠오르는 기후 해법들

전 세계 국가 지도자들이 모여서 '파리협약'을 맺었는데도 불구하고 지지부진하던 정치권의 기후 대응이 그제야 조금씩 진전을 보이기 시작했다. 이번에도 청년들이 움직였다. 우익 포퓰리스트 트럼프 미국 대통령이 파리협약 탈퇴를 공언하고 기후위기를 공공연히 부인하던 2018년, 청소년 기후운동 단체인 선라이즈 운동의 지원 아래 1989년생 남미계 정치인 오카시오코르테스가 하원 선거에서 역사상 최연소 민주당 의원으로 당선되었다.

그는 당선되자마자 선라이즈 운동 구성원들과 함께 의회 안에 기후 특별위원회를 만들자며 하원의장실 점거농성에 합류하는가 하면, 2019년 2월 에드워드 마키 상원의원과 함께 기후위기 대응을 위한 종합 정책 패키지인 '그린뉴딜 결의안'을 제출했다. 그린뉴딜은 순식간에 미국 대선의 최대 이슈로 떠올랐고, 유럽에서는 2019년 말 '유럽 그린딜'이라는 정책으로 곧장 실현되었다. 미국 역시 2020년 조 바이든 민주당 대선 후보가 그린뉴딜을 공약했고, 집권 1년 반 동안의 우여곡절 끝에 2022년 8월 '인플레이션 감축법'(일명 IRA)이라는 다소 뜬금없는 이름의 기후대응법으로 부족하나마 결실을 맺었다.

심상치 않은 전 세계 기후 대응의 큰 물결이 늦었지만 한반도를 비껴갈 수는 없었다. 2020년 총선에서 녹색당과 정의당, 민주당이 한국판 '그린뉴딜' 공약을 처음으로 들고 나왔다. 이런 분위기를 타고 문재인 정부는 코로나19 이후의 경제사회 회복 프로그램으로 디지털뉴딜과 함께 그린뉴딜 정책을 시행하는가 하면, 2050년까지 한국도 온실가스 순배출을 제로로 만들겠다는 탄소중립을 약속했다. 하지만 미흡한 내용과 안이한 속도에 분노한 시민들은 '기후 대신 시스템을 바꾸자!'며 광장으로 나오기도 했다.

2020년부터 2년 넘게 지속된 코로나19 재앙에 직면한 시민들이 과거에는 당연한 것으로 여기며 누려오던 일상이 멈추는 경험을 한 것도 기후 대응에 큰 영향을 주었다. 경제사학자 애덤 투즈는 코로나19로 인해 전 세계가 동시에 멈춰버린 상황을 다음과 같이 극적으로 표현했는데, 이는 마치 기후재앙이 닥쳤을 때 일어날 수 있는 상황의 예고편 같은 것으로 볼 수 있다.

"2020년 상반기와 같이 전 세계 국가의 약 95퍼센트에서 1인당

GDP가 동시에 감소한 사건은 현대 자본주의 역사에서 단 한 번도 없던 일이었다. 30억 명이 넘는 성인이 일시에 해고를 당하거나 재택근무를 하기 위해 고군분투했다. 16억 명에 달하는 젊은이들의 교육이 중단되었다. 유례가 없을 정도로 무너진 가정생활과는 별개로, 세계은행은 인적 자본의 상실로 인한 평생 수입 손실이 10조 달러에 달할 것으로 추정했다."

코로나19 팬데믹이 세계를 멈추게 만들자 시민들은 오늘 당연하다고 생각했던 일상이 내일도 절대로 당연하게 오는 것이 아님을 깨닫고 과거와 다른 미래를 꿈꾸기 시작했다. 2020년 4월 코로나19 팬데믹 한복판에서 네덜란드의 수도 암스테르담은 특별한 선언을 한다. 코로나19 이후의 회복은 과거처럼 개발과 성장에 치우치는 대신에, "생태적 한계를 잘 지키면서도 동시에 시민에게 최소한의 복지를 보장"하는 이른바 '도넛 경제'를 비전으로 삼겠다는 것이다. 지구에 추가로 부담을 주지 않으면서 모두에게 좋은 삶의 질을 제공한다는 아이디어는 영국 생태경제학자 케이트 레이워스의 제안이다. 암스테르담은 기후를 위해 성장과 개발 대신에 생태와 복지에 초점을 두고 도시의 미래를 만들어가기로 결정한 것이다.

도넛 경제가 안내하는 비전에 따라 도시의 미래를 열어가려는 시도는 이미 미국의 필라델피아, 포틀랜드가 시작했고, 코로나19 이후 암스테르담의 뒤를 이어 덴마크 코펜하겐, 캐나다 나나이모, 뉴질랜드 더니든을 포함해서 세계 곳곳의 도시들이 속속 합류했다.

한편, 프랑스 카를로스 모레노 교수가 도시의 삶을 획기적으로 바

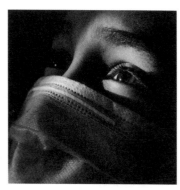

코로나19 팬데믹은 세상을 바라보는 관점을 크게 변화시켰다.

꿀 아이디어로 제안한 '15분 도시' 개념을 공약으로 전격 수용한 안이달고 파리시장 후보는 2020년 6월 당선 이후 기후에 안전한 파리를 재구성하는 작업에 착수했다. 학교와 상점, 병원, 직장 등이 가급적 15분 거리 안에 있어야 한다는 15분 도시 개념은 단순한 도시 교통 계획이 아니라 기후에 안전하도록 도시민의 삶을 바꾸는 비전이었다. 모레노 교수는 "근거리 이동이야말로 평온한 도시개발을 위한 새로운 접근법이다. 관건은 도시의 본질적인 사회적 기능, 즉 주거, 노동, 생활 필수품 조달, 교육, 건강, 여가와 같은 여섯 가지 기능에 접근할 수 있는 반경을 줄이는 것"이라고 강조한다. 그리고 2024년 현재 전 세계에서 50개의 15분 도시가 운영되고 있으며, 앞으로 더 많은 도시가 운영될 것이라고 말한다.

도넛을 지향하는 도시, 15분 도시들은 모두 코로나19 이후 많은 도시의 시민들이 기존의 도시정책을 버리고 기후에 안전하고 복지를 함께 보장할 새로운 방향전환을 시작했음을 알려준다. 이렇게 기후 대응 해법들은 국가와 도시 차원에서 그린뉴딜과 도넛 경제, 15분 도시라는 이름으로 조금씩 현실이 되었고, 조금씩 더 많은 지역에서 더 많은 이들이 참여하는 새로운 프로젝트로 자라나고 있다.

그런데 기후 비상사태에 대응할 것을 촉구하는 저항이 곳곳에서 벌어지고, 그린뉴딜, 도넛 경제, 15분 도시 등 기후를 위한 대안들이 쏟아져 나오는 바로 그 시점에, 세상을 완전히 새로운 방식으로 사고하고 접근해야만 지금 지구에서 벌어지고 있는 이상 격변을 온전히 이해할 수 있다는 새로운 움직임이 일어나고 있었다. 바로 기후위기 시대에 살고 있는 지금을 '인류세'라는 완전히 다른 지질학적 시대로 정해야 한다는 움직임이다.

인류세, 지금대로의 삶은 가능하지 않다

인간이 농사를 짓고 현대문명을 이루게 해준 따뜻하고 안정된 기후가 형성된 것은 마지막 빙기가 끝났던 11,700년 전부터다. 지질학자들은 이 시기부터 지금까지를 홀로세Holocene라고 부르고 있다. 그리스어 Holos에서 유래한 Holo에는 '가장 최근'이라는 의미가 있기에 홀로세는 현재의 시대를 뜻한다. 그런데 기후위기가 말해주듯 인류의 경제활동 탓에 지구 생태계가 온화한 홀로세와 영원히 단절하여 새로운 지질학적 시간대에 들어갔다는 주장이 제기되었다.

이 문제를 정식으로 다루기 위해 지질학적 시간 척도를 관리하는 기구인 국제지질과학연합의 국제지층위원회ICS는 2009년에 실무그룹을 만들었다. 최근의 행성적 변화를 과연 새로운 지질학적 연대로 추가할 만한 가치가 있는 것인지를 무려 15년 동안 조사해온 실무그

네바다 핵폭탄 실험
1953년 네바다에서 실시된 핵무기 실험은 인류세를 특징짓는 인간 활동 중 하나였다. 〈사이언스〉는 "인류세는 죽었다. 인류세 만세"라는 2024년 3월 5일자 기사와 함께 이 사진을 크게 실었다.

룹은 모든 증거를 수집하여 드디어 1950년대 이후에 인류세가 시작되었다고 결론을 내렸다. 그리고 2024년 3월 이를 소위원회 표결에 부쳤다. 하지만 새로운 지질학적 시대를 여는 '인류세' 공식 승인 여부에 대한 투표 결과 18명 가운데 12명이 반대해 부결되었다.

저명한 과학잡지 〈사이언스〉지는 "인류세는 죽었다. 인류세 만세(The Anthropocene is dead. Long live the Anthropocene.)"라는 제목으로 그 소식을 전했지만, 사실 인류세 제안에 반대하는 사람 중 기후변화를 포함한 인간의 영향이 지구에 미치는 막대한 영향을 의심하는 사람은 거의 없다. "핵실험으로 인한 방사성 핵종, 플라스틱과 산업 폐기물, 콘크리트 및 금속 오염물질, 급격한 온실효과, 급격한 생물종 멸종 증가 등" 현대문명의 산물들이 지층의 광물 기록에 뚜렷한 흔적을 남기고 있기 때문이다. 그렇기에 인간이 유발한 지질학적 조건의 변화가 홀로세의 종말을 가져올 만큼 심대했다는 것은 지질학자들조차 외면하지 못한다.

어쨌든 인류세를 상징하는 지구 시스템의 변화는 총체적으로 되돌릴 수 없다. 지구가 100년 전 또는 산업혁명 이전으로 돌아가는 것은 이제 불가능해졌다는 말이다. 그만큼 인류세의 위험은 실존적이며 "우리는 집단적으로 어둠 속으로 돌진하고" 있는 중이다. 다만 지질학자들이 인류세를 대부분 좁고 기술적인 문제로 엄격히 정의하려다 보니 부결되었던 측면이 있다.

일부에서는 인류세를 '시대epoch' 차원의 구분이 아니라, 지질학 용어로 좀 더 느슨한 '사건event'으로 정의하자고도 말한다. 사건은 공식 타임라인에는 나타나지 않고 시작 날짜를 승인하는 위원회가 필요하지도 않다. 예를 들면 대량 멸종, 생물다양성의 급격한 확장, 21억~24억 년 전 지구의 하늘이 산소로 채워진 것 등 지구에서 일어난 가장 중요한 상당수가 사건으로 분류되어 왔다.

비록 지질학자들이 공식적으로 인정하지 않았더라도 사회과학을 포함한 다양한 영역에서 인류세라는 용어는 오히려 더 자주 사용될 것이다. 국제지질과학연합 역시 "지질학적 시간 척도의 공식 단위로서는 부결되었지만 인류세는 지구 및 환경 과학자뿐만 아니라 사회과학자, 정치인, 경제학자뿐만 아니라 일반 대중에 의해서도 계속 사용될 것"이라고 명확히 인정한다. 인간 현대문명의 토대가 되어온 홀로세의 안정된 기후 조건을 인류 자신이 파괴한 결과 인류세에 진입했다는 것은, 인류의 삶이 완전히 새로운 국면으로 접어들었음을 말해준다. 또한 미래의 경제와 삶이 절대로 과거와 같을 수 없다는 것을 시사한다.

이야기를 잠깐 돌려보자. "건물을 보면 그것이 얼마나 오래되었는지 묻지만, 산을 보면 그 산이 얼마나 오래되었는지 절대로 묻지 않는다." 왜일까? 산은 그냥 주어져 있는 배경, 태어나기 전부터도 거기에 있었고, 죽을 때까지 거기에 그대로 있을 거라고 당연하게 생각하기 때문이다. 건물은 인간 세계의 시간에 따라 만들어지고 사용되고 파괴되지만, 산은 지질학적 시간에 따라 만들어졌고 거기에 존재하고 또 먼 미래 언젠가는 지층활동으로 사라질 수 있을 것이다.

하지만 이제 그 산이 언제까지 거기 있을 수 있는가를 물어야 하는 시대, 비가 언제까지 내리던 대로 내리게 될지, 지금까지 보아왔던 해안선이 언제 바뀔지, 익숙한 식물들과 동물들이 언제까지 존재할 수 있을지 물어야 하는 시대가 되었다. 이렇게 지질학적 시간이 인간 세계의 역사적 시간표 안으로 들어온 시대가 바로 인류세다.

인도 출신의 저명한 역사학자 디페시 차크라바르티는 이렇게 표현했다. "원래 인간의 연대기는 지질학적 시간의 광대함에 비해 보잘것없으며, 인간의 활동은 지질학적 과정의 힘에 비해 하찮았다." 하지만 화석연료라는 프로메테우스의 불을 손에 쥐고 무한 경제성장을 계속한 결과, 이제 "우리는 실제로 지질학적 행위자가 되어" 수만 년, 수백만 년, 수억 년에 걸쳐 변화하는 지구의 탄소순환 시스템을 교란하여 지구 온난화를 초래한 것이다. 또한 수십만, 수백만 년에 걸쳐 진행되어 왔던 생물학적 진화과정을 건너뛰어 불과 수십 년이라고 하는 극히 짧은 인류 역사의 시간대에서 생물다양성도 파괴하기에 이르렀다. 이렇게 지질학적 시간대, 생물학적 시간대와 인류 역사의 시간대는 인류세에서 서로 얽히게 되었다. 한마디로 "인간의 역사와 자연사 사이의 벽이 뚫리는" 시대를 불러온 것이다.

우리는 지금 "행성의 역사와 인류의 역사, 유구한 역사와 기록된 역사, 종을 생각하는 것과 자본에 대한 비판"이 서로 얽혀 들어가는 시대에 살고 있다. 얼마 전까지는 행성 지구와 그 위 생명의 그물망들은 인간 세계 역사의 배경 같은 것이었다. 하지만 인간이 지질학적 행위자로 점프하면서, 행성 차원과 생물권 차원, 그리고 인간 세계의 차원이 섞이게 된 것이다. 문제는 인간이 "행성 과정에 개입할 능력을 획득했지만, 그 행성 과정을 고칠 능력은 (적어도 아직은) 확실히 획득하지 못했다"고 차크라바르티는 한탄한다.

오늘날 우리의 대의는 기후 대응이다

하지만 아직 고칠 능력이 없다는 판단은 섣부르다. 지구라는 행성의 오랜 역사를 교란하고 있는 인류의 경제와 사회 시스템을 제자리로 돌려세워서 행성의 역사, 생물권의 역사, 인류의 역사가 미래에 서로 공존할 수 있는 최소한의 길을 밝혀줄 지혜를 찾을 기회의 창은 아직 완전히 닫히지 않았다. 이를 위해 필요한 과학지식과 기술, 자본과 국가의 능력 역시 부족하지 않다. 부족하다면 그것은 화석연료를 등에 업고 폭주하는 거대 기업들의 이윤 추구 활동에 브레이크를 밟을 정치적 의지다.

영국 언론 〈가디언〉지가 2024년에 전 세계 기후 전문가 380명에게 이번 세기 안에 지구의 평균온도가 얼마나 상승할 것인지를 물었다. 불행히도 전체 응답자의 77퍼센트가 최소 2.5°C를 넘어갈 것이라고 대답했다. 그런데 기후 대응에 실패한 원인으로서 과학지식 부족(4퍼센트)이나 기술 부족(6퍼센트)을 꼽은 이는 많지 않다. 심지어 자본이 부족하기 때문이라는 대답도 1/4에 불과했다. 대부분은 이윤 추구를 포기하지 못하는 기득권 기업들(60퍼센트), 그리고 특히 3/4이 정치적 의지 부족을 가장 큰 원인으로 지목했다. 정치적 의지는 선한 정치 리더를 기다리면 나오는 것이 아니다. 시민들이 만들어 내야 한다. 시민들이 스스로 기후소비자를 넘어 기후시민으로, 기후유권자로, 그리고 기후정치인으로 거듭나야 한다. 기후가 우리의 삶과 미래를 완전히 바꾸기 전에 우리 스스로가 변할 시점인 것이다.

세계적으로 기후위기의 상황과 해법을 정기적으로 종합하는 가장 권위 있는 기관인 기후변화정부간패널IPCC이 기후변화를 그 어느 때보다 엄중하게 경고한 〈6차 종합보고서〉를 발표했던 2023년 3월, 영국 공영방송 BBC는 보고서가 경고한 기후위기가 정확히 어떤 상황인지를 다음과 같이 다섯 가지로 압축했다.

첫째로, 지구 평균온도가 1.5℃ 넘게 상승하는 것을 막을 가능성이 거의 없을 만큼 이미 선을 넘어버렸다는 것이 핵심이다. 이제부터는 설령 1.5℃ 목표치를 초과하더라도 가능한 한 빨리 다시 기온을 낮추는 데 사력을 다해야 하고 이를 위해 2050년보다 더 빨리 온실가스 순배출 제로에 도달해야 한다. 둘째 기후과학이 말하는 가장 시급한 메시지는 화석연료를 가능한 한 빨리 더 이상 태우지 말라는 것, 즉 땅속의 화석연료를 이제 그냥 내버려 둬야 한다는 것이다.

셋째로, 최종 소비자들의 행동 변화가 2050년 예상 배출량의 40~70퍼센트를 줄일 수 있을 만큼, 문제 해결의 상당한 힘은 시민에게 있으므로 식물성 식단으로 전환하고, 비행기를 피하고, 더 걷기 좋고 자전거 타기 좋은 도시를 건설하는 식으로 과감한 시민 실천을 시작하자고 제안한다. 넷째로 지금 우리의 행동과 앞으로 2030년까지 전 세계에서 인류가 내리는 결정이 앞으로 수천 년을 결정할 것임을 자각하자고 권한다. 그리고 마지막으로 기후 대응이 이제 '과학을 넘어 정치의 문제'가 되었다고 결론 내린다. 인류세 시대의 기후 대응이 어떠해야 하는지를 정말 잘 요약해주고 있다.

"모든 세대에겐 각자 크고 중요한 대의가 있는데 오늘날 우리의 대의는 기후변화 대응이다." 필립 레빈 전 마이애미 시장이 한 말이다. 매우 시의적절한 표현이 아닐 수 없다. 이제 〈사이언스〉지의 표제를 바꿔서 말해야겠다. "인류세는 죽지 않았다." 지구라는 행성을 파괴하는 힘으로서가 아니라 '고칠 수 있는 힘'으로서 우리의 역량을 발휘하는 인류세를 시작할 때이다. 기후시민 한 사람 한 사람이 여기에 함께할 수 있을 것이다.

2020년 코로나19가 세계 경제를 덮쳤을 때 저명한 국제경제학자 대니 로드릭도 "세계 경제의 운명은 바이러스가 무엇을 하느냐에 있지 않고, 우리가 어떻게 대응하느냐"에 달려 있다고 아주 적절히 지적했다. 기후위기도 마찬가지다. 기후위기가 세상을 얼마나 잔혹하게 파괴할지 두려워하기보다, 어떻게 위기 대응을 적극적으로 준비해 나가고 실천으로 옮길지 고민하자. 그를 위한 첫 단계는 위기를 불러온 지금의 경제를 성찰해보고 기후가 아니라 경제를 어떻게 바꿔나갈지 탐구하는 것이다.

그러면 이제부터 우리 경제의 어떤 지점에 기후위기를 일으킨 원인이 숨어 있는지 하나씩 짚은 후에 어떻게 하면 1.5도 경제 스타일을 향해 나아갈 수 있을지 본격적으로 살펴보도록 하자.

1

1부

뿔난 지구가
던지는
레드카드

기후가 안전한 경계선을 넘어 위기를 향해 치닫고 있다. 전 세계 195개국이 2015년 파리협약을 맺고 지구의 평균기온 상승 제한 목표를 1.5°C로 하자고 약속한 후, '1.5°C 안전 경계선'은 인류가 안전한 미래를 살아갈 수 있는 경계선으로 알려졌다. 하지만 2023년 1년 지구 평균기온은 산업화 이전 대비 이미 1.4~1.5°C까지 올라가면서 안전 경계선에 바짝 접근했다. 그 결과 인류가 농사를 짓기 시작하며 문명을 일군 지난 1만 년 동안 한 번도 경험하지 못한 세계, 어떤 역사적 경험도 참고가 되지 못하는 '미지의 영역'에 들어가게 되었다.

인간의 지적 능력에 도전할 정도의 인공지능 개발이라는 성취를 이룬 21세기 번영의 시대에 어째서 이렇게 파괴적인 재앙 앞에 속수무책이 되었을까? 바로 엄청난 번영을 위해 지구의 자원과 에너지를 무분별하게 끌어다 썼기 때문이다. 현대 자본주의는 놀라운 경제성장과 넘쳐나는 물질적 번영을 안겨 주었지만, 이를 뒷받침하기 위해 막대한 에너지를 끌어와야만 했다. 특히 1950년대 이후 전 세계에서 화석연료를 대량으로 태우며 대량 생산과 대량 소비의 시대를 연 결과, 유한한 지구가 이를 감당하지 못하게 되었고 온난화, 생물다양성 파괴, 해양 산성화 등으로 지구 전역에서 파열이 일어나고 있다. 기후위기는 파괴적인 무한성장에 보내는 강력한 경고장이다.

그래도 이제껏 쌓아온 경제적 자원과 첨단기술이 끓어오르는 지구를 식혀 줄 수 있지 않을까? 조만간 눈부시게 발전하는 인공지능이 우리를 구원할 수도 있지 않을까? 하지만 최근 벌어지는 상황을 보면 전혀 가망이 없다. 더 똑똑한 인공지능은 더 많은 에너지를 요구한다. 더 많은 데이터를 처리할 데이터센터와 각종 장비가 필요하기 때문이다. 예를 들어 인공지능이 결합된 검색도구를 이용하면, 이전의 구글 검색보다 10배나 많은 에너지를 소비한다. 인공지능 세계야말로 공짜 점심은 없다.

인구가 늘어나 100억을 넘으면 지구에 크게 해롭다고 말한다. 그러면 인간이 아니라 인공지능이 폭발적으로 늘어나면 지구에 해롭지 않을까? 사실 수백만 년 진화의 산물인 인간이야말로 가장 효율적인 '열역학 엔진'이다. 2016년 바둑 최고수 이세돌과 인공지능 알파고의 대국을 기억해보자. 이세돌의 참패로 끝났지만 사실 그 대국은 에너지 소모로 보면 공정하지 못했다. 이세돌은 대국을 위해 밥 한 끼, 즉 20와트 정도의 에너지를 소모했다. 이에 비해 알파고는 약 2천여 개의 컴퓨터 칩을 돌리느라 그 5만 배인 100만 와트의 전기를 썼기 때문이다.

만약 지금처럼 인공지능 붐이 계속되면, 앞으로 기후의 최대 빌런은 인공지능이 될지 모른다. 인공지능 투자에 매달리느라 마이크로소프트는 애초에 약속한 온실가스 감축 계획을 한참 벗어나 오히려 2023년 온실가스 배출이 늘었다. 인공지능이 해결책이 아니라 점점 더 문제 그 자체가 되고 있는 것이다. 그러니 이제 더 이상 챗GPT에게 기후위기를 어떻게 해결할지 묻지 말자. 온실가스만 더 발생하고 마니까.

1장

무한히 팽창하는
경제가 몰고 온
기후 비상사태

1

북극곰만
위험에 빠진 것이 아니다

기후변화 다큐멘터리나 경고 홍보물에서 압도적으로 많이 등장하는 두 주인공은 '생존 위험에 처한 북극곰'과 '불타는 지구'다. 하지만 두 주인공을 비유하여 기후위기를 설명하는 방식은 뜻하지 않는 오해를 낳을 수 있다. 기후변화로 북극의 빙산이 빠르게 녹아내리고 있어 북극곰의 생존 공간이 점점 좁아지는 것은 물론 사실이다.

한국해양안보포럼 자료에 따르면 "북극지역은 기후변화에 대해 가장 민감하게 반응하고 환경파괴에 따른 영향이 가장 심각하게 나타나는 지역"이다. 지구 전체의 평균온도가 1℃ 상승할 때 북극의 온도는 2.5℃ 이상 올라간다고 한다. 그 결과 "일년생 해빙은 물론 수년간 단단하게 다져진 얼음도 급속히 감소하고 있다. 그 어떤 기후모델이 예측했던 것보다 빠른 속도"다.

당연하게도 해빙을 발판 삼아 바다표범을 사냥하며 살아가던 북극곰의 생존 여건은 갈수록 나빠지고 있다. 하지만 위험에 빠진 것은 북극곰 같은 야생 동물들만이 아니다. 점점 더 빈번해지는 폭우나 가뭄, 폭염과 한파 등 극단적 기후는 우리 인간의 삶도 위협한다. '장마가 아니라 기후위기'라는 말을 유행시키며 54일간 지속되었던 2020년의 장마, 반지하에 살던 일가족 3명의 목숨을 앗아가고 포항제철소를 물에 잠기게 하여 수조 원의 피해를 냈던 2022년 홍수, 오송역 참사를 불러일으킨 2023년의 폭우 등 기후변화로 발생한 기후 재난들은 점점 더 늘고 있는 많은 사례 가운데 극히 일부일 뿐이다.

마찬가지로 기후변화로 점점 뜨거워진다고 해서 지구 자체가 불타버리고 파괴되는 것은 아니다. 46억 년 지구 역사에서 평균기온이 갑자기 3℃, 또는 6℃ 이상 치솟았던 적은 여러 번 있었다. 그때마다 파괴된 것은 지구가 아니라 지구 위에 살았던 생명체들이다. 지구는 약 2억 5,200만 년 전에 순식간에 평균온도가 6℃ 상승하고 대기의 이산화탄소 농도가 8,000ppm(현재는 약 420ppm)까지 치솟는 페름기 대격변을 겪었다. 당시 해양생물 96퍼센트와 육상 척추동물 70퍼센트가 멸종하면서 지구 역사상 최대의 대멸종 사건을 겪었지만 지구 자체가 붕괴하지는 않았다.

페름기 대멸종 사건을 포함하여 지금까지 급격한 온난화 등으로 인해 지구 위에 살던 생명체들이 75퍼센트 넘게 사라지는 대멸종 사건이 다섯 번 있었다. 다섯 번째 대멸종은 우리도 잘 알고 있듯이 6,500만 년 전에 공룡이 멸종했던 사건이다. 전문가들은 지금의 기후위기를 막지 못하면 미래에 여섯 번째 대멸종이 일어날 것이라고 경고한다. 하지만 그렇게 된다고 해도 지구 자체는 무사할 것이고 아마도 앞으로 수십억 년 동안 여전히 태양의 주위를 공전하고 있을 것이다. 이번에도 사라지는 것은 지구 위에 살던 생명체들일 것이고, 공룡의 멸종처럼 먹이사슬의 최상위 포식자인 인간이 가장 위험한 상황에 놓일 것이다. 이처럼 기후변화로 생존에 가장 크게 위협 받을 존재는 바로 우리 자신이다. 그리고 그런 위험은 더 이상 미래가 아닌 현재의 일이 되었다.

이를 증명하듯 온난화로 지구가 점점 더 뜨거워지면서 이미 극단적인 이상기후와 그로 인한 재난을 점점 더 자주 목격하고 있다. 우리나라에서 공식적으로 기상관측을 시작한 1973년 이래 가장 더운 해 열 번 가운데 일곱 번은 2015년 이후에 있었고 그중에서도 2023년이 가장 더웠다. 이 기록들조차 앞으로 수년 동안 다시 빠르게 바뀔 것이다. 이제 온화한 느낌마저 드는 지구 온난화라는 말이 더는 어울리지 않을 정도다.

그래서 저명한 기후학자 빌 맥과이어는 지구 온난화가 아니라 '지구 가열화global heating' 또는 '찜통 지구hothouse Earth'라고 쓰자고 제안했다. 안토니우 구테흐스 유엔 사무총장도 "끓는 지구global boiling의 시대가 시작"되었다고 경고했다. 기후변화라는 밋밋한 용어도 최근에는 기후위기로 바뀌고 있고, 심지어 '기후붕괴climate breakdown'라고 써야 한다는 주장까지 나왔다.

물론 대부분의 시민들 일상에서 여전히 기후재난은 한 발 떨어져 있고 일부 지역에서 가끔 발생하는 불행 정도라고 생각할 수 있다. 아직 국가적 수준에서 위험을 초래할 정도는 아니라는 말이다. 사실 얼마 전까지 전 세계적으로도 기후위기가 국가적 차원의 재난으로 받아들여진 경우는 남태평양 작은 섬들 말고는 없었다. 남태평양 파푸아뉴기니의 동쪽에 위치한 900여 개의 섬으로 이루어진 솔로몬제도는 바닷물이 집 앞마당까지 올라와 '수중 생활'을 해야 할 정도로 기후위기가 일상이 되었다. 하지만 웬만한 규모의 나라들은 기후재난으로 국가적 규모의 위기가 초래된 경우는 없다고 생각했다. 하지만 이제는 상황이 완전히 달라졌다.

예를 들어보자. 2023년 이란에서는 최고기온이 50℃를 육박(체감기온 66℃)하는 전례 없는 폭염이 들이닥쳤다. 그러자 이란 정부는 이틀 동안 공휴일을 선언했고 모든 정부기관과 학교, 은행 등이 문을 닫는가 하면 축구 리그도 취소시켰다. 인도와 멕시코, 필리핀 등도 무더위를 이유로 휴교령을 내리거나 등교 시간을 조정했다. 한편 그리스는 폭염과 산불로 아크로폴리스 관광을 일시 중단했다. 미국 애리조나주도 43℃를 넘기는 폭염이 계속되자 하이킹 코스를 폐쇄했다. 이는 마치 코로나19 팬데믹으로 락다운lock down을 했던 것과 유사한 상황이 아닐 수 없다. 그래서 '폭염 팬데믹'이라는 신조어까지 등장하게 되었다. 이런 현상은 2024년 6월에도 이어졌다.

2022년 여름 파키스탄의 거대한 국토를 1/3이나 물에 잠기게 했던 대홍수는 1,500여 명의 사망자에 3,300만 명이 넘는 대규모 이재민을 발생시키면서 국가 비상사태를 선언하는 지경까지 몰고 갔다. BBC 방송에 따르면, 파키스탄 "대홍수 피해액은 최대 400억 달러(약 55조 7,600억 원)에 달하는 것으로 추산된다. 2021년 파키스탄 GDP의 11퍼센트 규모"다.

2023년 9월에 리비아 동부를 덮친 대홍수는 2개의 댐을 무너뜨리면서 사망자만 최소 1만 명, 실종자는 10만 명에 육박하는 국가적 참사가 되었다. 2020년까지 6년간 이어진 2차 리비아 내전의 사망자를 뛰어넘은 참혹한 재난이었다. 모두 통상적인 자연재해가 아니라 기후변화로 인한 기후재난이다. 국지적으로 일어난 사건사고가 아니라 국가적으로 대처해야 할 대규모 위험이다. 빠른 속도로 올라가는 지구 온도를 적절히 제어하지 못하면 앞으로 지구상의 모든 나라에서 일어날 수 있는 위험이기도 하다.

　언론에는 제대로 소개되지 않았지만 더 심각한 사례는 동아프리카에서 일어나고 있다. 국제 구호단체인 옥스팜에 따르면, 동아프리카의 소말리아, 에티오피아, 케냐, 남수단과 같은 국가들은 수년째 비가 내리지 않는 최악의 가뭄이 지속되어 2022년 기준으로 식량위기를 겪는 사람이 2,700만을 넘었고 600만 이상이 영양실조로 생존의 위험에 빠졌다. 특히 소말리아의 경우 아동의 절반이 영양실조 때문에 사망의 위기를 겪고 있다. 이들 국가가 지구에 배출하는 온실가스는 고작 0.1퍼센트에 불과한데도 전 세계에서 가장 심각한 피해를 겪는 것이다. 어제는 남태평양 작은 섬들을 위협하고, 오늘은 아프리카와 아시아의 개발도상국들에게 국가적 재난을 불러왔지만, 내일은 우리나라를 포함한 선진국 시민들의 생존을 위협하게 될 정도로 지구는 점점 뜨거워지고 있다.

　상황이 이럴진대 북극곰이나 불타는 지구라는 전통적 환경운동에서 즐겨 사용하던 이미지를 강조하면, 정작 인간 사회에 닥친 위험의 심각성이나 그 위험에 경제가 미치는 영향, 사회 불평등 문제 등에 대해서는 사람들의 관심이 멀어지게 할 공산이 크다.

2

1.5°C 이상 올리지 말아야 할 지구 체온

그런데 지구는 과연 과거보다 얼마나 더 가열되었을까? 역사상 가장 뜨거웠다는 2023년 1년간의 평균기온은 산업화 이전(1850~1900년 평균) 대비 1.4~1.5°C 상승한 것으로 다수의 기상 관측기관이 발표했다(그림 1 참고). 2020년까지만 해도 1.1°C 남짓 올랐다고 평가했던 것에 비하면 꽤 가파른 상승이다. 그렇다고 해도 고작 1.4~1.5°C라고? 하루 일교차도 10°C가 벌어지는 경우도 흔한데 지구가 1.5°C 내외로 조금 더 더워졌다고 그토록 심각하고 위험한 기후재난이 닥칠 것이라고 말할 수 있을까?

여기서 우리가 주의할 점이 있다. 특정 지역이나 특정 시간대의 기온 변화가 아니라 지구 전체의 1년 또는 다년간의 '평균기온' 변화를 봐야 한다는 점이다. 이해를 돕자면 지구의 평균기온을 우리 몸의 체온이라고 생각하면 된다. 우리 몸은 항상 36.5°C라는 체온을 변함없이 유지해야 건강하게 생활할 수 있다. 체온이 단 1°C 오르며 열이

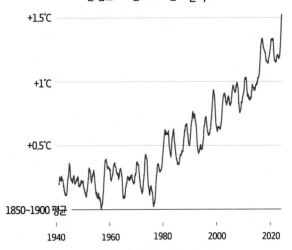

지난 80년 동안 지구 평균 대기온도가
산업화 이전 대비 변해온 추이

+1.5℃

+1℃

+0.5℃

1850~1900 평균

1940   1960   1980   2000   2020

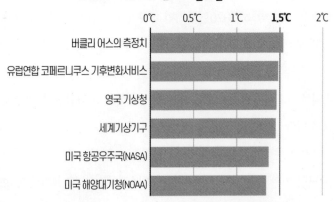

2023년 1년 평균온도는
산업화 이전 대비 얼마나 올랐을까?

0℃   0.5℃   1℃   1.5℃   2℃

버클리 어스의 측정치

유럽연합 코페르니쿠스 기후변화서비스

영국 기상청

세계기상기구

미국 항공우주국(NASA)

미국 해양대기청(NOAA)

출처 : BBC, the Economist

그림 1 2023년까지 지구 평균온도가 올라간 추이

나기 시작해도 건강에 이상 신호가 왔다고 느낀다. 만약 1.5°C가 넘게 올라 38°C 이상이 되면 어린아이는 곧 응급실로 데려갈 것이고 어른도 병원이나 약국을 찾아갈 것이다.

지구도 마찬가지다. 지구의 체온은 지난 1만 년 넘게 평균 1°C 내외의 변동 범위 안에서 매우 일정하게 유지되어 왔다. 이런 안정되고 온화한 기후 덕분에 인류는 농사를 짓기 시작하면서 고도의 문명을 이룰 수 있었다. 그런데 이렇게 오랫동안 안정된 지구의 체온이 20세기에 들어와서 갑자기 불안정해지기 시작한 것이다. 특히 1950년대 이후에 빠른 속도로 온난화가 진행되면서 대략 10년마다 0.2°C씩 지구 체온이 올라갔고, 그 결과 이제 1.5°C를 넘어가려는 중이다. 위도가 높은 우리나라 지역은 이미 2°C(한국 전국 평균은 1.9°C, 서울은 2.3°C)를 넘으려 하고 있고, 극지방은 전 지구 평균의 2~4배의 속도로 온난화가 진행되고 있다. 유독 북극과 남극의 빙하가 빠르게 녹으면서 기후재난이 위험수위로 치닫는 것도 이 때문이다.

그래서 전 세계는 2015년에 195개국이 파리협약을 맺고 지구의 평균기온 상승 제한 목표를 2°C의 훨씬 아래인 1.5°C로 하자고 약속했다. 이때부터 '1.5°C 안전 경계선'은 지구 생태계에 미치는 충격을 그나마 최소화하면서 인류가 미래를 살아갈 가드레일로 알려졌다. 1.5°C 안전 경계선을 지키려면 2030년까지는 전 지구에서 온실가스 배출량을 절반으로 줄여야 하며, 2050년까지는 배출하는 온실가스를 대지와 바다가 모두 흡수해서 추가로 대기에 더해지는 온실가스가 없는 상태, 즉 '탄소중립'이라는 목표를 달성해야 한다고 참여국 모두가 합의했다. 한국은 2020년 10월 문재인 대통령이 처음으로 2050년 탄소중립을 공개적으로 약속했다.

그런데 2015년에서 2030년까지의 중간쯤 되는 2023년에 이미 1.5°C를 위협하는 수준까지 올라가 버렸다. 물론 파리 기후협약에서 정한 임계점은 한 해 동안이 아니라 대체로 10년 이상 1.5°C가 넘는 상태가 지속되어야 한다. 과학자들은 앞으로 다시 온도가 다소 떨어질 수는 있지만 2030년 안에 1.5°C 이상 상승이 지속되는 상황이 올 것으로 전망한다. 심지어 2024년에 영국 〈가디언〉지가 세계 기후 전문가 380명에게 문의한 결과 무려 77퍼센트의 전문가들이 이번 세기 안에 1.5°C는 물론이고 최소 2.5°C 이상 오를 것으로 전망했다.

1.5°C를 넘으면 다시 2°C라는 새로운 방어 목표를 세워 대처하면 되지 않을까? 하지만 과학자들은 기후 안정과 인류의 삶에 있어 0.5°C는 매우 큰 차이라고 강조한다. 파리협약을 맺은 지 3년이 지난 2018년에 전문가들이 한국의 송도에 모여서 〈1.5°C 특별보고서〉를 발표하고, 기후 대응 목표로서 '1.5°C 안전 경계선'을 분명하게 다시 명시한 건 이 때문이다.

1.5°C가 아니라 2°C 경계선에 이르면 해양생물의 보금자리인 산호초는 완전히 멸종될 것이고 극단적인 기후는 2배 이상 빈번해질 것이다. 곤충이나 식물 종들의 다양성 훼손도 2~3배 이상 늘어날 것이다. 그러면 치명적인 질병 위험에 더 크게 노출되고 전 세계 식량 생산이 크게 위협받을 것이다. 마치 고열에 고통받는 환자의 체온이 추가로 0.5°C만 올라가도 심각한 위험에 빠질 수 있다는 점을 생각해보자.

체온이 오르면 응급조치로 해열제를 먹어 열을 가라앉힐 수 있다.

하지만 지구의 체온이 오르면 마땅한 해열제가 없다. 온실가스가 대기 중에 쌓이면 금방 사라지지 않고 최소 수십 년 동안 남아서 지구를 데운다. 대기 중에 쌓인 온실가스(대부분은 이산화탄소)는 육지 식물과 바다 정도만이 대규모로 흡수해서 줄일 수 있다.

첨단기술을 동원하더라도 현재 인간의 기술로는 극히 미미한 정도만 이산화탄소를 포집할 수 있다. 2023년 기준으로 한 해에 인류가 407억 톤을 대기 중에 방출했는데 육지와 바다에서 흡수하는 양은 238억 톤이고, 169억 톤은 대기에 그대로 쌓여 앞으로 적어도 수십 년 동안 지구를 가열할 것이다. 이처럼 한 번 과열된 지구를 식히는 일은 마치 타이타닉호가 방향을 돌리려고 어떤 노력을 해도 빙산을 피할 수 없는 상황과 비슷하다. 지구의 체온이 위험한 단계에 오르도록 방치하면 안 되는 이유다.

3

인공지능조차 무력해지는
'미지의 세계'

비록 전문가들은 우리가 '1.5°C 안전 경계선'을 지키는 것이 힘들게 되었다고 비관하지만, 그래도 아직 기회의 창이 조금은 남아 있을까? 물론 남아 있다. 그리고 방법도 있다. 지금이라도 지구를 가열하는 주범인 온실가스를 대폭 줄이면 된다. 앞서 말한 것처럼, 2030년까지 온실가스 배출량을 절반으로 떨어뜨리고, 2050년까지는 지구가 흡수할 수 있는 양 미만으로 줄이는 것이다.

물론 쉬운 과제는 아니다. 이 글을 쓰고 있는 2024년은 파리협약 이후 9년째 되는 해이지만 매년 배출하는 온실가스는 여전히 늘고 있다. 2020년에 코로나19로 전 세계가 일시적으로 경제와 사회 활동을 멈추면서 줄었지만, 2021년에 그 이상으로 다시 늘었고 2022년에도 0.7퍼센트 증가했다.

사실 지난 100여 년 동안 인류가 온실가스를 의미 있게 줄인 경험은 손가락에 꼽을 정도다. 1929년 대공황, 1945년 2차대전으로 인한 산업시설의 파괴, 1979년 오일쇼크와 불황, 1992년 사회주의 붕괴와 동구권 경제의 붕괴, 2008년 글로벌 금융위기, 그리고 2020년 코로나19로 인한 세계 동시 락다운 등 강력한 경제 충격이 있었던 경우에만 상당한 감축이 있었다. 하지만 이를 뺀 대부분의 시기 동안 이산화탄소 배출은 줄기차게 늘었다(그림 2 참조). 그런데 2030년까지 고작 수년 동안, 지난 100년간 일어났던 경제 충격을 모두 합한 정도의 배출 감축이 일어나야만 비로소 1.5℃ 안에 머무를 수 있을 정도로 기회의 창은 좁기만 하다.

어쩌면 이미 1.5℃ 안전선은 사실상 무너지고 있는지 모른다. 안전 경계선이 무너지면 무슨 일이 생길까? 일부 사람들은 지구 온난

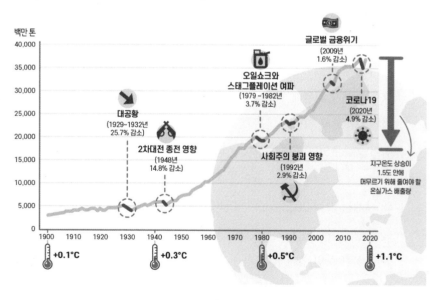

그림 2 지난 120년 동안 이산화탄소 배출량 증가 추이

화가 진행되면 각 위도에 있는 국가들 기온이 조금씩 올라가서 과거보다 다소 더워지는 것을 상상한다. 그 결과 제주도에서 재배하는 귤이나 바나나를 남부지방과 중부지방에서 재배하고, 아열대에서나 잡던 물고기를 한국의 동해나 서해에서 잡는 것을 예상하는 식이다. 심지어 곡물 재배 면적이 북쪽까지 더 넓어질 것이라 기대하기도 한다. 물론 이런 측면이 일부 있기는 하지만 사실 지구는 현실에서 그렇게 '부드럽게' 더워지지 않는다.

우선, 앞서 확인한 대로 북극과 남극의 온난화는 지구 평균보다 훨씬 빠르게 진행된다. 그래서 거대한 빙상이 녹아내리면 전 세계에 걸쳐 해수면 상승이 일어나고 해발 고도가 낮은 곳곳의 해안 거주지들이 위험에 빠질 수 있다. 극단적인 폭염과 한파, 대규모 집중 홍수, 장기간 가뭄과 그로 인한 초대형 산불 등 극한의 기후가 과거보다 훨씬 자주 훨씬 강하게 발생하는 현상이 지구 온난화로 인한 가장 직접적인 재난이다. 한편 지구 온도가 올라가면서 동식물의 분포가 그저 인간에게 이롭게 이동하기만 하는 것이 아니라 말라리아 같은 전염병들의 분포 지형을 바꾸기도 한다. 그러면 과거 면역 경험이 없는 엄청난 규모의 지역에 치명적인 피해를 줄 수 있다.

따라서 1.5°C를 넘어 끓어오르는 2050년의 세계, 또는 2100년의 세계는 그저 2023년보다 조금 더 뜨거워진 세계가 절대 아니다. 2020년에 태어난 아이는 1960년대에 태어난 '행운아'보다 7배 잦은 극심한 폭염, 2배 많은 가뭄, 더 빈번하고 거대한 홍수와 흉작을 겪을 것이라는 연구도 있을 정도다. 인류가 농사를 짓기 시작하며 문명을 일군 지난 1만 년 동안 한 번도 경험하지 못한 세계, 과거의 어떤 역사적 경험도 참고가 되지 못하는 '미지의 영역^{uncharted territory}'에 들어가게 되는 관문이 바로 '1.5°C 안전 경계선'이다.

미지의 영역에 발을 들여놓는다는 건 뭘 뜻할까? 그것은 인류가 지금까지 축적해온 과거의 지식이 미래를 예측하는 데 더 이상 의미가 없어진다는 말이다. 과거에 인간이 만들어 놓은 거대한 지식 덩어리를 조합해서 답을 알려주는 최첨단 인공지능도 이 대목에서 무력하기는 마찬가지다.

《2050년 거주불능 지구》의 저자 월러스 웰즈는 "지금 우리 모두는 충격적이면서도 놀랍지 않은 기후 속에서 살고 있다. 수십 년 동안 지구 온난화를 걱정하는 사람들은 기후 예언에 대한 두려움 속에서 살아왔다. 우리는 이제 그 속에서 살아가기 시작했다"고 경고한다. '1.5°C 안전 경계선'이 부서지기 일보 직전인 2024년, 인류는 미지의 세계에 발을 들여놓으면서 두려움의 공간 속으로 한 발 더 다가서려 하고 있다.

4

기후위기는 자본이
화석연료를 폭식한 결과

20세기 중후반 무렵 기후변화가 감지되기 시작했을 때, 일부에서는 지구 온난화를 인류가 일으킨 것이 아니라 일종의 자연현상이라고 주장하기도 했다. '밀란코비치 주기'도 그 사례의 하나다. 지구 공전궤도 이심률, 자전축 경사의 변화, 세차운동 등이 지구의 기후 패턴에 영향을 주고 있는 것일 뿐 기후변화는 인간 활동과는 무관하다는 주장이다. 하지만 최근까지 거듭된 과학자들의 연구조사 결과가 축적되면서 이제 '인간이 유발한 기후변화'는 부정할 수 없는 사실로 굳어졌다. 그래서 지금은 곳곳에서 벌어지는 극단적인 기후 현상을 더 이상 '자연재해'라고 부르기보다 '기후재난'이라고 부르는 경우도 늘고 있다.

그렇다면 어떻게 인간이 기후위기라는 전 지구적 사건을 일으키게 된 걸까? 사실 우리는 이 문제를 생각보다 간결하게 요약할 수 있다. 18세기 말 산업혁명 이후 오늘날까지 전 세계가 어마어마하게 늘어난 공장을 돌리고, 15억대의 자동차를 움직이며, 수억 채의 빌딩과 주택을 쾌적하게 만들어줄 냉난방 연료를 공급하기 위해 대규모로 석탄, 석유, 가스라고 하는 화석연료를 땅속에서 채굴해서 태웠기 때문이다.

2021년 기준으로 전 세계에서 매년 석탄은 약 82억 톤, 석유는 약 42억 톤, 천연가스는 40억 톤을 땅속에서 캐냈다. 현대문명이 수렵채집시대보다 월등한 것도 알고 보면 이처럼 대체로 수렵채집인 선조 1인이 소모했던 에너지의 약 250배를 화석연료에서 얻어서 그 결실을 누리면서 살기 때문이다. 잊지 말아야 할 사실은 인류가 아무리 탁월한 지식을 축적하고 놀라운 기계를 발명했다 하더라도 땅속에 묻힌 고밀도 에너지인 화석연료를 대량으로 경제과정에 투입할 수 없었다면, 인류 역사상 최초로 매년 2~3퍼센트씩 경제 규모를 복리로 성장시킨 20세기 문명을 결코 누리지 못했을 것이다.

이처럼 산업혁명 이후 인류는 점점 더 많은 화석연료를 에너지원

인류는 도시의 화려한 빌딩들을 쾌적하고 편리하게 만들기 위해 화석연료를 대량으로 태워왔다.
사진은 홍콩의 빅토리아 피크 전경

으로 하여 자본주의 시장경제를 끊임없이 팽창시켜 왔다. 그리고 이제는 현대문명 자체가 화석연료에 중독되어 있다고 할 만큼 산업과 경제의 모든 곳에 화석연료가 배어들어 있다. 이들 두고 제러미 리프킨은 "우리가 먼 조상을 석기시대, 청동기시대, 철기시대 사람으로 규정하듯, 아주 먼 미래세대는 우리를 '탄소시대 사람'으로 볼 것"이라고 진단했다. 역사학자 디페시 차크라바르티도 "현대 자유의 저택은 끊임없이 팽창하는 화석연료 이용 위에서 세워졌다. 우리 자유의 대부분은 지금까지 에너지 집약적"이었다고 말했다.

하지만 화석연료에 의지해서 풍요로운 현대문명을 이룬 대가는 예상 외로 컸다. 고밀도 에너지가 압축된 화석연료를 태워서 열에너지나 운동에너지를 얻는 과정에서 대량의 이산화탄소가 발생했고 이것이 대기 중에 쌓여 지구를 가열하고 기후위기를 불러온 것이다.

전 세계적으로 온실가스 배출의 73퍼센트는 에너지 생산과정에서 나오는데 당연히 그 과정 대부분은 화석연료로 충당된다. 그리고 농업과 축산업 등에서 약 18퍼센트, 산업공정과 쓰레기 처리에서 나머지가 발생한다. 그렇게 생산된 에너지는 공업 쪽에서 24퍼센트, 건물에서 17.5퍼센트, 그리고 교통에서 16퍼센트 정도 사용된다. 그러므로 인류가 현대문명을 누리기 위해 거대한 규모로 산업 생산을 하고 온갖 교통망을 운영하며, 첨단 도시 주택과 빌딩들을 유지하는 대가가 바로 대규모 온실가스 발생과 기후위기라고 보면 된다. 현대 화석연료 문명이 숨만 쉬더라도 엄청난 온실가스가 배출된다는 얘기라고 볼 수 있는데, 지금도 여전히 산업 생산을 키우고, 자동차와 비행기를 계속 늘리며, 아파트와 빌딩 숲이 계속 새로 건설되므로 온실가스 배출량이 걷잡을 수 없이 늘어날 것은 뻔하다.

　이렇듯 화석연료의 대량 이용이 온실가스 발생의 주요 원인으로 명백히 밝혀졌다면 최소한 이제부터라도 사용을 대폭 줄이면 되지 않을까? 물론 이론으로는 그렇다. 하지만 현실은 그렇게 쉽지 않다. 화석연료는 납이나 아황산가스, 프레온가스 등 다른 공해물질과 달라서 유해하다고 오늘 당장 안 쓰면 그만인 원료가 아니기 때문이다. 화석연료는 현대의 산업 생산과 현대인의 삶 전체를 떠받치는 에너지원이다. 우주 만물을 변화시키려면 무조건 합당한 정도의 에너지가 투입되어야 한다. 우리가 일상에서 뭔가 편리함을 누리고 있다면 어디선가 막대한 에너지가 투입되고 있기 때문이라고 생각해도 좋다.

　문제는 화석연료처럼 대량으로 펑펑 탕진할 수 있을 만큼 대량의 고밀도 에너지를 다른 방식으로 쉽게 구할 수가 없다는 데 있다. 그래서 화석연료 대신 태양광과 풍력으로 100퍼센트 전력 생산을 하자는 것 아닌가? 맞다. 하지만 아직까지 전기 사용은 전체 에너지 사용의 20퍼센트에도 미치지 않는다. 현재의 전기 생산을 모두 태양광과 풍력으로 공급해도 현대문명에 필요한 에너지의 20퍼센트도 조달하기 어렵다는 뜻이다. 그래서 '모든 에너지를 전기로, 모든 전기를 재생에너지로!'라는 목표 아래 탄소중립으로 가려고 노력하지만, 탄소중립은 결코 쉬운 과제가 아니다.

　쉽지는 않지만 현대문명에서 화석연료를 제거하는 일은 기후위기 해결의 필수 전제이므로 반드시 달성해야 한다. 그리고 기술적으로 불가능한 일도 아니다. 어쩌면 장애물은 다른 데 있다. 바로 현대 자본주의 시장경제의 핵심 플레이어인 사기업들의 무한한 수익 추구와 화석연료 의존이 서로 깊숙이 엮여 있다는 점이다.

사실 현대 자본주의 시장경제는 사기업들의 무한한 수익 추구 활동을 동력으로 작동한다. 그런데 번영하는 현대문명의 두 수레바퀴 가운데 하나가 화석연료였다면, 다른 하나는 무한성장 엔진이라고 할 수 있는 사기업이다. 자본주의 기업은 경제과정에 자본과 노동만 대규모로 투입한 것이 아니라 에너지(그리고 자연에서 얻은 원료)도 대량으로 투입해온 것이다. 달리는 자전거가 멈추면 넘어지는 것처럼, 시장경제에서 기업들이 이윤을 남기지 못하면 경제는 혼란에 빠진다.

물론 현대 자본주의 기업의 무한경쟁과 무한 수익 추구는 국민경제에 더 많은 경제성장을 안겨 주었고 거대한 물질적 재화와 서비스를 제공했다. 하지만 이를 뒷받침할 막대한 에너지를 저렴하게 끌어와야 했다. 이미 오래전부터 땅속에 있었고, 인류의 조상들이 간헐적으로 사용해왔던 화석연료를 자본주의 등장과 함께 대량으로 폭식하기 시작한 이유다.

무한성장 엔진의 잠재력을 가지고 발전해온 자본주의 시장경제에서 화석연료는 한 마디로 '프로메테우스의 불'이었다. 그리고 이 과정을 매개하는 거대 에너지 기업들은 얼마 전까지만 해도 세계의 시가총액에서 선두 자리를 놓치지 않았다. 이들 에너지 기업들은 지금도 막대한 수익을 안겨주고 있는 화석연료를 기후위기 해결 때문에 절대로 쉽게 포기하지는 않을 것이다. 필요하다면 거액의 로비 자금을 들여 정치권을 매수해서라도 화석연료를 계속 사용하면서 막대한 이윤을 챙기려 할 것이다. 어쩌면 기후위기 해결이 어려운 진정한 이유가 여기에 있다.

기후위기를 막으려면 지금까지 발견된 화석연료의 84퍼센트를 더 이상 채굴하지 않고 영원히 땅속에 남겨 놓아야 한다. 화석연료를 계속 쓰면서 기후위기를 잠재울 온갖 플랜B를 많은 이들이 지금도 고민하고 있지만 여전히 유일한 해답은 화석연료를 버리는 결단을 하는 것이다. 특히 화석연료에 의존해온 현대 자본주의 무한성장 경제와 '화석경제'에서 벗어나야 한다. 즉, '탈탄소 사회'와 '탈성장 사회'로 가야 한다. 그 길이 아무리 험난해도 화석연료를 포기하지 않고서는 다른 대안은 없거나, 오히려 비용이 더 많이 소요되는 탄소 포집 기술은 시간을 지연시킬 뿐이다.

5

기후 대응에 실패하고 있는
진짜 이유

세계적으로 기후변화에 대응하기 위해 주의를 기울이기 시작한 것
은 한국에서 올림픽이 열렸던 1988년부터다. 이때 처음으로 미국
의회 청문회가 기후변화를 정치 의제로 다뤘다. 또한 기후위기 상황
을 과학적이고 체계적으로 분석해서 알려주는 국제기구인 '기후변
화정부간패널IPCC'도 창설되었다. 하지만 그로부터 무려 36년이 지
난 지금, 온실가스는 오히려 1988년 이전 시기를 모두 합한 양보다
그 후에 더 많이 배출되었을 정도로 상황은 나빠졌다. 2030년까지
온실가스를 절반으로 줄이자던 2015년 파리협약의 약속은 지금까
지 제대로 지켜지지 않고 있으며 대기에 배출되는 온실가스 양은 여
전히 늘고 있다.

물론 '화석연료에 의존해온 현대 자본주의 무한성장 경제'를 바꾸
는 과제를 해결하기는 대단히 어렵다. 그렇다 하더라도 기후위기가
인류의 생존이 걸린 문제라면 충분히 지구적 차원에서 해법을 찾고

방향을 전환할 수 있지 않을까? 역사상 가장 지식수준이 높아져 이제 고성능 인공지능을 일반인이 접할 수준에 이른 지금도, 어째서 원인이 분명한 위험에 인류는 이토록 무력할까? 좀 더 자세히 문제를 파고들어 보자.

이를 위해 기후위기에 대한 다섯 가지 잘못된 진단과 세 가지 의미 있는 진단을 차례로 살펴보겠다. 우선 기후위기 대응에 제대로 나서지 못하게 막고 있는 원인으로 지목되기도 하는 다섯 가지 잘못된 진단에 대해 살펴보자.

❶ 지구 온난화가 왜 일어나는지 원인 파악이 여전히 미흡하거나 합의 수준이 부족한 게 아닐까? 마치 초저출산과 인구 감소 현상을 두고 수많은 원인 진단과 분석들이 쏟아졌지만, 국민적으로 공감하는 공통의 핵심 원인을 못 찾고 방황하는 것처럼 말이다. 하지만 앞서 살펴본 대로 기후위기의 경우는 넘쳐나는 증거와 지식이 동원되어서 기본적인 원인 진단은 충분히 이루어졌다고 할 수 있다. 심지어 사회와 경제의 주체들 가운데 누가 뭘 해야 하는지도 대략 정해져 있다.

물론 아직도 기후위기가 자연현상에 불과하다고 주장하는 '기후 부인론자'들이 미국 등에 일부 있기는 하다. 예를 들어 2021년 조사에 따르면 미국에서 기후변화를 부인하는 정치인이 하원에 109명(전체 435명), 상원에 30명(전체 100명)이 있다. 하지만 미국이 유독 많은 것이고 그마저 점점 소수가 되어가고 있다. 한국의 경우 보수정당 국회의원이나 행정부조차 대체로 기후변화 자체는 인정하지만 해법이 다를 뿐이다.

❷ 지구적인 과제인 기후 대응을 위해 세계 모든 나라들이 함께 행동해야 하는데, 세계 200여 개 국가가 모두 참여하기가 쉽지 않은 데다가 일부 국가들이 무임승차 하려는 욕심으로 공동 대응이 안 되는 탓은 없을까? 전혀 아니다.

물론 온실가스 감축은 특정 국가의 문제가 아니고 지구적인 해결과제인 것은 맞지만, 국가별로 온실가스 배출량은 크게 차이가 난다. 200여 개 나라 가운데 한국을 포함해서 고작 19개 나라에서 쏟아내는 온실가스가 전체의 80퍼센트에 육박하고 나머지 175개 나라의 배출량을 다 합쳐봐야 20퍼센트를 조금 넘을 뿐이다(그림 3 참조). 따라서 200개 국가 모두의 공동행동을 이끌어내기는 어렵더라도, 온실가스를 많이 배출하는 20개 미만 국가들이 제대로 협력하면 기후위기 대응을 충분히 할 수 있다. 강제력을 가진 세계무역기구WTO에 164개 국이 가입해 있는 걸 보면 20개 국가의 협력이 불가능한 것은 아니다. 그런데도 기후 대응을 제대로 못하고 있다면 이는 많은 나라들의 공동행동이 원천적으로 어려워서가 아니다.

❸ 사실상 전 세계 배출량의 1/3을 차지하는 중국이 기후위기 대응을 외면하고 있어 다른 나라들의 노력이 무의미해지는 것은 아닐까? 확실히 가장 많은 온실가스를 배출하는 중국의 행동 변화가 당연히 기후 대응에 가장 중요하다. 그런데 중국에서 여전히 석탄화력 발전소를 증설하고 경제 규모를 계속 팽창시키고 있어 온실가스 배출이 줄지 않는다는 비판도 들린다. 하지만 여기에는 몇 가지 함정이 있다.

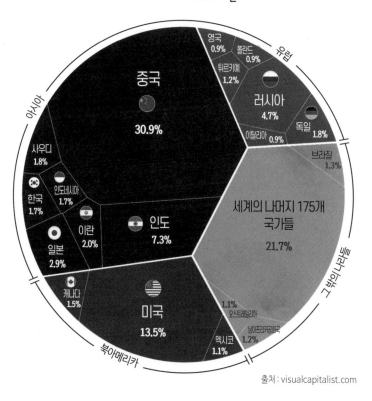

전 세계 175개국은
고작 21.7퍼센트만 배출한다

출처 : visualcapitalist.com

그림 3 세계 온실가스 배출 구성비(2021년 기준)

  우선 세계의 공장으로 불리는 중국의 산업 생산품은 중국인만이
아니라 전 세계인이 소비한다. 2022년 현재 중국의 수출 규모는 약
3.5조 달러에 이르는데, 이는 독일 1.5조 달러의 2배에 달할 뿐 아니
라 2조 달러를 수출하는 미국보다 훨씬 많다. 심지어 중국의 수출은
한국의 전체 산업 생산 규모의 2배와 비슷하다. 따라서 중국에서 배

출하는 온실가스 일부는 중국산 제품을 소비하는 다른 나라들에도 책임이 있다.

또한 이산화탄소를 포함한 온실가스는 대기 중에서 금방 소멸되지 않고 몇 십 년 이상 쌓여서 온난화에 영향을 준다. 그러므로 매년 배출되는 온실가스 양이 아니라 지금까지 누적으로 배출한 양이 중요하다. 그런데 누적 배출량을 보면 2021년 현재까지 중국이 배출한 양은 전체의 약 15퍼센트이지만 미국은 25퍼센트로 중국을 훨씬 넘어선다. 따라서 200여 년 넘게 경제개발을 해온 미국이나 유럽 국가들이 여전히 더 많이 줄여야 할 책임이 있다.

덧붙인다면 현재 태양광 등 재생에너지를 세계에서 가장 많이 설치하면서 에너지전환을 서두르는 국가 역시 중국이다. 따라서 기후 대응이 안 되는 책임을 오롯이 중국 탓으로 돌리기는 어렵다. 또한 14억 인구 중국의 1인당 연간 온실가스 배출량이 2022년 기준 세계 평균 4.7톤보다 훨씬 많은 8톤이긴 하지만 이는 미국과 캐나다, 한국을 포함한 많은 선진국보다 여전히 적은 수치다.

❹ 온실가스 배출의 핵심 요인인 화석연료를 대체할 기술이 아직 부족하기 때문일까? 물론 철강 생산을 위해 대규모로 들어가는 (석탄으로 만들어지는) 코크스를 대신할 '수소환원제철' 기술의 경우 아직 실용화 단계에 도달하지 못했다. 비행기나 대형선박을 움직이기 위해 석유를 대신할 대안도 아직 마땅치 않다. 하지만 적어도 전력 생산(재생에너지), 교통수단(전기자동차), 난방(히트펌프) 등 온실가스를 압도적으로 많이 배출하는 분야에서는 이미 기술적 해결책들이 나와 있다.

스탠퍼드 대학교 환경공학 교수인 마크 제이콥슨 같은 학자는 태양과 바람, 물만으로도 인류에게 필요한 전기에너지를 100퍼센트 얻을 수 있다고 장담하기도 한다. 심지어는 많은 기술이 경제성까지 있어 현재의 자본으로도 충분히 화석연료를 대체하여 온실가스를 대폭 줄일 수 있다. 기술과 재원 부족에서 기후 대응에 실패한 원인을 찾을 일이 아니다.

❺온실가스를 조금 더 배출하더라도 여전히 먹고사는 경제문제를 해결하는 것이 더 시급하기 때문일까? 이 역시 사실이 아니다.

세계적 비영리 연구기관인 로마클럽은 모든 나라들이 경제문제를 해결해야 하는 최소 기준선으로 1인당 국민소득 1만 5천 달러를 제시한다. 사실 중국을 포함해서 이 수준을 넘는 중진국과 선진국들에서는 계속 경제성장을 하더라도 더 행복해지지 않는다는 점에 대해 경제학자 이스털린을 비롯해서 많은 이들이 지적해왔다. 이들 나라에서 진짜 문제는 더 많은 온실가스 배출을 초래하는 더 많은 경제성장이 아니라, 이미 생산한 부를 얼마나 더 공정하게 분배하는가에 있다고 말할 수 있다. 성장의 부족이 아니라 분배의 부족이 문제라는 것인데, 성장과 달리 더 공정한 분배로 바꾸는 데는 온실가스가 추가로 발생하지 않는다.

물론 지금도 온실가스를 많이 배출하는 인도를 포함하여 많은 개발도상국에서는 경제를 더 성장시켜야 한다. 하지만 이들 대부분은 경제 규모가 아직 크지 않아서 당분간 경제성장을 계속해도 기후위기에 미치는 영향이 대단치 않다. 심지어 과거 선진국들이 화석연료에 의존해서 경제발전을 해왔던 방식과 달리 지금의 개발도상국들은 화석연료가 아니라 재생에너지로 경제성장을 하는 대안도 열려 있다.

지금까지 기후 대응에 실패한 원인으로 잘못 지목되는 기후위기 진단 오류 문제, 지구적 공동 대응의 어려움, 중국의 무책임한 행동, 적절한 기술의 부족, 그리고 화석연료에 의지한 경제개발의 필요 등 5가지 사례를 차례로 살펴봤다. 모두 기후 대응에 실패한 원인을 제대로 설명해주지 못한다고 결론 내릴 수 있다. 하지만 지금부터 소개하는 세 가지 분석은 나름대로 기후 대응이 왜 실패해 왔는지를 어느 정도 설명해준다. 차례로 살펴보자.

❶비록 기후위기 원인을 정확하게 진단했더라도 잘못된 해법에 매달려 시간을 허비하고 있는 것이 아닐까? 앞서 살펴본 다섯 가지는 그다지 설득력이 없지만 이 분석은 어느 정도 근거가 있다.

우리는 기후위기와 생태위기가 드러나기 훨씬 전인 100~150년 전에 확립된 경제학을 지금도 사용하고 있다. 당시의 경제학에는 인류의 경제 팽창이 초래할 생태파괴의 위험, 기후 시스템 붕괴 위험 등에 대한 분석이 들어 있지 않았다. 그래서 경제학자들은 여전히 기후와 환경을 파괴하면서 얻는 단기적 경제 이익을 과대평가하는 반면 경제성장이 지구 생태계에 미치는 충격은 저평가한다. 또한 직접적으로 화석연료를 줄이는 해결책보다는 탄소가격제처럼 시장 메커니즘을 통해 기업들이 자발적으로 온실가스를 줄이도록 유인하는

**그린피스의
석탄 폐기 시위**

독일의 메르켈 총리실 앞에
서 석탄 사용의 폐기를 요
구하는 시위를 벌이고 있는
그린피스 활동가들(위).
재생에너지 전환을 주장하
며 탄광을 봉쇄한 독일의
환경운동들(아래).
독일은 이러한 활동들에 힘
입어 세계에서 가장 빠르게
재생에너지 전환을 추진하
는 나라가 되었다.

데 초점을 둔다. 하지만 이런 방안들은 현실에서 기대한 효과를 거두
지 못했다.

이 책을 쓰게 된 이유도 여기에 있다. 경제활동이 지구 생태계에
미치는 영향을 정확하게 평가하고 온실가스를 획기적으로 줄이면서
도 안정된 경제 번영을 누릴 새로운 방안과 경로를 모색해야 위기 해
결의 실마리가 풀릴 것이다.

❷ 원인도 알고 있고 해법도 어느 정도 알고 있지만 혹시 과감한 기후 대응으로 손해를 보는 집단이 있어 이들의 저항이 진전을 가로막은 것은 아닐까? 그렇다. 어쩌면 가장 큰 원인은 여기에 있다.

물론 장기적으로는 80억 인구 모두가 기후재난에서 안전한 지구를 원한다. 하지만 비록 기후에 해롭지만 단기적으로 막대한 수익을 안겨주는 비즈니스에 이해관계가 걸린 기업들, 투자자들, 부유층과 국가들이 엄연히 존재한다. 글로벌 거대 석유기업들, 철강, 석유화학, 시멘트, 비료 산업들, 기업형 축산업이나 대형 육류 가공기업, 막대한 전력을 소모하는 기업들까지 값싼 화석연료를 포기하여 단기적으로 수익이 줄어드는 걸 원치 않는다. 이들은 온실가스 배출이 위험선을 넘더라도 계속 화석연료를 이용하여 수익을 남기려 한다. 이를 위해 기후변화를 부인하는 연구소에 자금을 대고, 과감한 기후 대응 정책이 통과되지 못하도록 로비도 주저하지 않는다.

이들은 대개 막강한 경제, 사회, 언론 권력을 쥐고 있고 기후재난이 닥치더라도 회피할 수단이 있다. 기후위기 대응이 자연과학적 지식의 문제를 넘어 권력과 정치의 문제가 되는 것도 이 때문이다. 〈가디언〉지가 380명 기후 전문가들에게 기후 대응이 실패하는 원인을 질문했을 때, 대부분은 이익 추구를 포기하지 않는 기득권 기업들, 그리고 정치권의 의지 부족을 실패의 주요 원인으로 꼽은 배경이 여기에 있다.

이런 연유로 청년 기후활동가 그레타 툰베리는 2019년 유엔 연설에서 이들을 겨냥해서 다음과 같이 쏘아붙였다. "우리는 지금 집단 멸종의 문턱에 서 있는데, 당신들이 하는 말이라고는 돈과 영원한 경제성장이라는 동화뿐이에요. 어떻게 이럴 수가 있나요?"

❸막대한 온실가스를 배출하는 글로벌 대기업들에게 주로 책임이 있다면 일반 시민은 책임이 없을까? 그렇지는 않다. 시민들도 이미 안락해진 기존의 탄소 집약적 라이프스타일에 머무르려는 관성이 있다. 이 역시 기후위기 해결을 지연하는 중요한 이유 중에 하나다. 그런데 여기에도 함정이 있다. 현재의 삶을 바꾸기보다 유지하려는 관성을 가진 이들은 대부분 안락한 삶을 누리고 있는 선진국 부유층이고, 배출하는 온실가스도 서민보다 이들이 압도적으로 많다.

한국을 예로 들어보자. 우리나라 국민 1인당 평균 온실가스 1년 배출량은 12톤 내외다. 그런데 우리 국민 절반은 1인당 고작 6톤 정도만 배출한다. 반면 상위 10퍼센트 부유층은 54톤을 배출하고 상위 1퍼센트는 무려 180톤을 배출한다. 따라서 책임을 져야 한다면 서민이 아니라 경제적 상위계층이 져야 하며 이들이 기후에 위험을 초래하는 삶의 방식을 바꿔야 한다.

앞서 성장의 부족이 아니라 분배의 부족이 문제라고 했다. 제대로 분배가 이뤄지지 않은 불평등한 사회는 사실 사회적으로도 정의롭지 못할 뿐 아니라 기후위기 해결에도 장애 요인이다. 기후경제학자의 한 사람인 제임스 보이스는 "사회의 불평등은 개인의 혈압과 흡사하다. 혈압이 정상치 이내라면 아무 일 없지만 높이 올라가면 치명적일 수 있다"고 비유했다.

우리는 지금 지구의 평균온도를 올리며 체온 이상을 일으키고 있을 뿐 아니라 불평등을 방치하면서 혈압도 정상 수치를 한참 벗어난 사회에 살고 있다. 그 결과 소득 상위계층은 과도한 온실가스를 배출하면서도 더 행복한 삶을 살지 못하며, 서민들은 온실가스를 거의 배출하지 않는 반면 물질적 결핍에 시달리면서 기후재난에도 취약한 삶을 살고 있다. 여기서 기후정의 문제가 등장한다. 기후정의는 기후위기 해결과 불평등 해결을 한꺼번에 하려는 기획이다. 지구의 체온과 사회의 혈압을 모두 정상치로 되돌리려는 기획이다.

잘못된 해법에 매달리는 문제, 문제 해결을 가로막는 기득권의 방해, 불평등한 사회 등 세 가지 분석은 기후 대응에 실패해온 주요 원인을 매우 잘 짚어준다. 이 주제들은 뒤에서 더 자세히 살펴보려고 한다.

6

지구를 과괴하는 것보다
구하는 게 저렴하다

우리는 흔히 기후문제와 경제문제를 따로 생각한다. 여론조사에서도 기후 대응과 경제문제 해결을 별개로 떨어뜨린 후 어떤 것이 더 중요한지 묻는다. 예를 들어보자. 기후변화를 심각한 위험으로 인식하는지 묻는 여론조사를 하면 한국 시민도 90퍼센트 넘게 심각하다고 동의한다. 그런데 경제 상황이 나쁜 시기라면 기후 대응은 어떻게 해야 할지를 물었더니 무려 66.9퍼센트의 응답자가 기후보다 '경기 악화 대응을 우선시'해야 한다고 답했다. 고작 1/4만이 여전히 기후 대응을 우선시해야 한다는 데 찬성했다. 2022년 여론조사 결과다.

이런 식으로 기후 대응을 우선시할 것이냐 아니면 경제 살리기를 우선시할 것이냐고 물으면 여전히 다수는 경제를 먼저 살리자고 답할 것이다. 정치인들은 이런 조사를 근거로 경제가 어렵다는 핑계를 대고 오늘도, 내일도, 내년에도, 그리고 다음해에도 '기후 대응은 나중으로' 미룰지 모른다.

앞서 전력 생산, 산업 활동, 교통과 수송, 그리고 건물 등 현대문명 유지에 필요한 에너지를 얻기 위해 막대한 화석연료를 썼기 때문에 기후위기가 발생했다고 말했다. 결국 기후위기는 화석연료에 절대적으로 의존하는 현재의 경제 시스템이 만들어 냈다고 봐야 한다. '경제 살리기 먼저, 기후는 나중에'라는 지금까지의 선택은, 현재의 경제 시스템을 계속 유지하기 위해 기후변화가 가속화되는 것을 방치하겠다고 말하는 것이나 다름없다.

그러면 진정 경제도 살리고 기후도 살리는 방안은 없을까? 있다. 기후 대신에 경제를 바꾸면 된다. 앞서 확인했던 것처럼, 화석연료를 사용하지 않고 태양광과 풍력으로 필요한 전기에너지를 얻고 모든 산업과 빌딩, 교통수단을 전기화하는 방법이다. 탈탄소 경제와 모든 것을 전기화하는 대규모 에너지전환으로 요약할 수 있다. 과거 목재에서 석탄으로, 석탄에서 석유와 가스로 에너지전환 각각을 완료하는 데 걸린 시간이 자본주의 시장경제에서 보통 70년이라고 한다. 하지만 지금 기후위기를 막으려면 에너지 분야의 탈탄소화를 대략 20년 이내에 완료해야 한다. 한 세대도 안 되는 매우 짧은 시간에 목표를 달성해야 하는 매우 어려운 과제이지만 길이 막혀 있는 것은 아니다.

그런데 화석연료에서 재생에너지로 바꾸기만 하면 이전처럼 에너지를 무한히 쓸 수 있게 될까? 물론 그렇지는 않다. 태양광 패널과 풍력터빈을 제작하려면 각종 광물 원료가 필요하고 이들을 설치할 공간에 제약도 있기 때문이다. 이 대목에서 기존 경제학이 한 번도 제대로 다루지 않은 문제, 즉 지구 자원과 에너지 활용의 유한함에 대한 문제를 들여다봐야 한다. 한 발 더 나아간다면 유한한 지구 위에서 무한한 경제성장은 가능한가 하는 질문, 즉 경제성장은 미래의 더 나은 삶을 위해 어쩔 수 없는 선택인가 하는 질문을 차례로 던져볼 수 있다. 결론부터 말하면 화석연료를 재생에너지로 바꾸기만 할 뿐, 이전의 무한성장 시스템을 바꾸지 못한다면 기후 대응은 실패할 것이다.

좀 더 깊이 들어가면 인류가 경제적 번영을 위해 각종 첨단기술을 동원하여 자연을 정복하고 지배할 수 있다는 근대적 발상은 과연 정당한 것인가 하는 의문을 가져볼 수도 있다. 문명인이든 미개인이든 인간은 자연의 자식이지 자연의 지배자가 아니라면서 《작은 것이 아름답다》의 저자이자 경제학자인 슈마허는 이렇게 말했다.

"인간은 토지와 생명체를 만들지 못한다. 자신이 만들지도 못하고 만들 수도 없으며 한 번 파괴되면 재창조할 수도 없는 것을 자신이 만든 것과 똑같은 방식과 정신으로 취급하는 것은 비합리적인 행동이다."

이렇게 보면 지금 우리가 기후위기에 직면한 것은 단지 땅속에서 화석연료를 대량으로 채굴해서 태웠기 때문만은 아니다. 화석연료라고 하는 고밀도 에너지를 손에 쥐고 경제성장이라는 이름으로 우리 삶의 터전인 지구를 거침없이 정복하고 지배하려 했기 때문이기도 하다.

자연을 제압하여 근대문명을 이루겠다는 기획은 20세기에 잠깐 성공한 것처럼 보였다. 하지만 결국은 실패할 운명임을 지금의 기후위기가 알려주는 것일지도 모른다. "마지막 나무를 베고 나서야, 마지막 물고기를 먹고 나서야, 마지막 시냇물을 오염시키고 나서야 인간은 깨달을 것이다. 돈을 먹고 살수는 없다는 걸." 북미 원주민이 이렇게 경고했듯이 결국 현재의 경제 시스템의 바탕인 현대문명까지도 성찰해 봐야 하는 상황이 온 것이다.

어쩌면 화석연료를 마구 써왔기 때문에, 또는 기업들의 무한성장 욕구를 방치했던 탓에, 나아가 화석에너지를 발판으로 자연을 정복하려는 무모한 욕망으로 인해 기후위기와 생태파괴가 오늘의 지경에 이른 것일 수 있다. 그런데 이 모든 것을 포기하면서 새로운 방향으로 전환해야 한다는 사실을 알면서도, 그렇게 하려면 엄청난 비용이 들어가기 때문에 아직도 방향전환을 못한 채 주저하는 것이 아닐까? 그렇기에 결국은 기후 대응에 실패한 원인을 비용 문제로 봐야 하지 않을까?

윌리엄 노드하우스나 누리엘 루비니 같은 경제학자들은 "국제 기후 목표를 달성하려면 세계 소득의 2~6퍼센트의 비용이 들어갈 것"이라고 말한다. 그러면서 이런 천문학적 비용을 들며 1.5°C 이내로 막는 것보다는 비용 대비 편익을 고려해서 3°C 정도에서 막아보자는 주장을 한다. 하지만 미국 미디어 CNN이 2020년 코로나19 확산을 보면서 "코로나 전파 확산을 막는 데는 어떤 경제적 비용도 '너무 많지 않을까' 고민하지 않았다"고 적절히 지적했다. 마찬가지로 기후위기 대응은 비용 걱정으로 미룰 수 있는 문제가 아니다.

더욱 분명한 사실이 있다. 경제를 살리겠다고 제대로 된 기후 대응을 계속 미루다 보면, 기후위기를 해결하는 비용은 점점 더 천문학적으로 늘어나고, 끝내는 더 자주 더 가혹하게 닥쳐오는 기후재난이 곧 경제 자체도 망쳐버릴 것이라는 점이다. 그리고 점점 더 행동하지 않는 '방관비용inaction cost'은 기후위기 대처 비용보다 높아지게 될 것이다. 이미 2025~2100년 기간에 대해 집계된 방관비용은 총 1,266조 달러로 추정된다. 이는 1.5°C 한계 안에 머무르기 위해 행동하지 않고 현재의 관행을 그대로 유지할 때 치러야 하는 비용이다. 이조차도 크게 과소평가한 것일 가능성이 높다.

2022년 파키스탄 홍수가 이 나라 GDP의 11퍼센트를 쓸어가버린 사례는 미래에 어느 나라에서도 재연될 수 있다. 탈탄소 에너지전환이 아무리 어려워도, 기후를 위해 경제 시스템을 바꾸는 것이 얼마나 도전적인 과제이든, 그리고 현대문명을 다시 성찰하는 데까지 나가는 것이 아무리 벅차더라도 기후와 지구 생태계를 위해, 아니 경제를 위해서라도 제대로 해법을 찾고 실행해야 한다. 인도계 저널리스트 악샷 라티Akshat Rathi는 이렇게 말했다. "지구를 파괴하는 것보다 구하는 것이 더 싸게 먹힌다(It's now cheaper to save the world than destroy it)." 설사 더 비싼 비용을 지불하더라도 해법을 실행에 옮겨야 한다.

2장

경제사에 드리운
기후위기의
어두운 그림자

1

왜 하필 1만 년 전에
농업이 시작되었을까?

경제활동이란 자연에서 식량이나 생존에 필요한 수단을 얻기 위해 사람들이 수행하는 다양한 노동과정이다. 일반적으로 자연이 부과하는 근본적인 제약의 범위에서 경제활동이 이뤄진다. 자연에서 채취할 수 있는 원료나 날씨 등의 여러 가지 한계 안에서 경제활동을 해야 한다는 뜻이다. 그런데 경제사를 다루는 책들은 대체로 인간의 지적, 기술적 능력이 계속 커지면서 점점 더 자연에 대한 지배력을 강화하고 자연 제약을 극복해 왔다고 설명한다. 그 결과 이제 자연은 그저 인간에 의해 개조되기를 기다리는 생산요소의 하나로 간주하기에 이르렀다.

그런데 사실 우리는 지나치게 자연에 대한 인간의 정복 능력을 중심으로 경제를 이해하고 있는 것은 아닐까? 특히 이런 경향은 산업혁명 이후 인류가 경제활동 영역과 규모를 급격히 팽창시켜온 경험을 과대평가한 결과가 아닐까? 그러다 보니 기후위기가 발생해도 인간이 자신들의 지적, 기술적 능력으로 기후와 생태 시스템을 능히 통제할 수 있다고 믿고 있는 것은 아닐까?

임박한 위기 앞에서 경제사 성찰이 주는 의미

이 물음에 답하려면 자연을 오직 산업 생산을 위해 임의로 개조할 수 있는 대상으로 바라보았던 기존 경제사를 성찰해볼 필요가 있다. 하나의 종Species으로서 인간이 어떻게 자신을 둘러싼 자연과의 관계 안에서 상호 영향을 주고받으며 물질적 생존을 확보해 왔는지 다시 살펴보자는 것이다. 과연 인간이 자신의 생존과 번영을 위해 얼마나 자연을 임의로 바꿀 수 있는지, 그 결과 변화된 자연이 역으로 인간의 사회경제적 삶에 미친 영향을 무시할 수 있는지를 짚어봐야 한다. 즉, 인간 종과 지구 생태계가 서로 영향을 주고받는 얽힘의 결과로 경제사를 재구성해 보면 어떤 점들이 새롭게 시야에 들어오는지 알아보자.

이 작업은 어떤 면에서 경제사를 생태적 관점에서 재구성하는 매우 방대한 작업이 될 수 있다. 하지만 여기서는 경제사에서 중요한 분기점을 이루는 몇 가지 사건들을 선별해서 생태경제 관점에서 재해석해 보려 한다. 그것만으로도 그동안 자연의 제약을 저평가하고 인간 중심으로 과도하게 편향된 경제사에 어떤 허점이 있는지 알 수 있지 않을까? 그리고 기후위기 시대인 지금도 여전히 그 심각성을 체계적으로 저평가하고 인간의 기술적 해법에 과도한 신뢰를 부여하는 배경을 알 수 있지 않을까?

이러한 문제의식 아래 지금부터는 경제사에 찾아왔던 다섯 번의 주요 분기점에 대해 생태경제의 관점에서 재해석해 보려고 한다. 우선 1만 년 전에 농업이 시작되었다는 사실에 담긴 의미에서부터 시작해 보자.

1만 2천 년 전에 시작된 온화한 기후라는 선물

《녹색세계사》의 저자 클라이브 폰팅에 따르면 "인류가 출현한 이래 지금까지 200만 년 동안 최근 2~3천 년을 제외하고 인간은 채집과 수렵에 의존해왔다"고 한다. 인류 역사의 99퍼센트는 수렵과 채집 경제였다는 것이다. 처음으로 농사를 짓기 시작한 것은 1만 년 전인데 그로부터 상당 기간 '인공적으로 생태계'를 만드는 농경사회가 수렵과 채집 관행을 병행하면서 서서히 지구의 여러 지역으로 퍼져 나갔고 동물의 가축화도 함께 진행되었다.

그렇다면 이런 질문이 가능하다. 인류가 농사를 짓기 시작했던 시점이 왜 하필 1만 년 전이었을까? 생각해보자. 현생인류의 직계 조상인 호모 에렉투스가 출현했던 것은 200~300만 년 전부터라고 한다. 현생인류인 호모 사피엔스가 지구상에서 살아가기 시작한 것도 20~30만 년 전이다. 이 오랜 세월의 대부분 동안 왜 농경사회로 진입하지 못했을까? 기술이 부족해서? 조야한 돌도끼를 사용하기 시작한 것이 이미 200만 년이나 되었다는 것을 보면 인간의 손재주나 기술이 1만 년 전에야 비로소 급격히 상승했을 것 같지는 않다. 지식과 소통 능력이 부족해서? 언어는 이미 20만 년 전부터 사용했다고 하니 이 역시 타당성이 없어 보인다. 동원할 수 있는 에너지가 부족해서? 에너지라는 측면에서 본다면 그 어떤 도구보다 인간 진화의 역사에서 중요했던 것은 불의 이용이다. 그런데 불은 대략 50만 년 전부터 이용했다고 알려졌으며 인간 주거지에 난로가 등장할 정도로 일상적으로 활용하기 시작한 것도 4~5만 년 전이다.

이렇게 보면 환경에 과도한 부담을 주지 않는 수렵채집이 주된 생활방식이었던 시대가 대략 1만 년 전에 끝나고 이때부터 본격적으로 문명의 시원을 연 농경사회로 진입했던 이유를 다른 곳에서 찾아야 하지 않을까?

인류가 오랜 수렵채집 생활을 서서히 끝내고 현대문명의 시원이 될 농경사회를 시작한 이유는 인간의 능력 향상에서가 아니라 자연조건의 변화에서 찾아보는 편이 더 낫다.

골디락스goldilocks라는 말의 뜻을 아는가? 영국의 전래동화인 《골디락스와 곰 세 마리》에 등장하는 소녀 이름에서 유래했다. 골디락스가 숲속에서 길을 잃고 헤매다가 우연히 곰의 집에 들어가 수프 세 접시를 발견한다. 마침 배가 고팠던 소녀는 뜨거운 수프, 차가운 수프, 적당한 온도의 수프 중 적당한 온도의 수프를 맛있게 먹는다. 이를 비유해서 이상적인 경제 상태를 골디락스 경제라고 부르게 된 것이다.

이 단어는 천문학에도 사용되고 있다. 생명체가 살아가기 위해서는 물이 있어야 하고, 기온이 높지도 낮지도 않아야 하며, 태양과 같은 항성의 빛을 꾸준히 받을 수 있어야 한다. 과학자들은 이 같은 조건을 갖춘 지역을 '골디락스 영역' 또는 '생명체 거주 가능 영역'이라고 부르고, 지금까지도 이런 조건이 갖추어진 지구와 유사한 행성을 찾아왔다.

바로 11,700년 전에 대륙 빙하가 마지막으로 물러가고 인간을 포함한 현재의 생물들이 살아갈 최적의 기후, 골디락스 시대가 시작되었다. 그리고 이 기후가 인류의 농경사회를 여는 데 결정적인 역할을 한 것이다. 지질학자들은 이 시점을 '완전히 새로운'이라는 뜻의 그리스어로 이름을 붙여 홀로세라고 불렀다.

인류사학자 제임스 수즈먼은 《일의 역사》에서 다음과 같은 사실을 확인한다. "1만 년 좀 더 전부터 시작하여 5천 년이 흐르는 동안 서로 무관하던 인간들이 아시아, 아프리카, 오세아니아, 아메리카 전역의 지리적으로 서로 다른 지역에서, 적어도 11군데에서 몇 가지 작물을 길렀고, 다양한 동물들을 사육하기 시작했다." 그리고 이렇게 이어간다. "정확하게 이런 일이 왜, 어떻게 거의 동시적으로 발생했는지는 여전히 수수께끼다. 경이적인 우연의 일치일 수도 있다. 하지만 처음에는 우연으로 보였던 이 현상이 일련의 기상학적, 환경적, 문화적, 인구학적, 그리고 진화적인 운전자들에 의해 촉진되었을 가능성이 훨씬 크다."

비록 다양한 원인을 지목했지만 그가 기후변화에 방점을 둔 것은 확실하다. 그에 따르면 수만 년 전에도 식량 재배 실험이 있기는 했지만, 온화한 간빙기가 시작된 1만 년 이전에는 "생산한 곡물들이 워낙 분량이 적어서 거두고 탈곡할 수고를 들일 가치도 거의 없었"는데, "특정 식물이 가끔 그들을 거두어가는 인류의 운명에 영향을 줄 만큼 생산성이 높아지려면 그 사이에 기후가 상당히 돌발적으로 크게 변해야" 했기 때문이다. 그 기후변화가 바로 1만 년 전에 시작되었다.

미국 역사학자 앨프리드 크로스비도 비슷한 결론에 도달한다. "지구 기온의 상승, 1만 년 전쯤에 있었던 농업의 탄생, 문명이라고 부르는 복잡한 현상의 출현 사이에는 관계가 있을 가능성이 크다. 빙하가 물러나면서 신석기 시대라고 불리는 시대의 막이 올랐고, 인간은 이때 돌을 깨뜨리는 차원을 떠나 돌을 갈아서 도구를 만드는 방법을 터득했으며 농업, 직조, 토기제조, 야금 등을 발명했고, 항구적인 정착지에서 살기 시작했다."

기후과학자 요한 록스트룀은 《브레이킹 바운더리스》에서 이 문제를 확실하게 매듭짓는다. 그는 11,700년 전부터 빙하기가 종결되고 간빙기에 들어갔던 홀로세에 대해 "너무 덥지도 않고 너무 춥지도 않은 흔치 않은 이 시기를 우리는 '에덴동산' 혹은 '골디락스 시대'라고 부른다"면서 농경사회가 이때부터 결정적으로 정착되어 갔음을 확인한다. 이어서 그는 1만 년 전 홀로세가 준 기후라는 선물을 이렇게 표현했다.

"날씨는 점차 안정되고 일정한 리듬을 타게 되었다. 건기와 우기, 계절의 변화가 수천 년간 일정하게 유지되면서 인류는 이것을 자연스럽게 받아들였다. 지구 생태계의 모든 구성원은 이 환경에 적응하게 되었고, 살기 좋은 환경을 만끽했다. 지구의 평균온도는 홀로세 내내 위아래 1도 범위를 벗어나지 않았고, 온도 조절기 역할을 하는 이산화탄소는 280ppm 수준을 유지했다. 축복 받은 환경은 산업혁명 전까지 계속되었다."

기후가 지배한 농경사회 경제

이렇게 보면, 인류가 1만 년 전에 농업을 시작하고 2백여 년 전에 산업혁명으로 현대문명을 이룬 것을 두고 만물의 영장 인간의 똑똑함과 우월함을 증명하는 것처럼 자부했지만, 그건 기껏해야 부분적인 사실임을 알 수 있다. 11,700년부터 이례적으로 안정화되기 시작한 기후가 아니었으면 인류는 농업 자체를 제대로 시작하지 못했을 것이다. 기후와 날씨가 규칙적이어야 농업이 가능하기 때문이다.

어쨌든 에덴동산을 만들어준 기후 덕분에 "11,000년 전 지금의 이라크 지역, 즉 티그리스 강과 유프라테스 강 사이의 비옥한 땅에서 농사를 짓는 메소포타미아 문명이 나타났고, 1만 년 전에는 중국과 중앙아메리카 내륙 지역에서 각각 농사가 시작되었다. 그리고 다시 8천 년 전에는 인도, 아프리카, 북아메리카와 남아메리카의 안데스 산맥 부근과 다른 지역에서도 농사가 시작되었다는 흔적이 보인다."

물론 농경사회로의 전환은 결코 하루아침에 이뤄진 것이 아니었고 수천 년이 걸려서 4~5천 년 전쯤에 대략 우리가 아는 모습으로 진화한다.《에너지 세계사》의 저자 브라이언 블랙도 "지금으로부터 4천 년 전 인간은 오늘날의 문명에도 필수적인 거의 모든 작물과 동물을 길렀다. 밀, 쌀, 보리, 감자, 개, 말, 소, 양 그리고 닭이 그 예"라고 말한다.

농경사회로 들어가면서 동시에 인구도 폭발한다. 1만 년 전까지만 해도 고작 400만 명을 넘지 않았지만, 문명의 시원을 연 농경사회로 진입하면서 인구는 1천 년마다 두 배씩 증가하여 3천 년 전쯤 되면 이미 5천만 명이 된다. 그러다가 서기 200년이 되자 약 2억 5천만

약 3,500년 전의 모습을 담은 고대 이집트 벽화. 가축을 이용한 곡물 농사뿐 아니라 과수와 가금류를 기르고 수확하는 모습을 볼 수 있다. 홀로세의 온화한 기후 덕택에 인류는 4~5천 년 전쯤 되었을 때 우리가 아는 모습의 농경문화를 완전히 정착시킬 수 있었다.

명으로 폭등했던 것이다.

이렇게 홀로세의 온화한 기후 덕분에 인간이 농경 문명사회를 열었지만, 그러한 최적의 기후조차도 풍부한 농작물 수확을 그냥 선물하지는 않았다. 그 후에도 수확량에 영향을 끼쳐 사회의 존립까지도 좌우하는 가장 큰 요소는 여전히 기후였기 때문이다 "종자가 발아할 때 기온이 차거나 비가 많이 온다든지, 작물이 한참 성장할 때 건조하다든지, 수확기에 비가 많이 온다든지 하는 기상이변이 한 가지라도 발생하면 수확은 크게 감소했다." 그래서 농경사회에서도 기후의 한계를 극복하기 위해 관계시설을 만든다든지 토지를 비옥하게 유지하려고 갖은 수단을 동원했던 것이다.

기후위기는 인류 문명의 기초에 대한 도전

인간 사회는 1만 년 동안 안정적으로 식량을 조달할 수 있게 해준 에덴동산의 기후조건, 즉 평균온도 변화가 위아래로 1도의 좁은 범위를 벗어난 적이 없었던 세월을 보냈다. 그런 홀로세 시대를 뒤흔든 것이 바로 화석연료를 대량으로 태우기 시작한 산업혁명과 그 이후의 산업화였다.

지구 생태계가 인간에게 부여한 온화한 기후라는 선물(홀로세)은 원래 계산대로라면 앞으로 5만 년은 더 계속될 터였다. 그러나 홀로세는 1800년대 산업혁명 이후 특히 1950년대에 갑작스럽게 막을 내렸다. 인간 사회가 폭발적으로 화석연료를 사용하고 무한 경제성장을 추구하기 시작했던 1950년대에 '거대한 가속'이 시작되면서 지구 온난화도 가속시켰고 결국 2024년에 들어서서는 위험 경계선인 1.5℃마저 위협하고 있기 때문이다.

이 같은 기후변동은 인공지능 시대에서조차 인간의 지식이나 기술로 제어할 수 있는 수준이 아니다. 인류 자신이 자초한 기후위기에 지금 제대로 대응하지 못하면 어떻게 될까? 그러면 인류는 자신의 문명을 가능하게 했던 안정된 기후라는 전제와 기초뿐만 아니라 그 위에 세워진 문명 역시 무너져 내리는 참혹한 광경을 보게 될지도 모른다.

2
유럽 근대문명 개화의
숨은 그림

경제학자 케네스 볼딩은 유한한 지구 위에서 무한한 경제성장이 불가능함을 일찍이 알아차렸다. 그는 1966년 유명한 논문 "다가오는 우주선 지구의 경제학"에서 기존의 자연 약탈적 경제 패러다임을 '카우보이 경제cowboy economy'에 비유했다. 이 경제는 지구를 무한한 평원으로 사고하며, 무모하고 착취적이며 낭만적이고 폭력적인 행동들과 관련되어 있는 경제다.

볼딩은 "인간이 거주할 수 있는 알려진 한계를 넘어선 곳은 거의 항상 어딘가에 존재했으며, 인간이 지구에 존재한 대부분의 시간 동안 새로운 미개척지가 있다고 생각했다. 즉, 자연환경이 악화되거나 사람들이 살던 곳의 사회구조가 악화되어 상황이 너무 어려워지면 항상 다른 곳으로 갈 수 있는 곳이 있었다"고 진단했다. 그리고 이런 사고에 기반한 경제를 카우보이 경제라고 부른 것이다. 물론 유럽인들에게 미개척지라고 간주된 곳 대부분은 사실 엄연하게 비유럽인들이 살아가고 있었던, 이미 개척된 공간이었지만 말이다.

카우보이 경제는 특히 15세기 이후 최근까지 유럽인들의 경제 패턴을 가장 전형적으로 대변한다. 이런 질문을 던져보자. 13~14세기까지만 해도 지구상에서 특별할 것이 없었던 중세 유럽인들이 수 세기 만에 근대적인 문명을 이루고 세계에서 가장 막강한 경제력과 기술, 지식을 소유하게 된 배경에는 어떤 원인들이 작용했을까? 대략 1500년대부터 20세기까지 이어진 대항해시대와 제국주의시대 600년 동안, 유럽인들이 가장 난폭하고 거대한 카우보이 경제를 추구해 왔던 덕분이 아니었을까?

설탕에 얽힌 비극의 섬, 마데이라

지구 역사상 특정 지역에 국한된 집단들이 자신들의 경계 범위를 뛰어넘어 전 지구적 자원을 동원하며 물질적 부를 쌓고 호사스런 문명을 누린 사례는 유럽인들을 제외하면 좀처럼 찾아보기 어렵다. 대항해시대 이후 유럽인들은 남북 아메리카 대륙은 물론 아프리카 전역, 인도를 포함한 아시아, 그리고 호주와 뉴질랜드에 이르기까지 '탐험', '개척'이라는 그럴듯한 이름으로 포장하며 '지구적 자원 수탈'을 해왔다. 이런 사례들의 끝도 없는 목록 가운데 몇 가지만 확인해보자.

우선 대항해시대 초창기 유럽인들에게 설탕이 어떻게 공급되었는지부터 살펴보자. 《저렴한 것들의 세계사》의 저자 라즈 파텔은 15세기까지만 해도 나무로 빽빽이 둘러싸여 있던 북아프리카 작은 섬 마데이라를 대표 사례로 든다. 초기 대항해의 기원을 열었던 포르투갈인이 어떻게 이 섬을 사탕수수 농장으로 난폭하게 바꾸고 선주민들을 사탕수수 수확과 가공을 위해 잔혹하게 동원했는지 자세히 설명한다.

"사탕수수 줄기를 설탕으로 바꾸는 데는 막대한 연료가 들었다. 사탕수수 즙을 끓여 설탕 1킬로그램을 추출하려면 목재 50킬로그램을 때야 했다." 마데이라 섬에 있는 나무란 나무는 모조리 잘라서 써 버렸기 때문에 설탕 생산이 급감하자 투자자들은 신대륙의 목재를 연료로 삼고 노예를 더 대규모로 투입해 더 많은 설탕을 생산했다. 이런 식으로 "유럽의 부자들은 설탕을 먹었고, 설탕은 마데이라 섬을 먹었다"고 라즈 파텔은 평가한다. 그리고 이것으로도 모자라 신대륙의 카리브해 섬들과 브라질 등으로 설탕 플랜테이션 농장을 확대해 갔다. 그 결과 "간혹 맛보는 별식이었던 설탕은 17세기 말에 이르면 영국에서 소비가 4배로 증가했고 18세기엔 그보다 곱절로 늘어서 18세기 말에는 1인당 6킬로그램에 이르렀다."

면화, 구리, 은 등 근대 유럽 문명을 일군 끝없는 자원 목록

유럽인들의 지구적 자원 동원은 식량에서만 이루어진 것이 아니었다. 당시 대표적인 의복 재료였던 면직물의 경우 영국을 비롯한 유럽 여러 나라들은 발전된 인도의 면직물을 동인도회사 등을 통해 수입하는 방식으로 공급받았다. 하지만 영국은 산업혁명 이후 면화 원료를 수입하여 직접 면직물 제조에 나섰다. 특히 19세기 초가 되면 대량의 면화 원료를 공급받기 위해 미국 남부지역에 흑인노예를 동원한 대규모 면화 플랜트를 건설했다. 그렇게 노예노동으로 생산된 면화를 영국의 면직물 중심지인 랭커셔로 실어 날랐다. 또한 이 면직물은 이제 역으로 인도로 역수입되어 원래 인도의 면직물 산업을 몰락시켰다.

구리나 금, 은 같은 광물 쪽에서도 사정은 마찬가지였다. 당시 동서양을 막론하고 화폐 주조의 재료였던 금과 은을 찾아 유럽인들은 아메리카 대륙을 샅샅이 뒤졌다. 그러던 중 스페인은 16세기에 남미 볼리비아 지역에서 세계 최대 은광인 포토시 광산을 발견하고 선주민들을 강제로 동원하여 채굴하기 시작했다. 그 결과 16세기 후반에 포토시는 전 세계 은 생산량의 60%를 차지하며 스페인에 막대한 부를 안겨주었다.

특히 스페인은 은광산에서 일할 노동력을 조달하기 위해 미타Mita라고 하는 강제노동 제도를 수백 년 동안 지속시켰는데, 이로 인해 8~50세의 인디언 남성 가운데 7분의 1은 의무적으로 은광에서 강제노동을 해야 했다. 그 결과 포토시 은광은 스페인에게는 부를 가져다주는 산이 되었지만 선주민들에게는 '사람 잡아먹은 산'이 되었다고 한다.

포토시 은광의 노예노동을 묘사한 테오도르 드브리의 작품(1596)

인간이라는 자원을 약탈하다

아마도 대항해시대에 유럽인들이 지구적 차원에서 자원, 특히 에너지를 대규모로 동원하여 자신들의 물질적 부를 팽창시킨 가장 극적이고 참혹한 사례는 '노예'의 동원이었을 것이다. 유럽 열강들은 유럽 밖의 아메리카 대륙을 중심으로 담배, 쌀, 목화, 설탕과 같은 작물을 재배하기 위해 넓은 땅과 많은 노동자를 이용하는 플랜테이션 농업을 시작했다. 플랜테이션은 중앙의 집중적인 감독 아래 강제노동이나 노예노동으로 경작되는 대규모 농지다.

미국 역사학자 브라이언 블랙에 따르면 캐리비안 섬들의 플랜테이션에 노예노동이 도입된 이후에 노예제도는 북아메리카로 넘어가 영국 식민지 시기의 버지니아와 캐롤라이나, 조지아까지 확대되었다고 한다. 그리고 그는 이어서 이렇게 설명한다.

"450여 년 동안의 대서양 횡단 노예무역으로 포르투갈이 450만 명의 아프리카인을 수송한 것으로 추산된다. 하지만 600만 명 이상의 아프리카인이 노예로 팔려간 18세기에는 약 250만 명의 아프리카인을 거래한 대영제국이 최악의 범법자였다. (중략) 1400년에서 1800년 사이의 많은 지도자들과 상인들에게 원주민의 권리나 노동자의 인권은 안중에도 없었다. 이와 관련하여 지금까지도 경악을 금치 못할 사례는 교역을 주도하던 이들이 사람, 구체적으로 말하면 아프리카인을 사고파는 상품으로 보았다는 것이다."

서양 경제사의 서술들을 보면, 통상 근대 자본주의 성립의 주요한 계기로서 유럽 안에서 공유지를 사유화하는 인클로저 운동을 꼽고 이것이 원시적 자본축적에 결정적 역할을 했다고 간주한다. 반면 대항해시대에 유럽 밖의 아메리카, 아프리카, 그리고 아시아와 호주 등지에서 약탈해온 원료와 자원에 대해서는 저평가하는 경향이 있다. 19세기 이후 제국주의 시대에 급격하게 이뤄진 유럽 자본주의의 번영에 대해서도, 식민지와의 교역보다 유럽내 교역이 훨씬 큰 규모였다면서 식민지에서의 자원 약탈에 대해 저평가한다. 그러나 이는 화폐가격으로 환산한 것일 뿐, 실제 물리적 기초가 되는 요소들을 유럽 밖에서 공급받지 않았다면 유럽의 계몽주의와 근대화는 지금과 꽤 달랐을지 모른다.

1700년 기준으로 지구상에는 10억의 인구가 살았지만 유럽 지역의 인구는 고작 1.6억이었다. 세계 인구의 1/6이 전 세계 자원을 독식할 수 있다면 그 지역의 부가 특출하게 팽창하는 것은 전혀 이상한 일이 아닐 것이다. 하지만 이제 특정 지역의 사람들이 자신들의 멈출 수 없는 탐욕을 위한 대규모 자원을 공급해줄 거대한 미개척 신대륙이나 신천지는 더 이상 없다. 그래서 케네스 볼딩은 카우보이 경제가 '우주인 경제'로 바뀌었다고 선언한다. 이미 가지고 있는 자원과 에너지 한계 안에서 살아가야 하는 시대가 된 것이다.

3

'꿀벌 우화'와
과소비 시대

환경역사가 존 맥닐은 "경제성장을 우선으로 보는 생각은 20세기의 가장 중요한 아이디어였다"고 현대사회의 특징을 지목했다. 그런데 이런 생각의 배경에는 끊임없는 물질적 생산과 소비를 바람직한 것으로 여기고 진보로 간주하는 발상들이 놓여 있다. 끊임없는 경제성장과 동의어라고 볼 수 있는 무한한 물질적 생산과 소비의 팽창은 현재 선진국의 상징이자 생활수준의 지표다. 그리고 이른바 지위재라고 불리는 더 큰 주택, 더 비싼 자가용, 더 다양한 사치품의 소비, 더 먼 거리의 여행 등은 어떤 사람이 중산층 이상으로 올라섰음을 알려주는 표시이기도 하다.

이미 1970년대부터 이스털린 같은 경제학자가 행복과 물질적 소비가 밀접하게 연관되지 않는다는 주장을 해왔지만, 더 많은 물질적 소비가 더 나은 삶과 동일시되는 경향은 좀처럼 사라지지 않고 있다. 물질적 소비 확대의 대가로 기후위기와 생태위기가 초래되고 있는

데도 말이다.

그러면 도대체 언제부터 우리가 끝없는 물질적 소비를 삶의 질 개선과 동일시하게 되었을까? 이에 대한 기원을 찾으려면 적어도 300~400년 전 자본주의가 시작된 시기까지 거슬러 올라가야 한다. 그리고 아직 생태위기가 감지되기 훨씬 전이었던 1714년, 네덜란드 출신의 의사로서 영국에서 활동했던 버나드 맨더빌의 《꿀벌의 우화: 개인의 악덕, 사회의 이익》이라는 책을 주목할 필요가 있다. 이 책에서 맨더빌이 낭비적 물질 소비의 경쟁적 추구가 국민경제와 사회를 이롭게 한다면서 찬양했기 때문이다.

개인의 사치와 낭비가 사회의 이익이다?

맨더빌에게 악덕은 범죄라기보다는 사치와 방탕, 이기심, 탐욕, 쾌락 등 물질적 욕구의 무한한 추구를 의미했다. 이는 당시에 미덕이라고 꼽았던 금욕, 겸손, 연민, 자선, 자기희생, 공공심과 비교되는 개념이었다. 그런데 맨더빌은 사회구성원들이 사치와 방탕을 추구하여 물질적인 과소비라는 악덕에 탐닉하면 결과적으로 오히려 국민경제를 번영으로 이끌 것이라고 주장했다. 특히 이 주장을 꿀벌 세계에 비유하여 매우 적나라하게 표현하면서 유명해졌다. 그는 사치와 방탕함이 대규모의 소비수요와 일자리를 만들어냄으로써 국민경제를 성장시킬 것이라며 이렇게 말한다.

"사치는 가난뱅이 백만 명에게 일자리를 주었고, 얄미운 오만은 또 다른 백만을 먹여 살렸다. 시샘과 헛바람은 산업의 역군이니, 그들이 즐기는 멍청한 짓거리인 먹고 쓰고 입는 것에 부리는 변덕은, 괴상하고 우스꽝스러운 악덕이지만 시장을 돌아가게 하는 바로 그 바퀴였다. (중략) 이렇게 악덕은 교묘하게 재주를 부려 시간과 일이 더해지면서 삶을 편리하게 만들어 놓았다. 이것이 참된 기쁨이요 즐거움이요 넉넉함이어서, 그 높이로 치자면 아주 못 사는 놈조차도, 예전에 잘 살던 놈보다 더 잘살게 되었으니 여기에 더 보탤 것은 없을 것이다."

맨더빌은 이런 식으로 낭비적인 물질 소비에 탐닉하는 악덕으로 가득한 사회가 전체적으로 보면 물질적 성장이 빠르게 일어나고 일자리도 풍부해지는 '낙원'이 될 수 있다고 말한다. 그러면서 "사람의 악덕을 솜씨 있게 다룬다면 전체가 위대해져서 세속적인 행복을 누릴 수 있다"고 거침없이 주장했던 것이다.

반면에 악덕으로 가득한 사회가 일순간 돌변하여 절제와 검소함이라는 미덕을 받아들이게 되면 어떤 일이 벌어진다고 했는지 살펴보자. 맨더빌은 쓰던 물건은 고쳐서 오래 쓰고 낭비적인 소비는 줄이는 등 "해마다 엄청나게 돈을 써대던 그런 놈들"이 사라지면서 "그들 덕에 먹고 살던 수많은 놈들"이 갑자기 먹고살 길이 막연해지고 결국 그 꿀벌 사회는 몰락한다고 주장했다. 이처럼 300년 전에 쓰인 《꿀벌의 우화》에는 생태위기에 개의치 않고 대량소비를 찬양하는 풍조의 원형이 담겨 있다. 지금 환경운동가들이 읽으면 기겁을 하겠지만 말이다.

더 많은 물질적 소비와 생산은 어디까지 가야 할까?

낭비와 방탕함을 찬양한 맨더빌의 주장은 기존 봉건사회의 가식적

윤리와 위계적 질서에 대한 풍자도 담고 있었다. 그런 탓에 18세기 당시에도 "사치와 뽐내는 마음이 공공복지에 필요한 것이라고 부추긴 혐의"로 영국에서 고발되는가 하면, 프랑스에서는 책이 불살라지기까지 하는 등 파란을 일으켰다고 한다. 하지만 이후 자본주의가 번성하면서 개인의 이기심과 탐욕 덕분에 경제적으로 풍요로워질 수 있다는 생각은 세대를 이어 전수되었고 21세기 소비사회에서 가장 환영받고 있다. 또한 맨더빌의 풍자는 아담 스미스에서 칼 마르크스, 존 메이너드 케인스에 이르기까지 저명한 경제학자들이 한 번쯤 거론하는 주제로 남게 되었다.

예를 들어, 케인스는 대표작 《일반이론》에서 과도한 소비 축소와 저축성향의 부정적 영향을 문제 삼으면서 맨더빌을 인용했다. 그는 "어느 번영하던 공동체에서 저축을 늘리기 위해 시민들은 모두가 갑자기 사치스러운 삶을 포기하겠다고 마음먹고" 국가도 지출을 줄이기로 결심한다면 경제는 크게 위축되고 시민들에게 궁핍이 찾아올 수 있다고 했다. 그러면서 "개인과 국가 둘 다 극단적인 절약에서만 건전한 치유책을 발견할 수 있다"는 당시의 경향을 비판했다.

그렇다고 케인스가 물질적 생산의 무한한 팽창과 소비를 바람직한 방향이라 생각했다고 받아들이면 안 된다. 그는 1930년에 쓴 짧은 에세이 "손자세대를 위한 경제적 가능성"에서 물질적 생산과 소비가 일정한 단계에 이르면, "미래에는 더 이상 경제적 문제가 인류의 영구적 문제가 아니게 될 것"이라고 지적했기 때문이다. 그때가 되면 "우리는 그 즉시 남아돌게 되는 에너지를 모조리 비경제적 목적에 바치는 쪽을 더욱 원하게 될 것"이라고 전망했던 것이다. 케인스는 물질적 소비의 한계를 잘 알고 있었던 셈이지만, 그의 다음 세대 경제학자들은 유감스럽게 그러질 못했다.

무한한 물질적 소비 팽창은 사회에도 생태에도 해롭다.

만약 21세기 버전으로 《꿀벌의 우화》를 다시 쓴다면 이런 이야기들을 덧붙일 수 있을 것이다. 사치와 낭비라는 악덕이 어느 순간까지는 꿀벌들에게 더 많은 생산과 일자리를 주었지만, 곧 꿀벌들 주위에서 더는 꿀을 찾을 수 없는 상황까지 이르게 되었다. 그리고 이들은 이제 제한된 꿀을 놓고 갈등하고 다투다가 멸종해 버리게 되었다고 말이다.

하지만 지금 현실적으로 유행하는 것은 여전히 18세기 버전의 《꿀벌의 우화》다. 물질적 풍요를 계속 누리면서 환경에 주는 충격을 '기술혁신'으로 완화할 수 있다는 현대 주류 정책의 신념은 어쩌면 맨더빌의 발상에 여전히 기대고 있는지도 모른다. 저성장에서 벗어나겠다고 무리하게 불필요한 공항 건설 프로젝트를 강행한다거나, 부채를 끌어서라도 소비하도록 조장하려는 정책도 마찬가지다.

하지만 기후위기와 생태위기 시대에는 더 이상 사치와 낭비, 방탕함이 만들어내는 소비수요를 경제성장의 엔진으로 삼아 번영을 이루겠다는 발상이 통할 수 없다. 맨더빌의 아이디어는 잘 봐주어도 기본적인 물질 생산이 사회의 필요를 충족시킬 수 있는 상황에 도달한 순간 폐기되어야 한다. 그리고 그 순간 맨더빌에게 비아냥거림을 받았던 미덕의 가치가 제대로 복원될 필요가 있다.

그렇기에 지금 많은 생태경제학자들은 모든 개인들이 개별적으로 사적 풍요로움을 무한히 추구하는 대신에, 사적으로는 기본적인 필요를 충족할 수 있는 '사적 충분함private sufficiency'을 추구하자고 제안한다. 그리고 이를 보완하기 위해 '공적 풍요로움public affluence'을 정책으로 뒷받침하자고 한다. 이것이 기후위기와 생태위기를 막으면서 삶의 질을 유지하는 길이 될 것이다. 생태경제학자 리처드 하워스는 21세기 경제의 바람직한 작동방식을 이렇게 표현한다. "경제는 지구 한계 안에서 머물러야 하는 동시에, 윤리적이고 사회적인 목표에 복무하는 방법으로 작동되어야 한다."

4

영국 산업혁명의
진짜 원인

에너지 전문가 바츨라프 스밀은 "세상을 변화시키고 움직이는 '보편적 통화universal currency'"가 바로 에너지라고 강조했다. 이는 세상 만물의 변화를 결국 에너지의 변화 과정으로 설명할 수 있다는 당연한 물리학적 사실을 표현한 것이다. 인간의 경제활동도 마찬가지다. 그래서 독일의 저명한 에너지 전문가 헤르만 셰어는 이렇게 짚었다. "모든 경제활동은 에너지를 이용해서 물질을 하나의 상태에서 다른 상태로 변환하고, 이렇게 만들어진 재화를 분배하고 소비하고 이용하며, 또한 변환된 에너지의 도움으로 서비스를 제공하는 것으로 이루어져 있다"고 아주 적절하게 경제를 에너지 관점에서 정의하고 있다.

달리 말해 에너지 효율 개선으로 얻는 약간의 차이 정도를 제외할 경우, 에너지 투입량이 달라지지 않는다면 경제적 산출 역시 결코 달라질 수 없다는 것이다. 그렇다면 산업혁명 이후 인류의 어마어마한 경제적 산출의 증가, 즉 경제성장은 에너지 투입을 폭발적으로 증가

시킴으로써 가능했다는 점을 금방 알 수 있다. 그런데도 대다수 경제학자들은 경제발전에 투입되는 원료와 에너지 투입을 일상적으로 과소평가하는데, 이에 대해 헤르만 셰어는 이렇게 비판했다.

"근대 산업혁명이 개시된 이래 경제를 지배했던 사상과 실제 모델은 경제와 관련된 물음들을 다룰 때, '어떤 자원을 이용하는가' 하는 핵심 물음을 무시했다. 자원, 즉 에너지와 원료는 모든 경제활동의 조건으로 이것들 없이는 아무 일도 안 된다. 자원의 접근성은 다른 어떤 것보다 더 경제발전의 부침을 결정한다. 이 때문에 약탈전쟁이 일어났고, 민족들이 억압받고 착취당했으며, 지금도 여전히 전쟁과 억압과 착취가 자행되고 있다. 그런데 이런 점에 대해서 생각하는 사람은 얼마 안 된다."

왜 하필 영국에서 산업혁명이 일어났을까?

인류의 경제발전에서 에너지가 얼마나 중요한지 알려주는 사례로서 18세기 후반 영국의 산업혁명을 살펴보는 것이 좋다. 영국은 1700년에서 1870년 사이에 전체 경제 규모가 10배 증가했고, 인구는 4배로 늘어날 만큼 폭발적으로 경제성장을 하면서 세계 산업 생산을 주도했다. 그 배경에는 1800년 전후 시점에서 일어났던 영국의 산업혁명이 있다.

그러면 이러한 산업혁명이 왜 18세기 후반에 하필 유럽의 다른 지역도 아닌 영국에서 일어났을까? 이에 대해서는 오랜 논쟁이 있었고 지금도 계속되고 있다. 경제학자 마크 코야마는 《부의 빅 히스토리》

에서 산업혁명이 일어날 당시 영국 사회가 "시장 지향적 사회 분위기, 그에 따라 달라진 소비 양상, 국내 경제 규모, 상업적 농업, 문화와 사회 규범, 대서양 경제의 중요성 증대" 등 복합적 요인들을 두루 갖춘 덕에 산업혁명에 성공했다고 평가한다.

좀 더 구체적으로 코야마의 얘기를 따라가 보자. 우선 "1700년대 영국은 완전히 발전된 시장경제 국가였다. 국내 시장의 확대와 통합은 18세기에 이 나라가 누린 상대적 번영의 많은 부분을 설명해준다"는 것이다. 또한 "사람들이 새로운 소비재를 사는 데 필요한 임금을 벌려고 기꺼이 더 오랜 시간을 일하려고 한 것은 공장 체제의 부상을 위한 전제조건이었다"고 지적한다. 특히 18세기 후반부터 영국에서 증기기관 발명 등 연속적인 기술혁신의 물결이 일었는데 이는 지적 재산권과 특허 제도가 잘 정립되었던 덕분이라는 것이다. 아울러 "18세기 영국이 해상에서 주요 경쟁자들을 모두 물리쳤고, 남북 아메리카, 유럽, 서아프리카 사이의 무역로에서 제일 좋은 목을 확보"하는 등 대서양 경제를 제패했던 것도 영국에서 산업혁명이 일어나도록 한 중요한 배경이었다고 덧붙인다.

물론 영국이 설탕, 담배 무역을 지배하고 특히 아프리카인들을 노예로 동원했던 점에 대해서는, "노예제가 영국 경제성장에 중요했다고 주장한다고 해서 노예제가 산업혁명을 야기했다는 말은 아니"라는 경제학자 로버트 솔로의 주장을 인용하면서 저평가하기는 마찬가지다. 결국 마크 코야마의 결론은 영국만이 산업혁명을 위한 복합적인 요소들을 모두 가지고 있었기 때문에, 스페인도 아니고 프랑스도 아니며 네덜란드도 아닌 바로 영국에서 산업혁명이 일어났다는

산업혁명이 변화시킨 맨체스터의 모습을 볼 수 있는 회화 작품들
(위 : 1820년 Sebastian Pether 작, 아래 : 1857년 William Wyld 작)
서로 다른 화가가 같은 위치에서 바라보며 그린 회화들로, 40년도 채 되지 않은 기간에
맨체스터의 모습이 완전히 달라졌다. 맨체스터는 당시 산업혁명의 요람이자 세계 면공업
의 중심지가 되었다.

것이다. 코야마는 다음과 같이 설명을 이어간다.

> "영국은 산업이 팽창하기 위한 여러 전제조건을 갖고 있었다. 소유
> 권을 보호하는 한편 조정과 재협상을 허용하는 정치제도를 보유했고,
> 혁신과 발명에 개방적이었다. 또한 대서양과 대서양 노예노동에 접근
> 할 수 있었던 한편 자원의 저주는 피했다." 더불어 "영국은 길드의 특
> 권이 초래하는 비용은 피하면서도, 숙련된 노동자를 키워낼 수 있는
> 대규모 노동시장 제도를 보유하고 있었다."

산업혁명에서 에너지의 역할을 누락시킨 경제학자들

위의 산업혁명 분석을 보면, 영국이 석탄이라는 고밀도의 화석에
너지를 유독 선도적이고 대량으로 활용하게 된 얘기는 나오지 않는
다. 물론 코야마는 "16세기 잉글랜드에서는 목재가 부족해진 탓에
석탄산업이 발전하게 되었다. 특히 런던이 성장하면서 인근의 목재
자원이 고갈되자 석탄을 태우는 쪽으로 전환이 이뤄졌고" 값싼 석탄
은 증기기관 발전에서 특히 중요한 자극제였다며 부차적으로만 그
역할을 인정하고 있다.

하지만 일찍이 《대분기》를 쓴 역사학자 케네스 포메란츠는 "아무
리 우리가 옛날로 돌아가 자본주의의 기원을 찾아보더라도, 석탄에
너지를 대규모로 이용함으로써 산업화 이전에 보편화된 생태적 제
약에서 탈피할 수 있었다는 점에서 산업자본주의는 1800년대에 이
르러서야 나타났다"고 주장했다.

에너지와 생태경제 분야 전문가들은 이 지점을 한층 더 파고 들어

간다. 《에너지 세계사》의 저자 브라이언 블랙은 "나무와 숯과 같은 생물 연료가 수 세기 동안 사용되었지만, 그것으로는 새롭게 등장한 기계들을 사용할 수 있는 기반 시스템을 제대로 뒷받침할 수 없었다"고 단언했다. 그러고는 "잉글랜드 뉴캐슬에서 생산된 석탄은 인간을 산업화 시대로 이끌었다"고 결론 내린다.

알다시피 영국은 독특하게도 17세기부터 19세기 대영제국의 전성기에 이르기까지 세계 최대의 석탄 생산 국가였다. 이미 석탄이 "1620년이 끝나기 전에 국가 열에너지의 절반 이상을 공급하기 시작했고, 1650년까지는 2/3, 1700년에는 3/4, 그리고 한 세기 뒤에는 90퍼센트를 공급"했다. 그에 따라 영국의 석탄 생산량도 1600년 2만 5천 톤이었던 것이 1700년 3백만 톤, 1800년에는 1천 3백만 톤으로 대폭 늘어나게 되었다. 산업혁명이 시작될 무렵인 1750년에 런던이 유럽 최대의 도시가 된 주된 원인은 석탄이라는 에너지원 때문이었다. 다른 나라들이 석탄을 주요하게 사용하기 시작한 것은 19세기 후반기나 되어서였다.

앨프리드 크로스비는 "영국에서 산업혁명이 일어난 이유가 무엇이든 간에 영국 땅 밑에 엄청난 양의 석탄이 묻혀 있었다는 사실이야말로 산업혁명의 필수적인 이유"였다면서 이렇게 덧붙인다. "1700년에 영국은 270만 톤의 석탄을 채굴했다. 1815년에는 채굴량이 2,300만 톤으로 늘어났다. 이 정도면 당시 영국에서 1년 동안 생산된 장작이 내는 열량의 20배에 해당한다. 이 정도의 석탄을 모두 증기기관을 돌리는 데 사용하면 5천만 명분에 해당하는 힘을 낼 수 있었을 것이다."

특히 본격적으로 경제를 성장시키기 위한 핵심 동력으로 석탄을 사용하려면 난방이나 가열과 같이 열에너지를 직접 이용하는 것만으로는 부족하다. 석탄을 태운 열에너지를 효율적이고 지속적으로 운동에너지로 바꿔 활용할 수 있어야 한다. 1784년 제임스 와트가 증기기관을 통해서 바로 이것을 해냈다. 증기기관은 물레방아나 수차를 석탄으로 돌아가는 증기력으로 대체함으로써, 물이 없는 도심 곳곳에 공장을 세우고 거대한 기계를 쉼 없이 작동시켜 상품을 대량 생산할 수 있게 했다. 또한 마차를 증기기관 철도로 바꾸고, 범선을 증기선으로 대체해서 한 나라는 물론 세계 곳곳으로 상업활동을 확장했다.

물론 스웨덴 정치생태학자 안드레아스 말름이 《화석 자본》에서 적절히 지적하는 것처럼, 영국의 산업 분야에서 석탄이 본격적으로 사용된 이유가 단지 목재가 부족하거나 석탄이 더 저렴했기 때문에, 또는 수차 기술보다 증기기관 기술이 당시에 더 경제성이 있었기 때문만은 아니다. 당시 산업 분야에서 수력을 이용하는 대신 석탄을 태우는 증기기관으로 교체한 주체는 당연히 자본가들이었다. 그들은 수력을 조달할 수 있는 지방보다는 '노동'을 쉽게 구할 수 있는 도시에 공장을 짓기를 원했다. 이 또한 석탄의 이용을 부추겼다.

이처럼 물과 바람이라는 지금 생성되는 자연의 힘 대신에, 수억 년 전에 태양빛을 받아 식물이 만든 석탄의 힘에 의존하기로 결정함으로써 최초의 '산업혁명'은 영국에서 성공하게 된 것이다. 산업혁명 초기인 1825년 전 세계에서 석탄을 태워 배출한 이산화탄소의 80%는 영국에서 나왔다. 이것이 산업혁명의 숨겨진 비밀이다. 증기기관과 석탄을 결합하여 비로소 열에너지를 운동에너지로 전환하는 혁신을 달성했고 현대 화석경제에 기반한 대규모 경제성장의 길을 열었던 것이다.

이 같은 사실로 보면, 1800년대 전후하여 대규모 공장 설비를 가동하고, 대규모의 철강 생산을 가능하게 하며(철강 생산에는 석탄을 원료로 하는 코크스가 대량으로 필요하다), 증기기관 철도 시대를 열었던 산업혁명의 주역에서 절대로 영국의 대량 석탄 채굴을 제외하기 어렵다는 것을 알 수 있다. 이 점에 대해서 노벨 화학상 수상자 프레데릭 소디는 아주 분명히 이렇게 말했다. 기관사와 신호수, 관리자, 자본가, 주주, 노동자들의 모든 노력을 더해도 "기차에 동력을 공급할 수 없다는 사실에는 변함이 없다. 진짜 기관사는 (태양에너지가 만들어낸) 석탄"이라고 말이다.

에너지혁명 없이 산업혁명 없다

에너지와 생태 전문가인 리처드 하인버그는, "지난 200년간 전 세계적으로 대규모 경제성장이 이루어진 비결은 값싸고 풍부한 에너지원인 화석연료의 발견이다. 물론 노동 분업, 기술혁신, 교역 증대 등 다른 요인도 영향을 미쳤지만, 석유와 석탄, 천연가스가 없었다면 우리는 지금까지도 18세기 선조들처럼 땅 파서 먹고 살았을지도 모른다"고 적절히 지적했다. 그만큼 경제활동에서 에너지는 중요하다. 1800년대 전후한 시기 영국 산업에서 혁명이라고 할 만한 대변동이 일어나기 위해서는 반드시 에너지의 획기적 전환이 있어야 했고 그 중심에는 바로 석탄이 있었다. 그리고 19세기 후반기에 두 번째 산업혁명이 시작되었는데 거기에도 석유의 발견과 대규모 활용, 그리고 전기에너지 이용이 있었다.

이런 차원에서 본다면 1960년대의 컴퓨터 활용을 3차 산업혁명, 최근의 인공지능 활용을 4차 산업혁명이라고 부르지만, 근본적인 에너지전환이 없는 이들 시점을 진정으로 산업혁명으로 부를 수 있는지는 의문이다. 에너지의 관점에서 볼 때 진정한 세 번째 혁명, 화석연료에서 재생에너지로의 전환은 고작 이제 막 시작되려 하는지도 모른다.

에너지가 산업과 문명에서 갖는 중대한 의의를 우리가 자주 잊고 사는 것에 대해 앨프리드 크로스비는 이렇게 진단한다. "부유한 나라 국민들은 태어나면서부터 풍부한 에너지를 당연한 것이라 여기면서 살았다. 이토록 풍부하다 보니 심지어 어떤 사람들은 먼 곳에서 생산된 전력이 송전선을 타고 우리 방까지 들어옴으로써 스위치만 올리면 불이 들어오게 된 것이 기적이 아닌 '정상'이라고 믿게 되었다." 하지만 "인류는 오늘날 생활방식이 새롭고 비정상적이며 지속 가능하지도 않다는 사실을 받아들여야 한다. 석탄, 석유, 천연가스가 주는 혜택을 거부한 채 신발도 없고 굶주림과 추위로 끊임없는 고통을 겪던 시절로 돌아가려는 사람은 거의 없을 것이다. 그러나 어떤 경우에도 끝없이 얻기만 할 수는 없다는 것도 진리다."

5

생태 재앙을 대가로 얻은
20세기 경제번영

  흔히 인류의 경제활동이 기후변화를 초래하고 지구 생태계에 심각한 위험이 시작된 시기를 18세기 말 산업혁명이 시작된 시점으로 생각한다. 확실히 이 시점에 영국에서부터 인류는 대량의 석탄을 채굴하여 태움으로써 막대한 에너지를 얻기 시작했고, 그 결과 온실가스를 대기에 쏟아내기 시작했다. 반면 어떤 이들은 콜롬버스가 1492년 아메리카 대륙을 발견한 이후 남북 아메리카와 아프리카, 아시아에 이르는 지구 전체의 자원을 약탈하여 사용하기 시작한 대항해시대부터 두드러진 생태파괴가 시작되었다고 보기도 한다.

  하지만 대항해시대나 산업혁명기만 해도 석탄 활용이나 극도의 자원 남용은 일부 지역에 국한되었다. 그 정도만으로는 기후변화나 생태계 질서가 아직 위협적인 수준으로 교란되지 않는다. 하지만 20세기에 들어오면서 사정이 달라졌다. 기후학자 윌 스테픈 등의 연구팀이 2004년 유명한 보고서 〈지구적 변화와 지구 시스템: 압박받는 행성〉을 발표했는데, 그 보고서는 이렇게 주장하고 있다.

18세기 말 "산업혁명이 점진적으로 속도를 내서 전 세계로 확산된 다음 지구의 변화가 연속적으로 증가했다는 것은 사실이 아니다. 자료에 따르면, 인간 활동 및 환경 변화의 속도는 점진적이기보다는 오히려 20세기 중반 이후 극적으로 증가"했고, "거의 모든 인간 활동 및 지구 시스템 양상에서 1950년 무렵 놀랄 만한 변곡점이 나타났으며 1950년 이후의 변화율은 훨씬 더 급격해지고 어떤 경우에는 거의 기하급수적"이었다고 덧붙인다.

1950년대 시작된 '거대한 가속Great Acceleration'

이어서 보고서는 이렇게 요약한다. "의심할 바 없이 지난 50년 동안 자연과 인간의 관계는 인류 역사상 가장 빠른 속도로" 바뀌었고, "인간이 촉발한 변화의 규모, 공간적 범위, 그리고 속도는 인류 역사에서 전례가 없었으며, 아마 지구 역사의 차원에서 보아도 그럴 것이다. 지구 시스템은 이제 기존 자연계에서 나타나던 변이 범위를 넘어섰다는 의미에서 '전례가 없는 상태'로 작동하고 있다"고 말이다.

그래서 그 시점에 대해 경제학자 칼 폴라니가 사용했던 '거대한 전환'이라는 표현을 빌려와 '거대한 가속'이라는 용어를 2005년에 만들게 되었다고 환경 시스템학자 얼 엘리스는 《인류세》라는 책에서 밝히고 있다. 그는 "인간이 지구 전체 환경에 미친 영향을 단순히 화석연료 연소나 공업용 화학물질 생산만으로 환원할 수는 없다. 인구 증가, 농업을 위한 토지 개량, 경제개발, 심지어 외국인 직접 투자도 지구 시스템의 작용을 바꾸는 온갖 추동력 혼합체의 일부"였다면서 거대한 가속을 시작한 1950년대를 평가하고 있다.

그렇다면 18세기부터 자본주의가 시작되고도 한참 후인 1950년대에 특별히 무슨 일이 일어난 것일까? 물론 2차대전 이후에 벌어진 두드러진 사건들 가운데 핵폭탄 사용과 잇따른 핵실험으로 인해 지표 전체에 방사성의 흔적을 남겨 놓은 것도 있다. 그러나 무엇보다도 전 지구적으로 석탄, 석유, 가스까지를 포함해서 이전과는 비교할 수 없는 수준으로 화석연료를 대량으로 태운 것이 가장 두드러진 특징이라고 할 수 있다. 특히 20세기 초반 중동에서 석유가 대량으로 발견된 것이 기폭제가 되었다. 그리하여 선진국뿐만 아니라 개발도상국까지 포함해서 전 세계가 경제개발을 명목으로 어마어마한 화석연료 소비에 들어간 것이다.

이러한 화석연료 소비는 세계가 1950년대부터 '끝없는 경제성장률 향상 목표'를 국가 제1과제로 삼기 시작했던 시기와도 일치한다. 막대한 에너지 공급을 약속했던 화석연료를 배경으로 전 세계의 모든 국가들이 치열한 성장률 올리기 경쟁에 들어갔던 것이다. 그리고 여기에는 냉전 시기의 체제경쟁이 성장률 경쟁 양상으로 비화된 것도 크게 영향을 미쳤다.

1950년대부터 기후변화와 생태위기를 본격화한 거대한 가속이 시작되었다는 사실은, 1960년대부터 경제개발에 뛰어든 한국 경제도 일반의 예상과 달리 매우 초기부터 거대한 가속의 대열에 참여했다는 것을 말해준다. 영국이나 유럽 등에 비해 산업화를 늦게 시작했던 한국이 기후위기와 생태위기에 상대적으로 책임이 적다고 생각했던 상식은 거대한 가속이 1950년대부터 시작되었다는 새로운 사실로 인해 무너지게 된 것이다.

인류가 지구 시스템을 바꾸다

거대한 가속은 또한 지구의 역사가 완전히 새로운 국면으로 접어들게 만들었다. "인간이 처음으로 전체로서의 지구, 즉 서로 긴밀하게 연결되어 있는 대기권, 수권, 설빙권, 생물권, 물권, 지권으로 이루어진 복잡한 하나의 시스템으로 진화한 지구를 형성하는 데 중대한 역할을 하게" 된 것이다. 그리고 인류가 농경문명을 열었던 온난한 기후시대였던 홀로세가 종말을 맞이하고 대신에 인간이 지구 시스템의 변화를 초래하는 새로운 시대인 인류세가 시작되었다.

클라이브 해밀턴은 《인류세》에서 이렇게 상황 변화를 설명한다. "문명의 출현을 비롯해 문명과 함께 문화와 사회구조를 형성할 수 있는 환경적 배경이 되었던 홀로세의 온화하고 예측 가능한 기후는 과거지사가 되었다. 우리는 수천 년 혹은 수만 년 동안 지속될 불안정하고 예측 불가능한 새로운 시대에 접어들었다." 존 맥닐도 《인류세와 기후위기의 대가속》에서 이렇게 강조한다. "인류세는 농업과 함께 시작된 것도 아니고 심지어 산업혁명과 함께 시작된 것도 아니다. 1945년 이후 대규모 산업사회의 부상과 함께, 그리고 지구 전체 환경을 가속적으로 변화시키는 인간의 전례 없는 능력과 함께 시작된 것이다."

인류세라는 용어를 처음 제안한 지질학자 파울 크루첸도 처음에는 화석연료 체제가 시작된 1780년대부터 인류세가 시작되었다고 생각했다. 하지만 나중에 윌 스테픈, 크루첸, 존 맥닐 세 사람이 합심하여 1950년 이후 인간이 '자연의 거대한 힘'으로 부상하였다고 결론지었다. 그리고 '거대한 가속'을 지구 시스템이 인류세로 이행하고 있음을 설명하는 선구적인 서사로서 확립하였다. 이렇게 많은 지구 시스템 연구자들이 말하듯이 인류는 지금 완전히 전례없는 상태에 접어들었다. 지구 시스템이라는 관점에서 보면, 지구상에는 선진국과 개발도상국 사이의 구분은 물론, 국가나 문화, 인종, 성의 구분도 없다. 그저 지구 시스템을 교란하는 크고 작은 힘을 가진 인간 사회들이 존재할 뿐이다.

물론 머리말에서 소개한 것처럼, 인류세가 국제 지질학회에 의해 공식 인정받은 것은 아니다. 이렇게 된 과정을 간단히 살펴보자. 2023년 7월에 국제층서위원회 산하 인류세실무그룹^AWG^은 거대한 가속이 시작된 시점을 인류세의 시작으로 인정하고 캐나다 크로퍼드 호수 퇴적층을 대표 지층으로 하는 최종안을 제안했다. 그리고 2024년 8월 부산에서 '하나뿐인 지구, 함께하는 지구과학'이라는 주제로 열리는 세계지질과학총회에서 이 안을 최종 승인하기로 예정했다. 하지만 그보다 앞선 3월 소위원회에서 부결되면서 적어도 지질학자들에게는 인류세가 수면 아래로 내려가 버렸다.

하지만 홀로세가 끝나고 인류세가 이미 반세기 이전에 시작되었다는 사실은 앞으로 언제든 인정될 수밖에 없을 것으로 보인다. 진정 문제는 지질학회 전문가들에게 있지 않다. 오히려 우리가 지구 시스템에 돌이킬 수 없는 변화를 일으켰다는 사실을 일반 시민 스스로가 받아들일 준비가 되어 있는지 여부다.

우리는 그동안 엄청난 문명을 이루면서 단지 우리들만의 세상을 바꾼 것이 아니다. 우리를 포함한 생물권 전체가 살아가는 지구 생태계 전체를 바꾼 것이다. 아니 우리들만의 세상은 결코 바꾸지 못하면서 기후와 자연을 바꿔버린 것인지도 모른다. 또는 우리들 사회를 바꾸는 것을 미룬 대가로 지구 시스템이 바뀌게 만들었는지 모른다. 그래서 수많은 기후활동가들이나 환경활동가들은 이렇게 말하고 있다. 이제 기후와 지구 시스템을 더는 바꾸지 말자고. 대신에 우리 사회를 바꾸자고.

3장

첨단기술이
우리를
구원할 수 있을까?

1
에너지와 물질 사용이
폭발하다

앞서 경제사를 살펴본 결과 경제 도약의 분기점마다 경제에 우호적인 기후 여건이나 대규모 자원 또는 에너지 투입이 있었다는 점을 알 수 있었다. 그런데 여기서 주목할 점은 경제 도약기마다 에너지와 물질이 대량 투입되었을 뿐 아니라 이를 정당화하는 이데올로기가 동반되었다는 사실이다. 그 전형적인 사례로 석탄의 대량 소비를 기반으로 성취된 18세기 영국의 산업혁명에 앞서 《꿀벌의 우화》에서 극적으로 표현된 사치와 과소비를 찬양하는 문화가 부상한 것을 들 수 있다.

그런데 이런 현상은 20세기 중반에 다른 모습으로 반복된다. 어마어마한 석탄, 석유, 가스를 동원해서 대량 생산과 대량 소비를 가능하게 했던 1950년대 거대한 가속은 '경제성장 패러다임'이라는 새로운 사상과 문화를 동반했던 것이다.

국가의 최고목표가 된 '연간 경제성장률'

오늘날 무한 경제성장을 국가의 중심 목표로 세우고 경제성장률이라는 단 하나의 지표를 우선시하는 '경제성장 패러다임' 또는 '경제성장 헤게모니'는 현대문명 그 자체라고 할 만큼 강력하게 사회에 뿌리내려 있다. 경제성장이란 1년 동안 한 국가 안에서 생산된 모든 재화와 서비스를 화폐로 계산한 총액의 증가이며 '국내총생산GDP'으로 측정한다. 그리고 미디어에서 자주 볼 수 있는 성장률은 '연간 실질 경제성장률'인데, 이는 물가 상승을 감안해서 국민경제가 전년도에 비해 얼마나 커졌는지를 알려주는 지표다.

정책 당국자들이나 전문가들에게 성장률은 마이너스가 아니라 당연히 플러스이어야 하며, 플러스 수치가 얼마나 클 것인지가 최고의 관심사가 된다. 경제가 어려움에 빠질 조짐을 보이면 정책당국자나 전문가들은 늘 성장률 전망부터 쳐다보고 경제성장률을 플러스로 만들기 위해 온갖 수단을 동원한다. 마이너스 경제성장률은 지도자의 무능이자 정부의 실패이고 국가적 수치로 간주되기 때문이다.

하지만 인류 역사 전체를 놓고 보면 경제성장률이 눈에 띄게 오른 것은 아주 최근의 일이다. 지난 2,000년 동안의 세계 성장률 추이 곡선을 보면, 사실상 성장하지 않는 경제가 오랫동안 지속되어 왔다. 18세기까지만 해도 경제 규모는 오르락내리락했으며 인구도 조금씩만 늘어났다. 그래서 경제는 매년 평균 고작 0.05퍼센트 정도만 성장했을 뿐이다. 대부분의 경제사는 '성장하지 않는 경제'였다는 말이다. 그러다가 19세기에 유럽 경제를 중심으로 연간 1퍼센트 이상씩 성장하더니 20세기 초반부터는 연간 2퍼센트 수준으로 경제가 팽창하기 시작했다.

하지만 이때까지만 해도 매년 국민경제의 성장을 측정하지도, 그 결과를 언론에서 공개하고 성장률이 높으면 환호하고 낮으면 시름에 잠기지도 않았다. 왜냐하면 국민총생산GNP 혹은 국내총생산GDP을 연간 단위로 산출하는 방식이 개발된 것은 1929년 대공황과 2차대전 시점이었기 때문이다. 특히 2차대전 당시 전시의 군사물자 조달을 위해 국가의 산업 생산 능력을 정확히 계산할 필요가 생겼고 그를 위해 GDP 측정 방법이 구체화되었으니 GDP는 전쟁의 필요가 낳은 산물이라고 할 수 있다.

이렇게 '경제성장률'이라는 용어 자체는 2차대전을 경과하면서 20세기 중반에 만들어졌지만, 그렇다고 GDP가 발명된 뒤 곧바로 '연간 성장률' 지표가 사용된 것도 아니다. 2차대전 이후 각국 정부가 경제에 대해 가장 크게 고민했던 것은 완전고용이었고 경제성장은 이를 달성하기 위한 '수단' 정도로 고려했다. 그러다가 실제 '연간 경제성장률'이 처음으로 공공 영역에 등장한 것은 미국이 1949년이고 영국이 1950년이다. 그리고 1957년이 돼서야 유엔이 유럽 지역의 실질 경제성장률을 처음으로 비교 발표하기 시작한다.

그런데 경제성장률이라는 지표는 대단히 짧은 시간 안에 그 자체가 수단이 아니라 최고 정책 목표로 돌변했다. 다시 말해 각 정부가 달성해야 할 1차 과제로서 자리 잡기 시작했고 성장률 국제 비교를 통해 경쟁을 촉진하는 지표가 되었던 것이다. 게다가 당시는 경제성장이 불평등 감소와 동반했던 매우 예외적인 시기였던 탓에 경제성장은 심지어 빈곤과 불평등, 복지 부족 등 모든 경제적 질병의 치료

제로 인정받았다. 더욱이 냉전이 한창이던 이 시기에 경제성장률 지표는 미국과 소련의 체제경쟁으로 인해 중요성이 증폭된다. 자본주의 미국이나 사회주의 소련이나 한결같이 누가 높은 성장률을 기록하는지에 따라 자신들 체제의 우월성이 입증된다고 생각한 것이다.

나아가 자본주의 국가들 사이에서도 높은 성장률은 국가의 위신을 세워주는 지표가 되었고 경제 규모 순위는 곧 국력과 동격이 되었다. 결국 1960년대 말쯤이면 적어도 선진국에서는 가장 중요한 정부 정책 목표로서 경제성장이 확고하게 자리 잡는다. 그리고 이 추세는 2020년대인 지금까지 크게 손상되지 않은 채 이어져 오고 있다.

알고 보면 기껏해야 70년 정도의 역사이지만 한번 굳어진 '경제성장 패러다임'과 '경제성장 헤게모니'가 경제정책 일반은 물론이고 공공정책 전체에 걸쳐 전방위적인 영향을 미치게 된 것이다. 이 점에서 보면 적어도 20세기 후반 이후의 사회는 복지국가가 아니라 '성장국가'였다고 할 수 있지 않을까? 오죽하면 경제학자 슈마허가 "병적인 성장, 건전하지 못한 성장, 파괴적인 성장도 있을 수 있다는 생각은 경제학자에게 표현조차 허용될 수 없을 정도로 그릇된 것"으로 간주되었다고 한탄했을 정도다.

성장주의가 지불한 생태적 대가

성장률이 건전한 경제를 평가하는 지표이자 국력의 척도가 되면서 전 세계가 본격적으로 성장률 경쟁에 들어갔던 결과, 세계 경제는 1950년대 이후부터는 무려 3.7퍼센트(1950~2010년)라는 경이적인 성장률을 기록한다. 특히 서구 경제의 황금기라고 불린 1950~1970년대는 역사상 유래가 없을 정도의 고성장 국면이 지속되었다.

하지만 북미와 유럽, 일본이 주도했던 인류 역사상 다시없을 고도 성장은 결코 오래 지속될 수 없었다. 1960년대 무려 4.7퍼센트 평균 성장률을 기록했던 미국은 현재 1~2퍼센트 내외를 오가는 낮은 성장률에 만족한다. 유럽에서도 5퍼센트 내외까지 올라갔던 1960년 대의 성장률은 빠르게 떨어져서 2000년대는 대부분 유럽 국가들에서 1퍼센트 수준으로 감소했다. 일본의 성장률 감속은 더욱 극적이다. 1960년대에 기록했던 10퍼센트 수준의 성장률은 21세기에 와서는 20년째 0~1퍼센트 사이로 사실상 제로성장에 접근하고 있기 때문이다.

높은 경제성장률은 유럽과 북미를 넘어 동아시아로 전파되었다. 대표적으로 한국 경제는 1970년대 10.5퍼센트 → 1980년대 8.9퍼센트 → 1990년대 7.3퍼센트라는 경이적인 성장률을 기록했다. 2000년대에도 4.9퍼센트라는 높은 성장률을 보여줬지만 결국 2010년대 3.3퍼센트, 그리고 2020년대는 대체로 1~2퍼센트 안에서 움직이는 등 다른 선진국들처럼 저성장 국면으로 들어갔다. 한국의 뒤를 이어 중국이 2000년대 10.4퍼센트로 정점을 이루다가 2010년대에 7.7퍼센트를 기록했다. 하지만 중국도 예외 없이 2020년 대에 접어들면서 4~6퍼센트 수준에 머물고 있다. 점점 더 많은 경제학자들이 지난 세기와 같은 높은 성장률을 재현하는 것은 이제 불가능하다고 생각하고 있다.

그런데 잊지 말아야 할 점이 있다. 성장주의 패러다임이 지배하기 시작한 20세기 중반 이후 높은 경제성장률은 지구 생태계에 청구한 막대한 자원과 에너지 없이는 절대로 불가능한 것이었다는 사실이다. 이를 구체적으로 확인하기 위해 1950년대 이후 경제활동에 투입된 물질과 에너지의 변화가 얼마나 현저했는지를 살펴보자.

먼저 경제성장의 결과로 지구 위에 인공물이 얼마나 쌓였는지 보자. 1900년에 들어섰을 때만 해도 자연 생태계가 만들어내는 온갖 종류의 자연물(나무, 관목, 여타 식물, 동물 등)과 비교해서 인공물은 고작 3퍼센트 정도였다. 하지만 경제 규모가 계속 팽창하면서 콘크리트, 벽돌, 아스팔트, 금속 등 인류가 경제과정에서 생산한 인공물 총중량은 20년마다 2배씩 늘어났다. 그 결과 2020년 기준으로 자연물 중량을 초과해서 인공물이 1.1조 톤을 넘게 되었다.

실로 어마어마한 규모다. 이제 지구 표면의 모습은 자연이 스스로 만들어 나가는 것이 아니라 인류가 인공물로 바꿔 나가고 있는 것이다(그림 4 참조). 왜 안 그렇겠는가? 경제 전문기자 에드 콘웨이의 말대로 "인류 역사 초창기부터 1950년까지 캐낸 물질의 총량보다 더 많은 물질을 우리는 2019년에 채광, 채굴, 폭파를 통해 얻었다. 단 한 해 만에 인류사 대부분의 시기 동안 채굴한 것보다 더 많은 양을 채굴한 셈"이니 인공물의 폭발은 너무 당연하지 않을까?

이번엔 에너지 쪽을 살펴보자. 기존에 목재로 열에너지를 얻어오던 인류는 영국에서 산업혁명이 시작된 1800년대 초부터 석탄 사용을 서서히 늘리기 시작했다. 이 추세는 20세기에 와서도 결코 줄어들지 않고 줄기차게 늘어났다. 겨우 최근에 와서야 기후위기 대응을 위해 석탄발전소 폐쇄가 늘어나 주춤하고 있다.

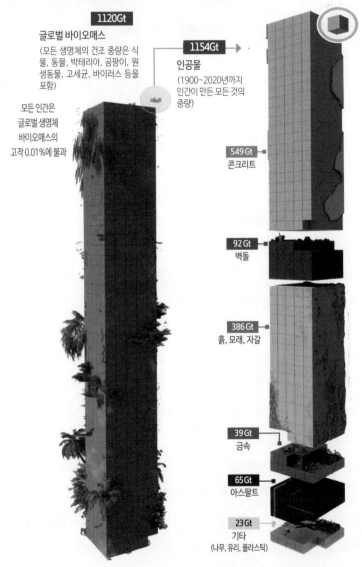

2020년 처음으로 인공물 총량이
모든 글로벌 생물 바이오매스의 무게를 추월한다

1120Gt

글로벌 바이오매스

(모든 생명체의 건조 중량은 식물, 동물, 박테리아, 곰팡이, 원생동물, 고세균, 바이러스 등을 포함)

모든 인간은
글로벌 생명체
바이오매스의
고작 0.01%에 불과

1154Gt →

인공물

(1900~2020년까지 인간이 만든 모든 것의 중량)

549Gt
콘크리트

92Gt
벽돌

386Gt
흙, 모래, 자갈

39Gt
금속

65Gt
아스팔트

23Gt
기타
(나무, 유리, 플라스틱)

그림 4 인공물과 자연물 중량비교(WEF)

석탄의 뒤를 이어 1850년대부터 석유가 고래기름 대신 등불로 사용되기 시작했고 20세기에는 내연기관 자동차를 비롯해서 산업 전반에 활용되면서 급격히 팽창하기 시작했다. 그리고 2차대전 후에는 중동에서 퍼 올린 대량의 석유가 유조선을 통해 전 세계로 공급되면서 1970년대까지 석유 소비는 놀라울 정도로 늘어났다. 여기에 더해 2차대전 이후에는 석유뿐 아니라 천연가스 사용까지 늘어나기 시작했고, 석탄을 가스로 대체하는 움직임이 활발해지면서 최근 정점에 이르고 있다(그림 5 참조).

그런데 여기서도 주목할 점이 있다. 새로운 에너지가 개발될 때마다 과거의 에너지를 대체하는 것이 아니라는 점이다. 오히려 기존 에

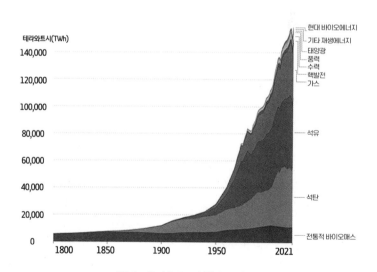

출처:Our World in Data (바츨라프 스밀(2017), BP의 세계 에너지 통계자료)

그림 5 목재, 석탄, 석유, 가스로 이어지는 에너지 소비 팽창

너지를 그대로 쓰면서 새로운 에너지가 그 위에 추가되는 방식으로 에너지 소비가 가속화되고 있다. 심지어 최근 들어서 풍력과 태양광 재생에너지가 많이 공급되었지만 이들 에너지조차 글로벌 차원에서 보면 기존 에너지를 대체하기는커녕 기존 에너지에 추가되는 양상이 이어지고 있다. 또한 21세기에 들어서 디지털 경제가 확산되면서 경제의 '정보화, 비물질화, 효율화' 덕분에 물질과 에너지 소비가 늘지 않을 것이라는 기대가 일부 있었다. 하지만 이런 기대와는 달리 이 경우에도 팽창하는 경제에 투입되는 물질과 에너지는 결코 줄지 않았다.

이처럼 무한 경제성장 패러다임에 의해 이끌린 물질과 에너지 사용량 폭발은, 마침내 무한할 것 같이 느껴졌지만 실제로는 유한한 지구 생태계의 안전선 경계까지 위협하게 된다. 인간의 경제활동이 지구 한계에 접근했거나 또는 그 한계를 넘었는지를 가장 체계적으로 연구한 스톡홀름 회복력센터 설립자 요한 록스트룀은 이렇게 경고했다.

"지구의 안전한 행성적 경계선planetary boundaries 9가지 중 4가지 한계선을 이미 벗어났다. 기후, 생물다양성, 토지 그리고 영양소의 한계선이 이에 해당한다. 심각한 경고로 받아들여야 한다. 생명체들이 계속 멸종되고 영양소가 과도하게 사용된다면 불확실성과 두려움으로 가득 찬 변화가 더 빨리 시작될 수 있다. 이 2가지만으로도 우리는 빨간 경고등 앞에 있는 셈이다. 여기에 더해 기후와 토양 시스템도 위험지대에 매우 근접해 있다. 소리 없는 경고음이 세계 곳곳에서 미친 듯이 울리고 있다."

2

'카우보이 경제'를 넘어
'우주인 경제'로

엄청난 화석연료 에너지와 자본주의라는 무한성장 제도가 결합하여 20세기 내내 경제가 폭발적으로 팽창했다. 하지만 팽창하는 경제가 어느 시점에선가 유한한 지구 생태계의 수용한계와 충돌하는 건 어쩌면 피할 수 없는 일이었다. 거대한 지구 생태계에 비해 경제 규모가 보잘것없이 작았던 과거와는 비교할 수 없을 정도로 전혀 다른 상황이 조성되었기 때문이다.

이렇게 고도성장으로 세계 경제가 엄청난 규모로 팽창한 결과, 인류의 경제와 지구 생태계의 관계가 근본적으로 달라질 수 있다는 사실을 누구보다 일찍 포착한 이가 있었다. 바로 생태경제학이라는 새로운 경제학의 탄생에 결정적인 기여를 했던 케네스 볼딩이다.

인류 경제의 대부분은 카우보이 경제

1966년에 발표한 짧은 에세이 "다가오는 우주선 지구의 경제학

(The Economics of the Coming Spaceship Earth)"에서 케네스 볼딩은 '우주선 지구'라는 은유를 사용했다. 이 은유를 통해서 그는 현대 생태경제학의 시원 가운데 하나로 기록될 중요한 화두를 던진다. '우주선 지구'라는 은유는 유명한 경제학자 헨리 조지가 《진보와 빈곤》이라는 저작에서 처음 사용한 것인데, 미국과 소련 사이에 우주 경쟁이 치열했던 1960년대에 상당히 유행하던 은유 가운데 하나였다.

볼딩은 광대한 지구에 비해 인간의 경제 규모가 미미하여 경제활동의 충격이 지구 생태계에 큰 영향을 미치지 않았던 지난 1만 년 동안의 경제체제를 '카우보이 경제'라고 불렀다. 이 은유는 매우 직관적이다. 살던 곳의 초원이 황폐해지면 그곳을 버리고 다른 초원을 찾아 떠나면 그만인 상황을 간단히 상징하기 때문이다. 이 경제체제에서 사람들은 지구를 무한한 평원으로 사고한다. 이런 사고에서는 자연에 대한 무모하고 착취적이며 낭만적이고 폭력적인 행동들이 크게 문제가 되지 않는다. 지구의 대지와 하늘의 공기, 강과 바다의 물은 거의 무한에 가까우므로 인간의 오염과 파괴는 곧 자연에 의해 희석되거나 복원되리라고 생각되었다.

카우보이 경제가 가장 극단적이고 야만적으로 실행된 것은 15세기 이후 유럽인들이 대항해시대와 제국주의시대에 걸쳐 식민지에서 자행한 행동이었다. 공장의 매연으로 하늘이 오염되고 폐수 방류로 강물이 더럽혀져도 거대한 하늘과 흐르는 강물이 금방 희석해서 없던 것처럼 만들어 주던 과거 개발도상국 시절 한국 경제에서도 카우보이 경제의 원형을 찾아볼 수 있다.

하지만 20세기 중반 이후 거대한 가속이 시작되면서 여전히 변함

없는 지구 생태계에 비해 인간 경제 규모가 점점 더 감당키 어려울 정도로 커져 갔다. 그 결과 카우보이 경제 시대는 전 지구적으로 막을 내린다. 아직도 발견을 기다리는 자유롭고 무진장한 미지의 땅이 더는 남지 않게 되었기 때문이다. 폭발적으로 성장하는 경제 규모와 달리 지구는 성장하지 않는 유한한 행성일 뿐이다.

케네스 볼딩은 이렇게 완전히 새로운 국면에 들어간 경제를 '우주인 경제spceman economy'라고 불렀다. 우주인 경제에서 지구는 하나의 우주선이 되었고 추출할 수 있는 끝없는 외부 자원은 더 이상 없고 폐기물을 수용할 무한한 외부 저장고도 없다. 이제 외부에서 지속해서 얻을 수 있는 것은 태양에너지 하나밖에 없는 상황이 되었다. 그렇기에 에너지는 오직 태양이 공급해주는 만큼만 사용해야 하며, 물질은 외부에서 공급받을 수 없으므로 순환할 수 있는 수준에서 이용을 제한해야 한다.

우리는 작은 우주선에 탄 승객이다

20세기 후반부터 한국을 포함한 세계 경제는 우주인 경제로 전환되었다. 그렇기에 우리는 이제 과거 카우보이 경제 시절의 경제관념을 버리고 우주인 경제관념을 새롭게 받아들여야 한다. 그러면 카우보이 경제와 우주인 경제는 어디서 어떻게 달라질까? 카우보이 경제에서는 더 많이 생산하고 더 많이 소비하는 것은 좋은 것이다. 또한 자연에서 천연자원 등을 더 많이 추출하고 폐기물로 더 많이 배출할수록 경제가 성장하고 성공하고 있다는 징표로 여긴다.

하지만 반대로 우주인 경제에서는 경제에 투입되는 에너지와 물질 처리량이 적을수록 좋다. 이 때문에 볼딩은 생태경제학의 중요한 개념인 '처리량throughput'을 도입했다. 처리량은 통상 1년 단위 같은 특정 기간 동안 '에너지와 원자재 투입으로 시작해서 일련의 상품 생산 과정에 들어간 후 최종 폐기물로 나오는 물질과 에너지의 양', 즉 유량flow을 뜻한다. 탈성장론자들이 경제 규모를 줄이자는 주장은 정확히 말하면 GDP 숫자를 줄이자는 말이 아니라 한 해 동안 국민경제에 투입되는 물리적 처리량을 줄이자는 말로 이해해야 한다.

카우보이 경제와 우주인 경제의 가장 두드러진 차이는 '소비하는 태도'에서 나타난다. 우주인 경제에서 성공적인 경제는 생산과 소비를 확대하는 경제가 아니다. 보유하고 있는 스톡stock, 즉 물질량을 유지하는 경제다. 또한 더 적게 생산하고 소비하면서도, 즉 처리량을 줄이면서도 보유하고 있는 전체 스톡을 유지하도록 만들어주는 기술혁신이 중요하다. 다만 이 기술혁신은 최근 인공지능처럼 자원을 많이 쓰고 노동을 적게 쓰는 방향이 아니라 반대로 자원을 적게 쓰는 방향이어야 한다.

이미 보유하고 있는 스톡의 유지가 아니라 더 많은 생산과 소비에 집착하는 것은 기술혁신 과정을 바람직하지 않은 방향으로 왜곡할 수 있다. 인위적인 수명 단축 조작이나 경쟁적인 광고와 과시적 소비 등이 그 사례다. 이렇게 볼 때 더 많은 생산, 과소비, 자원의 낭비, 무분별한 폐기물 처리 등은 모두 과거의 카우보이 경제에서나 통하던 방식이다. 다가오는 우주인 경제에서는 소비 패턴의 변화를 포함하여 많은 것이 바뀌어야 한다.

케네스 볼딩이 60여 년 전에 설명한 '우주선 지구'와 '우주인 경제'라는 은유는 최근에 탈성장 경제나 순환경제가 담고 있는 사상과 철학을 모두 포함하고 있을 정도로 강력하고 선구적이다. 지구 생태계가 수용할 수 있는 한계 범위 안에서 경제를 안전하게 작동시켜야 한다는 생태경제학의 철학과 원칙도 모두 우주인 경제라는 은유와 일치한다. 그 때문에 '우주인 경제'는 많은 이들에게 지금까지도 무한성장과 과소비로 위험에 처할 수 있는 지구 이미지를 시각화해 주는 중요한 통찰로 받아들여지고 있다.

지구로부터 물질과 에너지를 무한히 끌어 쓸 수 없는 경제, 경제활동으로 버려지는 폐기물과 폐열, 온실가스를 무한히 지구로 버릴 수 없는 경제. 이러한 우주인 경제에 살고 있다는 사실은 21세기 경제인이 자각해야 할 가장 중요한 대목이다.

전기톱이 아니라 나무가 없다

상대적으로 인간의 경제 규모가 작아서 지구 생태계에 큰 충격을 주지 않는 과거의 '카우보이 경제'와 달리, '우주인 경제'는 지구가 비좁아질 만큼 경제가 팽창해버린 21세기에 경제를 보는 새로운 방식이다. 그런데 생태경제학자 허먼 데일리도 볼딩의 카우보이 경제, 우주인 경제와 아주 유사하게 과거의 경제를 '비어 있는 세상의 경제', 그리고 현재의 경제를 '꽉 찬 세상의 경제'라고 표현했다.

허먼 데일리가 표현한 과거의 '비어 있는 세상'은, 거대한 "지구 생태계에 비해서 상대적으로 인간의 경제 규모가 작은 데다가 인간이 경제활동을 위해 수행하는 자연자원 추출량이나 곡물 수확 기술의 발전도 그다지 강력하지 않았으며, 심지어 인구도 적었을 때의 세상"이다. 이런 세상에서는 "물고기를 잡는 것보다 물고기가 더 빠르게 번식하고, 나무를 베는 것보다 나무가 더 빨리 성장하며, 땅에 묻혀 있는 풍부한 광물을 제약 없이 채취할 수 있는 세상이다. 다른 말로 자연자원이 진정 희소하지 않은 세상이다. 이런 세상에서는 대체로 경제성장과 지구 생태 시스템이 충돌하지 않는다"고 말할 수 있다.

사실 인류는 역사의 대부분을 비어 있는 세상에서 살아왔다. 그래서 여전히 우리의 뇌리에 그런 인상이 강하게 남아 있다. 하지만 앞서 카우보이 경제를 설명할 때 밝혔던 것처럼, 이런 세상은 대체로 20세기 중반인 1950년대 즈음에 종료되었다. 그 후 경제 규모, 인구, 도시화, 에너지와 물질 처리량 등 모든 차원에서 '거대한 가속'이 시작하면서 상황이 크게 달라졌다. 1950년대 20억 인구에 비해서 이제 4배 늘어난 인구와 확대된 부를 유지하고 재생산해야 하는 것은 물론 그 이상으로 경제를 팽창시키려고 하면 지구 생태계를 파괴해야만 하는 국면에 이르렀다.

'꽉 찬 세상'을 위한 경제

그렇다면 비어 있는 세상이 끝나면서 맞이한 지금의 '꽉 찬 세상'이란 어떤 세상일까? 고정된 규모의 지구에 비해 경제 규모가 너무 커지면서 그 경제를 위해 요구되는 물질-에너지 처리량이 지구 생태계가 재생하는 역량을 초과해버린 세상이다. 이 세상에서 희소한 것은 노동과 자본이 아니라 자연자원이 되었다. 과거에는 어선이나 어부의 숫자가 부족해서 어획량이 제한을 받았지만, 지금은 물고기 숫

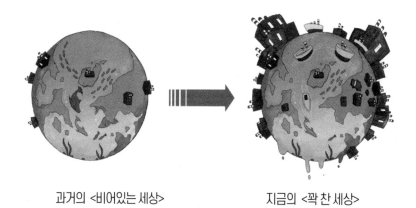

과거의 <비어있는 세상>   지금의 <꽉 찬 세상>

그림 6 '비어 있는 세상'에서 '꽉 찬 세상'으로

자가 적어서 제한을 받는다. 이제 우리가 집중 투자해야 할 곳은 어선 제작이 아니라 물고기가 다시 번식하도록 계획적으로 어획량을 줄이고 관리하는 영역이다.

마찬가지로 목재 조달을 제한하는 것도 전기톱이 부족해서가 아니라 남아 있는 숲이 제한되고 새 숲을 가꾸는 데 시간이 필요하기 때문이 아닌가? 곡물의 수확을 제한하는 것도, 원유나 다른 화석연료 채취를 제한하는 것도 마찬가지다. 원료 자체가 부족하거나 그 원료를 과도하게 사용한 결과 온실가스와 같은 폐기물을 해결하지 못하기 때문이지 시설자본이나 노동력이 부족해서가 아니다. 이제 생태계를 회복시키고 생물다양성을 보존하며 자원을 지속 가능하게 이용할 방안을 찾아야 할 때이다.

그런데 자연자원의 희소 상태를 기술로 극복하거나 인공자본으로 대체하면 되지 않을까? 불가능하다. 인공자본과 기술은 자연에서 얼는 물질과 에너지를 변환해내는 역할을 할 뿐이지 자연자원을 기술이나 인공자본으로 대체할 수는 없다. 물론 기술혁신으로 폐기물을 줄이고 재활용 비율을 높일 수는 있지만, 오직 인공자본(시설)과 기술, 노동만으로 무언가를 생산해낼 수는 없기 때문이다.

3

지구를 탈출하려는
억만장자들의 판타지

화석연료를 활용한 폭발적인 경제성장으로 한계에 이른 지구를, 더 이상 끝없이 추출할 외부 자원이 없고 폐기물을 무한히 수용할 외부 저장고도 없는 우주선 지구로 간주해야 한다고 말하면 곧바로 나오는 반론이 있다. 첨단 우주공학 기술을 이용해 우주의 자원을 채굴하거나 아예 화성 같은 곳으로 이주해서 살면 되지 않겠냐는 것이다.

볼딩이 '우주선 지구'라는 은유를 얘기했다면, 이들은 정말로 '현실의 우주'로 나아가자고 얘기한다. '꽉 차버린 지구'를 탈출해서 '비어 있는 행성'을 향해 '우주 대항해시대'를 열자는 것이다. 일반인이라면 반쯤은 SF로 웃어넘기겠지만 테슬라 CEO인 일론 머스크나 아마존 설립자 제프 베조스 같은 억만장자들에게는 더 이상 농담이 아니다. 이미 막대한 자금을 쏟아 부으며 실현하려고 하는 현실의 기획이기도 하다.

인류는 '다행성 종'이 될 수 있다는 일론 머스크

그러면 스스로 '친환경적 혁신가'로 내세우면서 나름 환경과 생태의 악화로 어려움을 겪는 지구를 구하기 위해 '우주개발'이라는 대안을 열심히 선전하는 억만장자들의 주장에 대해 좀 더 들여다보자. 일론 머스크는 "지구에 재난이 닥칠 경우를 대비해 일종의 보험으로 화성을 식민지로 개척하고 인류를 최초로 '다행성 종'으로" 만들겠다는 포부를 갖고 있다.

다행성 종이란 여러 행성에 걸쳐서 살아가는 생명체를 말하는 신조어다. 이를 위해 그는 2002년 '스페이스X'라는 회사를 설립했고, 지금도 열심히 위성을 쏘아 올리고 있다. 오바마 정부 시절에는 공공 우주 프로젝트 입찰에 참여하여 약 77억 달러의 지원을 받기도 했다. 상식적으로는 믿기 어려운 일이다. 하지만 일론 머스크는 인간이 지구라는 하나의 행성에 갇혀 살아갈 필요가 없는 다행성 종이라고 적극 주장하면서 이렇게 강조했다.

"나는 우리가 진짜 원하는 게 바로 다행성 종이 되는 것이라고 생각합니다. 그건 그냥 우주를 잠시 여행만 하고 실제로는 지구에서만 살아가는 단일 행성 종으로 남는 것과는 다릅니다. 지구를 넘어 우리의 문명이 태양계의 다른 행성으로, 그리고 궁극적으로는 다른 항성계로 확장되는 것이 바로 우리가 다행성 종이 되는 것입니다. 이런 미래는 흥미진진하고 기대를 불러일으키는데, 아침에 눈 뜨는 것이 즐거워지려면 이런 게 필요합니다."

심지어 그는 화성 식민지를 꼭 집어 주장하기도 했다. "저는 확률이 꽤 높다고 생각합니다. (중략) 자급자족이 가능한 화성 식민지, 규모를 키워가는 화성 식민지 건설이 가능한 결과 중 하나라고 확신합니다." 나아가 "제 추측으로는 50만 달러만 있으면 충분히 갈 수 있고 가고 싶어 하는 사람들이 많을 것 같습니다. 하지만 휴가 여행은 아닐 겁니다. 사람들이 초기 미국 식민지로 이주했을 때처럼 모든 돈을 저축하고 모든 물건을 팔아야 할 것입니다." 그런데 그가 이 정도의 열정을 가지고 지구에서 기후위기를 해결하기 위해 노력하고 있다는 소식은 아직 접하지 못했다.

기후위기를 심화시키는 우주 프로젝트

아마존 설립자 제프 베조스도 "수백만 명의 사람들을 지구의 궤도를 도는 우주정거장에 보냄으로써 인구 과잉과 공해 문제를 해결"하겠다는 고등학교 졸업 연설문을 현실화하기 위해 머스크보다 2년 앞선 2000년에 개인 우주회사 '블루오리진'을 설립했다. 그리고 2021년 본인이 직접 블루오리진을 통해 대기권과 우주 경계를 오가는 준궤도 우주 관광에 참여하기도 했다.

그런데 그들의 이런 행위가 혹시 지구를 더 망치는 건 아닐까? 과거 유럽인들이 식민지를 찾아 원주민을 몰아내고 그 땅마저 망가뜨린 전철을 혹시 우주라는 공간에서 똑같이 반복하지는 않을까? 물리지리학자 엘로이즈 머레이스는 1인당 3억씩 내고 "단 4명이 타는 우주선에서 200~300톤의 이산화탄소가 나온다"면서 부자들의 우주 여행을 심각하게 비판한다. 또한 억만장자들의 우주 개척 꿈이 성공적으로 이뤄진다고 해도, 지구 인구 80억 명 가운데 거액을 내고 우주로 이주할 수 있는 사람이 과연 몇 명이나 될까?

오죽하면 영국 윌리엄 왕세손조차 BBC와의 인터뷰에서 "우주비행의 탄소 배출에 근본적인 의문이 있다"고 꼬집으며 "지구 밖에서 살 곳을 찾지 말고, 지구를 고치는 데 더 집중해야 한다"고 말했을까? 제프 베조스 같은 억만장자 기업가들이 거액을 쏟아 부어 화성으로 가는 로켓을 만들고 뜨거워진 지구에서 탈출할 계획을 세우는 동안, 뒤에 남겨질 아마존 물류센터 직원들이 초저임금을 받으면서 과중한 노동에 시달리는 현실에는 아무런 관심을 두지 않는 행태는 무얼 이야기해주고 있을까?

4

화성이라는 대안은
실제로 얼마나 가능할까?

그런데 백 번 양보해서 화성에 도착했다고 치자. 뜨거워진 지구를 대신할 '화성이라는 대안'이 정말 조금이라도 현실성이 있을까? 혹시 기후위기 대응에 실패해서 뜨거워진 지구 위에 살 수 없게 되었을 경우 지구를 대신해줄 '플랜B'가 조금이라도 가능할까?

화성에 낙오된 한 남자가 홀로 살아남는 과정을 그린 영화 '마션'을 보면 화성에서도 사람이 살 수 있다는 기대가 부풀지 모른다. 우주인 마크가 '화성에서 홀로 살아남기'에 성공한다는 내용만 보면 기후위기로 망해버린 지구를 버리고 화성처럼 새로운 행성을 향해 살길을 찾는 플랜B가 가능하겠다는 생각이 들기도 한다. 그리고 일론 머스크나 제프 베조스 같은 이들이 매우 선구적인 인물처럼 보이기도 한다.

바이오스피어2, 인공 생태계 실험이 말해주는 것

사실 이 문제에 답이 되어줄 중요한 실험이 이미 30여 년 전에 있었다. 지금도 미국과 멕시코 국경 근처 애리조나주 소노라 사막 위에는 유리와 강철로 된 1만 제곱미터 정도 크기의 대형 돔 건물이 있다. 1991년에 세워진 이 건물은 햇빛을 제외한 모든 외부 에너지와 물질과의 상호작용을 차단하고 내부에 인공 생태계를 조성한 폐쇄 공간이다.

'바이오스피어2'라고 이름 붙인 이 거대한 지상 캡슐은 지구를 '바이오스피어1'이라고 가정하고 붙인 이름이다. 이 인공 캡슐의 모든 내부 시설은 최대한 지구 생태계와 비슷한 환경이 되도록 만들어졌다. 열대우림 지역과 바다, 사막 등 5가지의 자연 생태계를 그 좁은 공간에 압축하여 조성했다. 이 안에 8명 정도의 사람이 들어가 외부와 물질 교환 없이 자급자족 생활을 할 수 있도록 만들어진 것이다. 또한 인공 캡슐 안의 생태계를 유지하기 위해서 천장 부분을 유리로 만들어 외부의 태양광선을 받아들일 수 있게 했다.

2억 달러의 비용을 들여 이 폐쇄 생태계를 만든 목적은 간단하다. 외부의 식량 공급 없이도 살아가기에 충분한 식량을 자체적으로 생산할 수 있는지 확인하는 것이었다. 실제로 이 공간에 투입된 자원봉사자 8명은 2년 동안 밀폐된 공간에서 지냈고, 농사일을 중심으로 하루 평균 10시간씩 일했다. 결과적으로 이들은 자신들이 먹을 식량을 대부분 생산하며 용케 살아남았다.

하지만 전체 과정은 그리 순탄하지 않았다. 폐쇄 시스템 안의 광합성 양이 내부의 산소-이산화탄소 균형을 유지하기에 충분하지 못했

바이오스피어2의 전경과 내부 모습
일상생활을 할 수 있는 시설은 물론 열대림, 사바나, 산호초 바다 등 다양한 생태계까지 조성했다.

음이 드러났다. 산소가 부족해지기 시작했고 결국 마지막 6개월은 외부에서 액화 산소를 투입해야 했다. 또한 곤충 125종 대부분과 척추동물 25종 가운데 19종 정도가 멸종할 정도로 내부 생태계가 극도로 불안정했다. 이 결과를 두고 환경경제학자 윌리엄 노드하우스는 구석기 시대의 생활수준조차 지속할 수 없을 정도로 "경제적 생존 가능성과 경제적 지속 가능성 모두에서 처참하게 실패"했다고 결론을 내렸다.

한편 생태학자 유진 오덤에 따르면, 생명 유지를 위해 바이오스피어2에 한 시간에 700킬로와트의 전기와 2,300만 킬로줄의 천연가스를 주입했다고 한다. 그리고 만약 그 안에 살았던 8명이 사용한 전체 에너지에 비용을 지불해야 했다면, 각 개인에게 매달 청구되는 비용이 15만 달러(약 2억 원)가 넘을 것이라고 계산했다. 그는 "이렇게 계산해보면 미래의 인조 온실도시에서 살 수 있는 사람은 전체 인구 중에 극히 소수에 불과할 것"이라고 덧붙였다.

또 하나의 지구 플랜B는 없다

이 인공 캡슐에서 살아남기 실험이 말해주는 교훈은 무엇일까? 이미 보유한 자원의 한계 안에서 살아야 하는 우주인 경제를 과감히 뛰어넘어, 첨단 우주기술의 도움으로 지구 밖의 행성으로 탈출하려는 억만장자들의 희망은 현실 가능성이 있을까? 영화에서 연출된 '화성에서 살아남기'는 실제 현실에서도 통할 수 있을까? 인공 캡슐 실험은 이런 기대가 허망하다는 것을 알려주는 생생한 증거다. 미국의 저명한 기후운동가 빌 맥키번의 다음과 같은 지적은 지구의 대안을 찾아 우주로 가려는 억만장자들의 희망이 얼마나 헛된 판타지에 불과한지를 생생히 표현해주고 있다.

"우리는 매력적인 지구라는 행성에 살고 있다. 그것은 여러 위험과 비용에도 불구하고 기를 쓰고 가려고 하는 다른 행성들보다 한없이 멋있다. 지구 표면에서 가장 사람이 살기 힘든 1평방미터, 즉 사하라 사막의 불모지나 히말라야의 노두 같은 곳도 화성이나 목성의 가장 매력적인 모퉁이보다 1,000배는 더 쾌적하다. 만약 어떤 이유에서건 그 사하라 사막을 녹색으로 바꾸기 원한다면 물만 조금 있으면 된다. 가장 높은 봉우리의 꼭대기에서도 숨을 쉴 수 있다. 모든 곳에 생명이 있다."

5

인공지능이 기후위기의
구원투수가 될 수 있나?

마지막으로 한 가지만 더 확인해보자. 최근 생성형 인공지능이 폭발적으로 확대되고 엄청난 자본이 여기에 투자되고 있는 상황에 비추어 볼 때, 혹시 탁월한 성능의 인공지능이 출현하여 기후위기 해소에 결정적인 도움을 줄 수 있지 않을까?

실제로 보스턴 컨설팅 그룹과 구글이 낸 보고서를 보면, "인공지능은 현재 검증된 애플리케이션과 기술을 확장함으로써 2030년까지 글로벌 온실가스 배출량의 5~10%를 줄일 수 있음"은 물론, 기후재난에 대비하고 복원력을 향상시키는 데 통찰력을 줄 잠재력이 있다고 나와 있다. 인공지능 기술을 선도하는 마이크로소프트, 구글, 페이스북 등 주요 디지털 기업들은 RE100에 앞장서는 친환경기업의 대명사처럼 간주되기도 했다. 정말 그럴까?

인간이 많아지면 생태 위협, 인공지능이 많아지면?

2022년 12월 챗GPT가 출시된 후 짧은 기간 동안에 생성형 인공지능의 활용이 폭발적으로 늘어났다. 그러면서 인공지능이 막대한 에너지를 소모하고 희귀금속 등 물질 수요도 상당해서 생태적 피해가 커질 것이라는 지적이 많아지고 있다. 실제로 구글과 같은 현재의 검색기능을 완전히 인공지능 방식으로 구현하면 전력 수요가 10배 이상 증가할 수 있다. 일반적인 구글 검색의 평균 전력 수요는 0.3와트시이지만 챗GPT는 2.9와트시이다. 만약 매일 90억 건의 검색을 한다면 1년에 거의 10테라와트시의 추가 전력이 필요하다. 이는 한국 전체 가정에서 쓰는 연간 전력 소비의 무려 1/7에 해당하는 엄청난 양이다.

특히 인공지능 확산에 따라 '전기 먹는 하마'로 주목받는 데이터센터가 문제다. 국제에너지기구IEA는 "데이터센터의 전 세계 전력 수요가 2026년까지 두 배로 증가할 수 있다"고 전망했다. 세계 디지털 부문의 최종 에너지 소비량은 2015~2019년 사이 매년 6.2퍼센트씩 증가했는데, 앞으로 증가 속도가 더 빨라질 것으로 예측된다. 특히 아일랜드의 경우 글로벌 기업들로부터 유치한 데이터센터가 전체 국가 전력 소비량의 17퍼센트를 잡아먹을 정도로 막대하다. 그리고 2026년에는 아일랜드 전체 전력 수요의 32퍼센트에 달할 수 있다는 충격적인 전망까지 나오고 있다. 덴마크 역시 2026년까지 총 전력 수요의 20퍼센트에 가까울 정도로 데이터센터 전력 수요 폭증이 예상된다.

한국은 어떨까? 국회입법조사처 보고서에 따르면 2023년 12월

말 기준으로 국내에는 150개의 데이터센터가 있다. 이들은 1기가와트급 대형 발전소 2기 이상의 전력을 소비한다. 그런데 최근 생성형 인공지능의 급격한 확산에 따라 2029년까지 새로 요구되는 데이터센터 수요가 732개로 예상되는데, 이를 가동하려면 약 50기가와트의 전력 용량이 필요하다고 한다. 현재 석탄화력발전소 전체 용량이 40기가와트인 점을 감안하면 어마어마한 수요다.

더욱 우려할 점은 입법조사처가 "데이터센터는 24시간 중단 없이 가동되므로 데이터센터가 많아질수록 무탄소 기저발전원인 원자력의 경제성이 높아진다"면서, 인공지능 확대 수요 때문에 핵발전 증설이 불가피한 것처럼 논리를 만들기 시작했다는 점이다. 미국에서도 데이터센터 증설 요구를 핑계로 석탄화력발전 수명 연장의 불가피성을 강변하는 사례가 늘어나고 있다. 심지어 고약한 자본주의 주식시장은 인공지능 붐으로 전력 수요가 폭증하자 전력회사 주가는 물론이고 전력 공급에 필요한 구리 같은 원자재 값이 뛰고 있다고 환호할 정도다. 언제나 그렇듯이 주식시장은 기후에 반응하는 것이 아

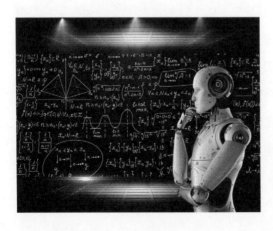

인공지능의 여러 위험성에 대해서 많은 경고가 있어 왔지만, '전기 먹는 하마'로서 기후위기를 부추기는 위험에 대해서는 그다지 거론되지 않고 있다.

니라 돈에 반응하기 때문이다. 이런 와중에 기후위기와 생태위기 대응에 부담을 주면서까지 무분별하게 데이터센터를 확장하는 것이 맞는지 의문을 제기하는 분위기는 찾아보기 힘들다.

인공지능이 기후위기 최대 주범?

일부에서는 반도체 칩의 에너지 효율성이 갈수록 향상되고 있으므로 데이터센터가 확대되어도 전력 수요가 우려하는 만큼 팽창하지는 않을 것이라고 주장한다. 하지만 지금까지의 결과만 봐도 에너지 효율성 향상을 압도할 정도로 총 전력 소비량 증가가 현저하다. 효율성 개선이 오히려 총량 증가를 촉발한다는 '제본스 역설'이 인공지능에도 예외 없이 관철되고 있는 것이다. 사실 어떤 새로운 성과나 도약도 그에 상응하는 에너지 투입 없이는 이뤄지지 않는다. 이는 아주 초보적인 물리법칙이고 인공지능이라고 예외가 될 수 없다.

현재의 추세를 보면 앞으로 기후위기 대응의 최대 장애물이 '석탄화력발전소'가 아니라 인공지능을 지원하는 '데이터센터'로 옮겨갈 가능성도 있다. 이 문제를 진지하게 다루지 않으면 기후 대응은 예상 밖의 복병을 만나게 될 것이다. 실제로 인공지능 개발에 총력을 기울이고 있는 마이크로소프트는 원래 2030년까지 온실가스 배출을 제로로 만들겠다는 야심찬 계획을 세웠지만, 인공지능 지원을 위한 데이터센터 증설 등으로 오히려 2020년 대비 30퍼센트나 많이 배출하고 있는 실정이다(그림 7 참조).

기후위기 해결을 인공지능에서 찾는 이들이 착각하는 것이 있다. 이들은 지금까지 "데이터 세트가 충분하지 않아 아직 풀지 못한 미스터리나 수수께끼"가 여전히 있어서 기후위기를 풀지 못한 것처럼 생각한다. 이들에게 "기후변화와 같은 큰 문제를 해결하지 못하는 건 똑똑한 사람이 부족하기 때문"이다. 하지만 저명한 기후 저널리스트 나오미 클라인에 따르면 현실은 이렇다. "이미 박사학위와 노벨상을 받은 많은 똑똑한 사람들이 탄소 배출을 줄이고 탄소를 땅에 묻는 방법만이 기후위기를 해결할 수 있다고 수없이 강조했다. 더 나아가 생태학적 비용이 없는 에너지원은 원래 없으므로 부자들의 과소비와 가난한 사람들의 빈약한 소비를 해결해야 한다고 수십 년 동안 우리 정부에 말해왔다."

이렇듯 인공지능이 아니더라도 우리는 기후 대응을 위해 무엇이 필요한지 이미 알고 있다. 하지만 "기후 대응이 요구하는 대로 행동하면 수조 달러에 달하는 화석연료 자산이 좌초하고 소비 기반 성장 모델이 도전"을 받게 된다. 바로 이를 두려워한 기득권의 저항 때문

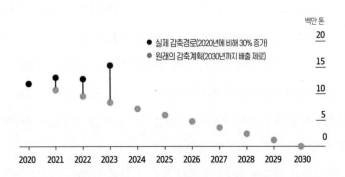

마이크로소프트의 온실가스 배출 현실(블룸버그)

그림 7 인공지능 도입으로 마이크로소프트 기후 계획이 틀어지다

에 기후위기 대응이 어려운 거 아니냐고 나오미 클라인은 지적한다. 인공지능이 기득권의 저항을 굴복시킬 수 있나? 어쩌면 인공지능은 기득권의 이익을 변론하는 데 앞장서기가 쉽지 않을까?

환경을 걱정하는 이들은 오랫동안 인구의 과잉 팽창이 지구 생태계를 위협할 것이라고 경고했다. 점점 더 늘어나는 인류를 먹여 살리기 위해 지구 자원이 파괴될 걸 우려한 것이다. 다행히 선진국을 중심으로 인구가 늘지 않아서 대략 2050년 무렵 90억 명 수준에서 인구 정점에 다다르고, 이후에는 서서히 감소하리라는 전망이 나오고 있다. 그런데 문제는 인간 대신 인공지능이 급팽창하고 있다는 데 있다. 생물 인간보다 훨씬 에너지 효율이 떨어져 막대한 에너지를 소비하는 인공지능이 폭발적으로 늘어나게 될 경우 우리 삶의 터전인 지구는 여전히 무사할까? 이제 인구 증가 대신에 인공지능 폭발의 생태적 위험성을 물어야 할 때가 되었다.

지금까지 산업혁명 이후 200년이 넘는 기간 동안 엄청난 화석연료를 태우며 경제성장에 매달린 결과, 이미 선진국 경제는 생태적 허용 한계를 넘어갔으므로 여전히 경제 규모를 키우는 성장정책을 계속해서는 안 된다고 앞에서 확인했다. 경제성장과 생태적 안전을 모두 포기하지 않을 마법으로 기술혁신을 생각하기 쉽지만, 기술혁신은 에너지와 물질 사용의 효율을 높이는 것 이상으로 총사용량을 언제나 늘어나게 했던 역사적 경험을 잊어서는 안 된다. 최첨단 인공지능도 이를 피해갈 수 없다는 점도 살펴보았다.

그런데 음악이 멈추고 경제성장이라는 파티가 갑작스럽게 끝나면, 경제는 무너지고 사회는 혼란에 빠지지 않을까? 경제성장이라는 파티를 멈추자마자 기업과 은행들은 줄파산하고, 시민들은 실업자가 되고, 정부는 수입이 줄어들어 복지체계도 무너지지 않을까?

이런 걱정이 무한성장을 그만두지 못하게 하고 기후가 위험해지는 걸 방치하게 만들지도 모른다. 하지만 영원히 계속될 것 같았던 경제성장 엔진은 이미 식어가고 있으며, 성장 없는 경제는 이미 우리 가까이에 와있다. 그러면 무한성장으로 계속 질주하는 대신에 방향을 돌려 어떻게 안전한 경제를 구성하고 운영할 수 있을까? 무한성장 정책 대신에 어떤 경제정책을 새롭게 도입해야 할까? 지구 생태계와 충돌하지 않도록 가장 시급하게 해야 할 일은 뭘까? 이제 2부에서 이런 질문들에 하나씩 답해보도록 하자.

2부

1.5도
이코노믹 스타일을
향해

"도넛을 읽고 유레카! 대안이 있구나! 그런 생각을 하게 되었습니다. 경제학은 자연과학이 아니라 사회과학입니다. 경제는 사람이 만들어낸 것이고 사람이 바꿀 수 있는 것입니다."

네덜란드 암스테르담시 지속가능성 담당 부시장이었던 마리케 반 도어닝크(Marieke van Doorninck)가 2021년 〈타임〉지와 인터뷰하면서 한 얘기다. 암스테르담은 2020년 3월 코로나19 팬데믹이 전 세계를 공포에 몰아넣은 지 한 달이 지났을 때, 어떤 도시보다 신속하게 코로나19 이후의 도시 회복을 꿈꾸면서 야심차게 '도넛 비전'이라는 새로운 목표를 내걸어 세계의 주목을 받았다.

도넛 모델은 지구가 수용할 수 있는 생태적 한계를 지키는 가운데 모든 시민이 좋은 삶을 누리도록 복지 안전선을 확보하자는 생태경제학자 케이트 레이워스의 제안이다. 암스테르담은 코로나19라는 거대한 재난을 경험하면서 환경파괴로 질주하는 성장 집착을 내려놓는 대신 생태한계 안에서 복지를 추구할 대안으로 과감히 방향을 전환하기로 결정한 것이다. 도어닝크는 "가장 어두운 시기에는 다른 세상을 상상하는 것이 가장 쉬운 일이라고 생각"한다며 당시를 회고했다.

암스테르담 지속가능성 담당 고문이었던 리안 훌세보쉬(Lianne Hulsebosch)도 이렇게 말했다. "모든 일상적인 도시 프로젝트가 도넛으로 시작해야 하는 것은 아니지만, 이 모델은 이제 우리 DNA의 일부가 되었습니다. 동료들과 나누는 대화를 보면 알 수 있습니다. 가치관이 달라졌기 때문에 10년 전이라면 하지 않았을 일들을 하고 있습니다." 암스테르담에서 시작된 성장 집착의 포기는 곧 덴마크의 코펜하겐, 영국의 리즈와 콘월, 뉴질랜드의 더니든, 캐나다의 나아이모, 미국의 포틀랜드 등 전 세계의 주요 도시로 퍼져나가기 시작했다.

이렇듯 어제는 불가능했던 일이 오늘은 가능한 현실로 바뀌고 있다. 위기가 심각해지고 재난의 규모가 커질수록 우리는 예전에는 상상하지 못했던 일들을 하나씩 해내게 될 것이다. 얼마 전까지만 해도 최고의 전문가들이 불가능하다고 장담했던 탈탄소 경제를 향한 발걸음도 예상을 뛰어넘어 질주하고 있다. 태양광을 중심으로 한 재생에너지 확대는 2022년 기준으로 신규 발전량의 83퍼센트를 차지할 정도로 압도적이다. 2023년 국제사회는 2030년까지 '재생에너지 3배, 에너지 효율화 2배'라는 간명한 목표를 제시했고 한국을 포함해서 118개국이 이에 동의했다.

텀블러를 지참하고 재활용 쓰레기를 분리수거하는 것 말고 달리 손쓸 일 없어 무력해하던 시민들도 기후를 위해 나서기 시작했다. 정부와 기업에게 기후위기에 대응하라고 광장에 나서고, 기후소송을 제기하고 있다. 특히 시민들 스스로 삶의 방식을 바꿔서 기후위기에 대응하려는 '1.5℃ 라이프스타일 실천' 캠페인도 제안되고 있다. 자신도 모르게 20세기 탄소문명에 젖어 있음을 자각하고 체감하면서 생태문명을 향한 열망을 불러일으키고, 실천 과정에서 직면하는 장애들이 어떻게 기업과 정부의 무책임과 연결되는지 피부로 느껴보려는 것이다.

4장

기후와 경제를
모두 살리는
경제 스타일

1

미래 경제는 무엇보다
'탈탄소 경제'다

기후위기는 왜 찾아왔을까? 고밀도 에너지가 압축된 화석연료를 태워서 얻은 열에너지나 운동에너지로 경제성장을 이룬 탓에 대량의 이산화탄소가 발생했고 이것이 대기 중에 쌓여서 지구를 가열했기 때문이다.

전 세계적으로 온실가스 배출의 73퍼센트는 에너지 생산과정에서 나온다. 그리고 그 에너지 대부분은 화석연료로 생산된다. 생산된 에너지는 공업 쪽에서 24퍼센트, 건물에서 17.5퍼센트, 교통에서 16퍼센트 정도 사용된다. 그렇다면 당연히 기후위기를 막기 위해 가장 먼저 해야 할 일은 온실가스를 대량으로 배출하는 화석연료를 더 이상 태우지 않는 것이다.

'모든 에너지는 전기로, 모든 전기는 재생에너지로'

1.5°C 목표를 지키자면 남아 있는 화석연료의 84퍼센트를 땅속에

그대로 남겨 두어야 한다. 절반을 쓰고 절반을 남겨 두더라도 온도는 2°C까지 올라간다. 기후위기시대에 뜬금없이 동해 유전을 개발하겠다고 대한민국 정부가 나서고 있지만, 기존에 발견된 화석연료만 다 써도 지구 온도는 3°C까지 상승할 수 있다. 재앙 수준이다.

따라서 유일한 해법은 화석연료에 비해 온실가스 배출이 훨씬 적으면서도 비용도 높지 않고 에너지 밀도가 어느 정도 되는 대체 에너지를 찾는 것이다. 그런 획기적 대안이 있을까? 있다. 바로 태양광과 풍력이다.

21세기 20여 년 동안 인류의 매우 중요한 혁신 가운데 하나는 태양전지와 풍력터빈 등 재생에너지에서 이뤄졌다. 효율은 높아졌고 비용은 1/10 가격 수준으로 떨어졌기 때문이다. 안정된 기후를 위해 미래에는 화석연료를 전혀 사용하지 않는 탈탄소 경제로 나아가야 한다. 이때는 재생에너지에서 얻는 전기를 이용해야 한다. 자동차 연료, 빌딩의 난방 연료 등을 포함해서 모든 에너지는 전기에너지로 조달하고, 모든 전기에너지는 재생에너지에서 얻는 에너지혁명, 진정한 의미에서의 '3차 산업혁명'을 이뤄내야 한다. 단 한 세대 안에 말이다.

한 세대 안에 에너지혁명이 가능한 10가지 이유

수익성이 좋고 편리한 화석연료 상당량이 여전히 땅속에 묻혀 있다. 이들 대부분을 그대로 두고 재생에너지로 완전히 전환하여 탈탄소 경제로 이행하는 과제는 분명 21세기 최대 기술혁명이자 최대 산업혁명이 될 것이다. 그러다 보니 화석연료로 큰 돈벌이하는 기업들부터 관련 전문가들까지 나서서 탈탄소 경제를 비현실적이라고 공격한다. 한국처럼 재생에너지가 아니라 핵발전이 대안이라고 강변하는 이들도 많다.

그런데 세계적으로 가장 공신력 있는 기관인 국제에너지기구[IEA]는 2050년까지 한 세대 안에 현재의 화석경제에서 재생에너지 기반 경제로 신속한 전환이 가능하다고 매우 낙관적인 견해를 펴면서 10가지 근거를 일목요연하게 제시한다.

캘리포니아의 한 정유공장에서 석유를 "땅에 그대로 두라(Keep it in the ground)"며 시위를 벌이고 있는 기후활동가들(맨 위). 원주민 활동가들이 주축이 된 시위대는 화석연료산업으로부터 어머니지구(Mother Earth)를 지키고 치유하기 위해 계속해서 노력할 것을 다짐했다. 그 대안 중 하나는 태양광과 풍력을 중심으로 한 재생에너지 전환이다.

❶ 재생에너지가 이미 기존 화석연료 기반 에너지 시스템보다 더 저렴해지기 시작했다. 기존의 통념은 에너지전환의 자본 비용이 너무 높다는 것이다. 물론 처음에 태양전지와 풍력터빈을 설치하는 비용은 여전히 다소 높다. 하지만 재생에너지는 이후 운영 비용이 낮기 때문에 이를 상쇄할 수 있다. 그 결과 "한마디로 지구를 구하는 것이 지구를 파괴하는 것보다 저렴"한 상황이 되었다.

❷ 많은 이들이 재생에너지 지원을 위한 막대한 전력망 구축이 어렵다고 예측한다. 하지만 실제 에너지전환에 필요한 전력망의 상당 부분을 이미 구축해가고 있으므로 감당할 수 있다(물론 전 세계적으로는 그렇지만 한국은 전력망 확대 계획이 아직 부실하다).

❸ 지금까지의 통념은 에너지전환 없이 화석연료에서 배출된 탄소를 제거하는 방식으로도 기후위기에 대응할 수 있다고 본다. 하지만 이미 배출된 온실가스를 제거하는 것보다 애초에 배출하지 않는 편이 훨씬 비용이 적게 든다.

❹ 완전히 재생에너지로 전환하는 데 필요한 기술이 덜 준비되어 있다는 비판도 있다. 하지만 최근 배터리에서 친환경 철강까지 다양한 혁신이 일어났다. 그 결과 2023년 기준으로 완전히 전환하는 데 필요한 기술의 65퍼센트를 이미 확보하는 등 기술혁신 속도가 매우 빠르기에 문제가 안 된다.

❺ 흔히 국토가 좁은 우리나라처럼 재생에너지를 위한 충분한 토지가 부족하다는 점을 염려한다. 그런데 필요한 토지 규모를 가장 비관적으로 계산하더라도 전 세계 가용 토지의 최대 2.5퍼센트면 100퍼센트 재생에너지로 전환하는 데 충분하다. 그렇기에 토지 가용성이

재생에너지 보급의 장애물은 아니다.

❻ 지금 당장 신규 화석연료 인프라 건설을 중단하더라도 기존에 보유한 많은 화석연료 발전소와 산업 자산이 필요 없어질 정도로 재생에너지 보급 속도가 빨라지고 있다. 기존 화석에너지 인프라도 좌초자산이 될 가능성이 높은 상황인 것이다. 따라서 오히려 재생에너지로의 전환을 서둘러야 한다.

❼ 일부에서는 막대한 양의 태양광과 풍력 장비를 공급할 수 있을지 우려한다. 하지만 이미 재생에너지 전환을 위한 충분한 생산 시스템이 구축되고 있다. 2030년까지 매년 1,000기가와트 이상의 태양광과 10,000기가와트시 배터리를 생산하기 위한 공장이 건설되고 있기 때문이다. 심지어는 최근 중국이 태양전지와 풍력터빈, 배터리와 전기차 등 녹색제품을 너무 많이 싸게 생산해서 미국과 유럽 기업들이 파산할 지경이라는 불평이 나올 정도다.

❽ 에너지전환 과정에서 발생할 일자리 불안 우려도 있다. 하지만 사실 재생에너지 확대가 화석에너지 시스템에서 사라지는 일자리보다 훨씬 더 많은 일자리를 창출한다. IEA는 2030년까지 청정에너지 경제에서 3천만 개의 새로운 일자리가 만들어지지만, 화석연료 포기에 따른 일자리 손실은 1천3백만 개에 그칠 것으로 예상한다.

❾ 일단 재생에너지 설비가 설치되면 이후 운영에 필요한 자원 총량은 현재 화석경제의 2/3에 불과할 정도로 작아진다. "전자電子와 전자를 이동시키는 데 필요한 인프라가 우리가 매년 사용하는 150억 톤의 화석연료보다 훨씬 가볍기" 때문이다.

❿ 마지막으로, 재생에너지로의 전환은 기존에 전기를 이용할 수 없

었던 2,400만 명에게 깨끗한 음식을 제공할 수 있을 뿐 아니라, 개발도상국에서 대기오염으로 인한 조기 사망을 매년 360만 명씩 줄이는 데 도움이 되는 등 '에너지 정의'에도 도움을 줄 것이라고 IEA는 평가한다.

재생에너지 3배, 에너지 효율화 2배 목표

탈탄소 경제를 향한 발걸음은 느리지만 이미 시작되었다. 태양광을 중심으로 한 재생에너지는 2022년 기준으로 신규 발전량의 83퍼센트를 차지할 정도로 압도적이다. 1.5°C에 머무르는 목표를 달성하기 위해 국제사회는 2030년까지 '재생에너지 3배, 에너지 효율화 2배'라는 간명한 목표를 제시했고, 한국을 포함해서 118개국이 이에 동의했다. 이 목표는 국제사회가 예상하는 핵 발전량의 5배, 투자 금액 기준으로 핵발전 투자의 10배 가까운 규모다. 향후 대세는 태양광과 풍력이지 핵발전이 아님을 잘 보여준다.

물론 재생에너지에 기반을 둔 탈탄소 경제는 그저 에너지원만 바꾸고 기업과 시민은 예전 방식대로 경영하고 살림하면 된다는 뜻은 전혀 아니다. 지구에 닿는 햇빛 하루 분량만으로도 1년 내내 80억 인구에게 필요한 에너지를 충당할 만큼 태양에서 오는 에너지는 무한에 가깝지만 공짜로 얻을 수는 없다. 태양전지와 풍력터빈을 생산하는 과정에서 적지 않은 자연파괴와 온실가스 배출이 이루어지며, 여기서 얻는 에너지 밀도는 화석연료보다 훨씬 낮기 때문이다.

또한 태양이 늘 비추는 것도 바람이 늘 부는 것도 아니고, 전기에너지는 화석연료처럼 저장이 쉽지도 않다. 따라서 에너지를 사용하는 패턴을 완전히 바꾸고 경제 운영 방식도 바꿔야 한다. 예를 들어 과거에는 주유소에 들러 2~3분이면 500킬로미터를 주행하는 연료를 순식간에 주입하고 다시 이동할 수 있었다. 하지만 급속 충전하더라도 전기차 충전은 훨씬 오래 걸린다. 그렇다고 이를 불평하기보다는 이제 과거와 달리 퇴근 후 밤 동안에 충전하는 식으로 습관과 패턴을 바꿔야 한다. 가정에서도 냉장고에 전기 충전팩을 설치하고 낮에 태양광에서 생산되는 전기를 충전해 두었다가 저녁에 써야 할지 모른다. 앞으로 전기요금이 시간대에 따라 달라지는 시스템을 받아들여야 할 수 있다. 기왕이면 자가용 차를 타지 않는 생활로 바꾸면 더 좋다.

발전원만 석탄화력발전소나 가스발전소에서 태양광과 풍력발전으로 교체하면 끝이 아니다. 전체 전력 시스템 구조도 많이 달라질

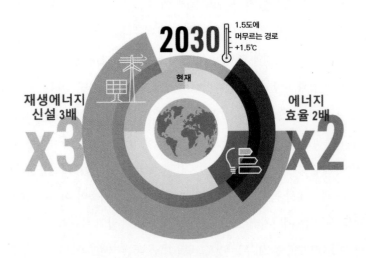

그림 8 국제에너지기구가 제안한 2030년 에너지전환 목표

것이다. 대형 태양광 단지나 풍력 단지도 건설되겠지만, 전국 곳곳에 중소형 재생에너지 발전소가 만들어지고 거의 모든 건물의 옥상과 벽에 태양광 패널이 설치되어 직접 수요를 충당하거나 다른 곳에 판매하는 상황이 올 것이다. 그리고 전에는 접하지 못했던 크고 작은 에너지 저장시설들이 곳곳에 설치될 것이다. 모든 에너지를 전기로 바꾸는 과정에서 사회의 모습도 많이 변할 것이다. 이처럼 화석연료를 버리는 것은 화석경제를 버리는 것이고 탄소문명을 버리는 것이다. 그리고 이는 20세기 문명과의 단절을 뜻한다.

2

국가 경제력이
국민 행복을 결정하지 않는다

'지구 안에서 안전한' 미래 경제는 무엇보다 탈탄소 경제라고 말했다. 그런데 탈탄소 경제이기만 하면 경제성장을 해도 괜찮은 것일까? 물론 그렇지 않다. 태양전지와 풍력터빈 제조과정에서 온실가스가 배출될 뿐 아니라, 생산 규모를 확대할수록 자연에서 끌어와야 할 원료와 다시 자연에 버리게 될 폐기물이 늘어나는 건 마찬가지기 때문이다. 특히 기본적인 물질 소비량이 부족한 개발도상국들이 앞으로 경제 규모를 더 확대할 수 있도록 여지를 주기 위해서도 선진국들은 과거처럼 경제를 팽창시킬 수 없다.

성장 불가능 시대로 접어든 선진국

더욱이 선진국들은 과거처럼 경제성장에 매달려도 실제로 원하는 결과를 얻을 수 없는 '성장 불가능 경제'에 돌입했을 가능성이 크다. 왜 그럴까? 우선 과거와 같은 수준으로 경제성장을 지속하려면 에너지 효율화를 고려하더라도 성장 속도를 뒷받침할 만큼 에너지 생산 속도가 받쳐줘야 한다. 하지만 화석연료를 대량으로 캐내는 것과는 달리 재생에너지 공급을 팽창시키는 건 쉽지 않다. 한마디로 미래 재생에너지 공급 양상이 탈탄소 경제의 고성장을 가로막을 것이다.

둘째로 역사적으로도 선진국에 접어들면서 많은 나라들이 과거와 같은 고성장에서 멀어졌다. 고작 1~2퍼센트 성장률에 만족하는 시대에 들어왔다는 사실은 앞서 확인했다. 한때 10퍼센트를 웃도는 초고속 성장을 이룬 일본과 한국, 중국이 차례로 저성장 체제로 주저앉았다. 2024년 현재 일본은 제로성장, 한국은 2퍼센트 성장, 중국만이 겨우 4퍼센트 성장 수준을 유지하고 있는 실정이다. 더욱이 선진국을 중심으로 찾아온 빠른 인구 감소와 고령화 현상은 소비수요 차원에서든 노동력 공급 차원에서든 이번 세기 안에 고성장으로 되돌아가는 걸 막게 된다.

물론 최근 인공지능이 폭발적으로 확장하며 대세를 이뤄가고 있지만 막상 생산성 효과는 실망스러운 수준이다. 이 점을 보면 기술혁신이 성장의 부활을 약속할 것 같지도 않다. 이에 더해 미국과 중국의 갈등 양상과 함께 커지는 글로벌 경제의 분절화는 시장을 좁히는 결과를 초래하고 결국은 각국의 경제 팽창을 제약하게 될 것이다. 그무엇 하나도 앞으로 선진국이 과거의 성장체제로 되돌아가는 걸 보증해주지 않는다. 경제성장? 원한다고 이룰 수 없는 시대다.

경제가 성장하지 않으면 불행한가?

시민들 처지에서 경제가 성장하지 않는다는 소리를 들으면 불안해지는 이유는 무엇보다 물질적으로 풍요로운 삶을 더는 누리지 못하리라는 염려 때문이다. 그러나 이미 평균 국민소득이 1만 달러 이상에 도달한 국가들(전 세계 200여 개 국가 가운데 이미 90개 국가에서 1인당 국민소득이 1만 달러에 도달했다)의 경우, 소득이 더 올라간다고 시민들의 행복감이 반드시 더 올라가지는 않는다. 행복과 경제의 관계 연구로 평생을 보낸 경제학자 이스털린은 "가장 오랜 기간에 걸친 시계열 데이터를 보유한 미국의 경우, 지난 70년 동안 실질소득이 3배나 증가했는데도 행복 수준의 장기적인 추세는 변동이 없거나 심지어 하락"했다고 평가했다.

정말 그럴까? 보통 월급이 오르거나 수입이 늘어나면 당연히 더 행복감을 느끼는 경험이 있는데도? 이스털린의 설명에 따르면, 물론 짧은 기간만 볼 때 소득이 떨어지면 행복감도 줄고 소득이 오르면 행복감도 오르지만, 장기 추세를 보면 소득이 올라가도 행복의 수준은 변하지 않고 그대로라는 것이다.이러한 사실은 각 국가를 대상으로 국민소득과 삶의 만족도 상관관계를 조사한 결과를 보아도 어느 정도 확인할 수 있다.

유엔 산하 지속가능발전 해법네트워크SDSN에서 발표한 〈2023 세계행복보고서〉를 보자. 한국은 137개 국가 가운데 57위였고, OECD 38개국 중에서는 35위였다. OECD 국가 중에 한국보다 행복도가 낮은 국가는 58위 그리스, 72위 콜롬비아, 106위 튀르키예 3개국뿐이다. 반면 한국보다 경제 수준이 낮음에도 더 행복하다고 답한 국가는 브라질, 멕시코, 코스타리카를 포함해서 중진국 18개국은 물론 저소득국가 세 나라까지 포함되어 있다. 다시 말해서 한국은 경제적으로 아직 덜 성장했기 때문에 시민들이 덜 행복한 게 아니라는 것이다.

경제가 성장하지 않으면 걱정부터 되는 또 다른 이유는 일자리가 없어질 것이라 생각하기 때문이다. 기후가 걱정되기는 하지만 일단 경제가 성장해야 당장은 고용문제를 해결하고 가까운 미래에는 "모든 배가 성장이라는 밀물에 들어 올려지듯" 시민의 더 나은 물질적 삶이 보장될 것이라고 믿는다. 그런데 여기에도 함정이 있다. 성장을 해도 '고용 없는 성장'이 되면서 제대로 고용을 보장해주지 않는 경향이 커졌기 때문이다. 산업이 팽창해도 해외 아웃소싱으로 생산하거나 투자를 늘려도 오히려 고용이 감소하도록 압박할 수 있는 인공지능 투자에만 집중하면 성장률은 올라도 일자리는 늘지 않을 것이다.

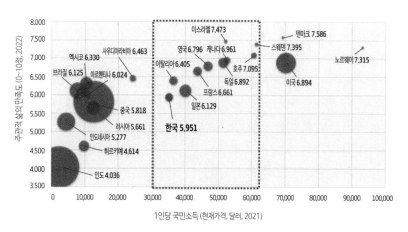

소득이 비슷해도 삶의 만족도는 천차만별

출처 : Our World in Data

그림 9 한국은 국민소득에 비해 삶의 만족도가 낮은 나라

지금은 고용과 소득이 더 이상 경제성장률과 함께 가는 시기가 아니다. 그리고 여전히 부족한 것은 성장이 아니라 분배다. 따라서 우리의 미래 경제는 '성장경제'를 지속하면서도 생태위기를 피한다는 '불가능한 길'을 찾으려 애쓰지 말아야 한다. 오히려 '탈성장 경제'를 하면서도 시민의 소득과 복지를 지탱해줄 방안이 무엇인지를 진지하게 찾아야 한다. 미래 경제는 '탈탄소 경제'이면서 '탈성장 경제'가 되어야 한다.

3

더 커지는 대신에 더 좋아지는
'탈성장 경제'

경제와 물질적 삶에 필요한 모든 에너지를 재생에너지로 공급받고, 지구 생태계가 감당할 정도의 물질 처리량만을 매년 경제에 투입하여 작동하는 경제, 그 경제는 탈탄소 경제이면서 탈성장 경제일 것이다.

그런데 그런 경제를 언제부터 만들어야 하나? 적어도 선진국은 지금 당장이다. 지금 당장 방향을 바꾸어야 한다. 우리 사회는 방향을 과감히 바꾸는 '전환'에 성공할 것인지 아니면 기후와 생태의 위기가 심해져 결국 재난적인 '붕괴'를 감수할 것인지 하는 선택의 끝까지 왔기 때문이다. 따라서 이제 지구가 감당할 수 없을 정도로 궤도를 완전히 벗어나기 전에 경제의 방향을 돌려야 한다.

선진국은 당장 브레이크를 밟고 핸들을 돌려라

로마클럽의 요청으로 1972년에 발간되어 고전으로 자리 잡은 저서 《성장의 한계》는 경제의 방향전환을 자동차 운전에 비유하면서 다음과 같이 설명했다.

"지속 가능한 사회와 오늘날 경제 침체에 빠진 사회의 차이를 비교한다면, 일부러 브레이크를 밟아서 자동차를 멈추는 것과 자동차가 사고로 벽에 부딪쳐서 멈추는 것으로 비유할 수 있다. 현재의 경제 상황이 어느 순간 갑자기 한계를 초과한다면 모든 사람과 기업들은 곧바로 예상치 않은 상태에서 재교육을 받고 재배치되거나 재조정되어야 한다. 지속 가능한 사회로의 신중한 이전은 모든 사람과 기업들이 새로운 경제체계 속에서 제자리를 찾을 수 있도록 충분히 천천히, 그리고 충분한 사전조정을 거쳐 진행될 것이다."

그런데 만약에 브레이크를 밟고 운전대를 돌려서 방향을 전환하면, 그 뒤에도 경제를 무리 없이 잘 작동시켜 실업과 사회 혼란이 생기지 않고, 시민에게 물질적 소비를 안정적으로 보장해줄 수 있을까? 생태경제학자 케이트 레이워스는 경제정책 담당자들이 경제를 날아오른 비행기처럼 여겨서, 공중에서 날지 않고 멈추는 순간 추락해버릴 거라고 겁에 질려 있다고 비유했다. 한 번도 착륙을 생각해보지 않은 현대 경제는 멈추지 않고 계속 날아서 성장해야 하는 비행기가 되어버렸다고 믿으니 성장을 멈추는 걸 끔찍한 재난으로 생각한다는 것이다.

헬리콥터 경제는 공중에 머물 수 있다

하지만 생태경제학자 허먼 데일리는 이렇게 반박한다. 비행기(성장경제)는 앞으로 나아가거나 추락하거나 할 수밖에 없지만, 헬리콥터

VOTES FOR WOMEN.

JOHN STUART MILL,
PIONEER OF WOMEN'S FREEDOM.

Published by the Women's Freedom League, 1, Robert Street, Adelphi, W.C.

존 스튜어트 밀
정상상태 경제를 주창한 밀은
여성권의 선구자이기도 했다.

(정상에 머무르는 경제)는 공중에서 안정된 상태로 머물면서도 잘 기능할 수 있다고. 기후위기와 생태위기 시대의 경제는 무한히 날아오르는 비행기가 아니라 일정한 수준에 이르면 더는 올라가지 않고 머무르는 헬리콥터로 발상을 바꿀 필요가 있다. 이런 경제가 바로 1970년대부터 허먼 데일리가 생태적인 대안경제 모델로 주장해온 '정상상태 경제steady-state economy'다.

정상상태 경제라는 아이디어는 상당히 유서 깊다. 18세기 말에서 19세기 초반에 경제학의 기초를 놓은 고전파 경제학자들은 대체로 "좋든 싫든 관계없이 장래는 정상상태 경제를 향해 간다"고 믿었다. 특히 존 스튜어트 밀은 "정상상태 경제는 필요할 뿐만 아니라 바람직"하다고 생각하면서 다음과 같이 말했다.

"인간 본성을 위한 최선의 상태는 아무도 가난하지 않고 그래서 누구든지 더 많이 가져 부유해지고 싶지 않으며, 또 다른 사람들이 앞질러 가려는 노력 때문에 자신이 뒤로 밀려나는 것을 두려워할 이유도 없는 상태다. (중략) 자본과 인구의 정지 상태라고 해서 인간적 향상이 정지된 상태를 의미하지 않는다는 것은 거의 말할 필요도 없다. 모든 종류의 정신문화나 도덕적, 사회적 진보를 위한 공간은 그 어느 때보다 넓고 삶의 기술을 향상시킬 여지는 더 많을 것이다."

하지만 19세기 중엽까지 경제학자들의 머릿속에 있던 정상상태 경제는 20세기에 들어오면서 화석연료의 대량 폭식 덕분에 고도성장을 이루자 퇴색된 아이디어가 되었다. 1960년대 이래 서서히 공해문제가 사회적 화두로 등장하자 생태경제학 선구자들이 지구와 환경을 위해 이 발상을 되살리기까지 말이다. 밀의 정상상태 경제를 지구 생태계 수용 능력 안에서의 안전한 경제모델로 재구성한 허먼 데일리는 자신의 경제모델을 이렇게 설명했다.

"정상상태 경제의 주요 아이디어는, 오랫동안 좋은 삶을 누리기에 충분한 정도로 부와 인구의 규모를 일정하게 유지하는 것이다. 이 규모를 유지하는 데 필요한 물질적 처리량은 높기보다는 낮아야 하고, 항상 생태 시스템의 재생과 흡수용량 범위 안에 있어야 한다. 이 시스템은 따라서 지속 가능하고 오랜 기간 이어질 수 있다. 정상상태에서 진보의 경로는 더 커지는 것(to get bigger)이 아니라 더 좋아지는 것(to get better)이다. 이 개념은 고전경제학에 들어 있었지만 신고전파 경제학에 와서 대체로 폐기되었다."

한마디로 '정상상태 경제'는 자연에서 얻는 물질과 에너지, 그리고 자연으로 버리는 폐기물을 자연이 재생하고 흡수할 수 있는 수준으로 최소화하는 경제다. 이를 위해 인구와 부를 더 늘리지 않고 자연이 감당할 만한 수준으로 일정하게 유지하자는 것이다. 즉, 정상상태의 경제는 물리적 측면에서 성장하지 않는 경제다.

물론 어떤 영역은 투자가 줄어들고 다른 영역은 신규 투자가 늘어나는 등 개별 산업 영역에서는 성장과 축소가 계속 다이내믹하게 일어날 수 있다. 또한 물리적 처리량은 최소한으로 유지하지만 비물리적 처리량은 그럴 필요가 없다고 허먼 데일리는 강조한다. 정상상태경제에서는 이제 경제의 물질적 '파이'가 더는 늘지 않으므로 성장대신 분배가 특별히 중요해진다. 사회적으로 용인될 수준까지 '최소소득과 최고소득'을 정하자고 정상상태 경제학이 강력히 주장하는 이유가 여기에 있다.

허먼 데일리의 정상상태 경제학은 그가 표현한 대로 '꽉 찬 세상'의 경제학이라고 할 수 있다. 인간 경제를 유한한 지구 안의 부분집합으로 보는 경제학이다. 그의 경제학은 50년 넘게 업그레이드를 거듭하면서 생태경제학의 정립에 큰 영향을 주었다. 하지만 불행하게도 공공정책 영역이나 대중사회에서는 거의 알려지지 않았다. 더욱이 한국에서는 학계나 정책 전문가 모두에게도 낯설다. 하지만 기후위기 대응을 더는 미룰 수 없는 상황에서 그의 경제학이 이제야말로 공론장과 공공정책 영역에 나와서 진가를 발휘할 때다.

코로나19 팬데믹으로 인한 경제활동의 축소로 한국은 물론 세계적으로 마이너스 경제성장을 기록했다.

코로나 바이러스, 성장경제 멈추다

그래도 성장을 멈추면 사회붕괴가 일어날 것 같은 불안이 떠나지를 않는가? 실제 현실에서 '경제성장 정책을 우선순위에서 빼버리고' 국가 정책을 세우거나 사회를 운영하는 것이 정말 손톱만큼이라도 가능할까? 《기후를 위한 경제학》에서도 밝혔듯이 아이러니하게도 현실에서 이 가능성을 보여준 사건을 우리는 이미 경험했다. 2020년 코로나19 팬데믹 이후에 일어났던 사회적 충격과 그 대응에서 말이다. 코로나19를 "인류와 환경의 관계가 무너지면서 그 역풍으로 나타난 첫 번째 위기"라고 표현했던 경제사학자 애덤 투즈는 《셧다운》이라는 저서에서 당시 상황을 이렇게 묘사했다.

"2020년 상반기와 같이 전 세계 국가의 약 95퍼센트에서 1인당 GDP가 동시에 감소한 사건은 현대 자본주의 역사에서 단 한 번도 없었던 일이다. 30억 명이 넘는 성인이 일시에 해고를 당하거나 재택근무를 하기 위해 고군분투했다. 16억 명에 달하는 젊은이들의 교육이 중단되었다. 유례가 없을 정도로 무너진 가정생활과는 별개로, 세계은행은 인적 자본의 상실로 인한 평생 수입 손실이 10조 달러에 달할 것으로 추정했다."

당시 중국이 2.2퍼센트로 겨우 플러스 성장을 한 것을 제외하면, 2020년 경제성장률이 미국 -3.5퍼센트, 영국 -9.8퍼센트, 프랑스 -8.1퍼센트, 독일 -4.9퍼센트 등 주요 선진국들에서 모조리 마이너스 성장을 기록했다. 한국도 -0.9퍼센트로 역시 경제 규모가 축소되었다. 세계의 모든 나라들이 코로나19라는 치명적인 유행병 확산 앞에서 경제성장률을 끌어올리는 것을 포기하고 시민의 생명을 우선에 둘 수밖에 없었다. 이를 위해 생산과 소비를 대폭 축소할 락다운과 사회적 거리두기를 신속하게 결단했다. 의도치 않은 경제 규모 축소로 인한 매출 감소와 소득 감소, 실업에 대응해서 정부는 대규모 국가 재정을 동원했다. 어떤 면에서 보면 모든 정부들이 스스로 '탈성장'을 결단했던 것이다.

그 결과 세계적으로 2020년 온실가스 배출은 2019년에 비해 4.9퍼센트 줄어들었다. 주로 화석연료 사용이 줄어든 결과다. 한국도 마찬가지다. 지금 직면한 기후위기는 코로나19와 많은 점에서 유사하다. 물론 점점 더 강하고 대규모로 자주 우리 삶 앞으로 돌진할 개연성이 높다. 그럴 때마다 경제성장은 2020년과 마찬가지로 계속 강제로 혹은 자발적으로 멈추지 않을까? 코로나19처럼 기후위기가 예고 없이 갑자기 들이닥쳐 성장 엔진을 멈추게 만들지, 아니면 인류가 예방적 차원에서 성장에 브레이크를 걸고 기후위기를 완화해 나갈지 선택해야 할 순간이 어느덧 우리 앞으로 바싹 다가왔다.

탈성장은 경기침체와 어떻게 다른가?

기후위기 대응을 위해 최근에 주목받고 있는 대안경제 아이디어는 '탈성장de-growth'이다. 2008년 파리에서 '생태적 지속 가능성과 사회 정의'라는 이름으로 첫 국제 탈성장 컨퍼런스가 열린 이후 세계적으로 주목을 받아오고 있는 탈성장 주장은 성장 의존 패러다임에 대한 가장 강력한 비판을 담고 있다. 탈성장과 다소 어감을 달리하는 '포스트성장post-growth', '비성장a-growth' 등의 주장도 모두 생태경제학의 관점을 바탕에 깔고 있다는 점에서 탈성장과 크게 다르지 않다.

탈성장을 주도해온 '리서치와 탈성장Research and Gegrowth' 그룹에 따르면 탈성장은 다음과 같이 정의할 수 있다.

"지속 가능한 탈성장이란, 생산과 소비를 줄이는 것이며 이를 통해 사람들의 웰빙을 증진하고 지구의 생태적 조건과 형평성을 향상시키는 것이다. 탈성장은 생태적 수단들을 통해서 개방적이면서도 지역적인 경제로, 그리고 새로운 형태의 민주적 제도를 통해 더욱 평등하게 자원이 분배되는 사회에서 살아가는 미래를 요구한다. 그러한 사회는 더 이상 '성장 아니면 죽음'이 될 필요가 없다. 물질적 축적은 이제 사람들의 문화적 상상에서 중요한 지위를 차지하지 않을 것이다."

탈성장 주창자들은 우리를 기다리고 있는 재앙을 탈성장으로 피하자는 것이지, 재앙을 자초하기 위해 탈성장을 하자는 것이 아니라고 특별히 강조한다. 그들에 따르면 탈성장이 위기를 가져오는 것이 아니라 바로 무한 경제성장이 위기를 불러오는 것이기 때문이다. 그들은 성장의존형 경제가 경제성장에 실패하여 발생하는 혼란과 사회적 불안정, 즉 경기침체를 겪는 것과는 달리 탈성장은 경제를 안정시키고, 사회적 및 생태적 목표를 달성하기 위한 의도적 전략이라고 덧붙인다. 충돌하기 전에 미리 자발적으로 브레이크를 밟자는 주장이다.

정치인들은 절대로 성장을 멈추자고 말하지 않는다?

물론 경제와 정치의 권력을 쥐고 있는 사회의 기득권은 성장을 포기하려 하지 않는다. 정치인들은 성장을 멈추면 사회 혼란이 초래될 수 있다면서 공포 마케팅으로 겁을 준다. 그러니 유권자들 역시 간혹 성장을 멈추자는 정치인이 있어도 그를 지지하기 쉽지 않다.

50년 넘게 성장의존주의와 이론적으로 싸우면서 생태경제학을 발전시킨 허먼 데일리는 무한 성장주의와 성장주의 탈피 사이의 싸움을 이렇게 표현했다. "우리는 지금 경제성장이 결코 무한히 계속될 수 없다는 '물리적 불가능성'과, 성장은 끊임없이 계속되어야 하지 멈출 수는 없다는 '정치적 불가능성' 사이의 갈등을 목격하고 있는지 모른다."

이 갈등에 대한 허먼 데일리의 답은 무엇이었을까? 그는 정치적 불가능성을 정치적 불가피성으로 바꾸는 쪽으로 해결의 실마리를 찾았다. 자연은 우리와 타협하지 않을 것이기 때문이다. 유한한 지구에서 무한성장이 물리적으로 불가능하다는 자연의 법칙을 인간이 어길 방법은 없기 때문이다. 따라서 물리의 법칙을 거스르려는 무모한 시도가 아니라 플랜B가 존재하지 않는 지구 생태계 안에서 안전한 삶을 추구하는 유권자들의 정치적 역량을 키워나가야 한다. 그러면 무한성장을 계속하는 것이 상식이 아니라 충돌하기 전에 멈추는 것이 상식이 되는 세상이 올 것이다. 이와 관련하여 저명한 기후활동가이자 저널리스트인 나오미 클라인은 이렇게 말했다.

"노예제는 노예제 폐지론이 그것을 위기로 규정하기 전까지는 영국과 미국 엘리트들에게 위기가 아니었다. 인종차별도 민권운동이 그것을 위기로 규정하기 전까지는 위기가 아니었다. 성차별도 페미니즘이 그것을 위기로 규정하기 전까지는 위기가 아니었다. 아파르트헤이트도 반 아파르트헤이트 운동이 그것을 위기로 규정하기 전까지는 위기가 아니었다. 바로 이런 식으로 충분히 많은 사람이 더 이상 외면하는 것을 멈추고 기후변화가 마셜플랜의 대응 수준에 준하는 위기라고 규정한다면, 기후변화는 위기가 될 것이고 정치권은 자원을 동원할 것이다."

이런 측면에서 보면 성장의존형 경제에서 벗어나 방향을 돌리는 과제의 성공 여부는, 근본적으로는 더 탄탄한 이론을 동원하는 것도, 더 설득력 있고 상세한 탈성장 정책 설계도를 작성하는 것도 아닐지 모른다. 오히려 탈탄소 경제와 탈성장 경제로 갈 수 있는지의 여부는 철저히 사회 안의 이해관계자들 사이의 힘 관계에서 변화가 일어날지의 여부에 달렸다는 말이다. 역사적으로 어떤 제도 변화도 해당 사회의 권력관계 변화 없이는 성공하지 못했다. 성장의존 사회가 탈성장 사회로 전환하는 과정 역시 화석연료 기득권과 성장주의 기득권을 적절히 규제하는 힘이 얼마나 커질지에 달려 있다.

4

성장을 내리고 생태와 손잡은 '복지사회'

성장하지 않아도 괜찮은 경제가 되려면 무엇보다 시민의 삶을 복지가 탄탄히 받쳐줄 것이라는 확고한 믿음이 필요하다. 앞서 지구 생태계가 더 이상 경제성장과 함께 가기 어렵다고 했는데, 그렇다면 지구 생태계는 복지와 함께할 수 있을까? 전통적으로 성장과 깊숙이 연결된 복지 시스템이 성장과 결별하고 지구 생태계와 결합할 수 있을까?

성장과 복지, 생태를 모두 만족할 수 없다

2차대전 후 선진국에서 부흥을 이끌었던 기존의 사회민주주의 복지국가 모델은 애초에 완전고용을 매개로 한 경제성장과 복지의 선순환에 주목했다. 경제성장은 더 많은 일자리와 더 많은 복지 재원을 약속하고, 교육과 보건복지의 확대는 더 양질의 고용 기반을 보장하고 사회적 갈등을 완화하여 경제성장에 기여하리라는 생각 때문이었다.

문제는 이 선순환이 생태계의 불안정성을 심화하는 악순환과 연결되어 있다는 중대한 사실을 대체로 외면했다는 점이다. 그러다가 얼마 전에는 '녹색성장'이라는 이름으로 표현되는 성장과 생태적 안전의 동시 추구를 모색하더니 최근에는 아예 성장과 복지와 생태를 모두 만족시키는 해법으로 관심이 모아졌다. 2015년에 유엔이 제안한 지속가능 발전목표SDGs가 대표적 사례다. 여기서는 경제성장, 복지 확대, 그리고 생태 보호가 서로 균형을 이루면서 함께 달성되어야 하는 목표로 제시되었다. 물론 바람대로 세 목표를 모두 균형 있게 달성한다면 최선일 것이다.

하지만 최근 생태경제학자 엘루아 로랑은 경제성장과 복지, 생태 전환이라는 세 가지 목표를 동시에 모두 균형 있게 달성하는 것이 가

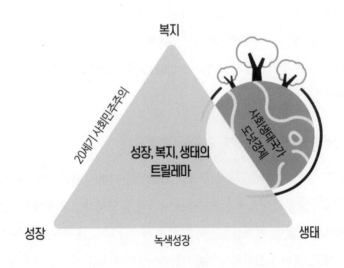

복지

20세기 사회민주주의

성장, 복지, 생태의
트릴레마

사회생태국가
도시경제

성장   녹색성장   생태

그림 10 미래는 복지와 생태를 중심으로 갈 수 있을까

능한지에 대해 의문을 제기했다. 그리고 셋 중에 기껏해야 두 가지만 실현 가능하다는 '트릴레마'(셋 중 둘만 가능한 딜레마)가 작용하고 있다고 주장했다. 그는 만약 세 가지 중에 두 가지만을 선택할 수 있다면 이제 경제성장이 아니라 생태전환과 복지가 손잡고 미래를 열어가야 한다고 제안한다. 미래에 구축되어야 할 복지가 경제성장에 의존하기보다는 지구 생태계 안에 탑재되어 생물권의 재생 능력을 존중하는 방식으로 재구성되어야 한다는 것이다.

경제성장과 작별한 복지가 가능할까?

바로 의문이 들 것이다. 경제성장과 작별하고도 복지국가가 작동할 수 있을까? 애초에 20세기 복지국가는 확장하는 경제모델에 기반했던 성장의존형 복지국가이면서 화석연료 시대의 복지국가가 아니던가?

일찍이 탈성장 경제학자 세르주 라투슈는 "경제성장의 존재 때문에 서구 국가는 분배와 정의라는 기본 문제에 맞서지 않고 지금까지 혁명 없이 버텨왔다"고 진단했다. 그의 말대로 현대 복지국가는 시장에서의 첨예한 분배 갈등을 어느 정도 회피하는 대신, 경제성장의 과실을 세금으로 거둬 이차 분배에 집중했던 것이 아닌가? 그런데 복지국가의 토대인 경제성장에 덜 의존하면서도 복지국가를 과연 작동시킬 수 있을까?

그런데 엘루아 로랑의 얘기는 좀 다르다. 그에 따르면 19세기 말과 20세기 초, 처음 복지국가가 모습을 드러내고 윤곽을 잡아나가던 시기는 높은 경제성장을 이루지도, 경제가 안정화되지도 않았던 시기였기 때문이다. 당시는 경제성장도 완전히 자리 잡지 못했고 극도의 불평등과 금융 불안정 등으로 점철되던 시기다. 실업급여를 포함한 각종 복지정책은 이런 상황에서 출현했고, 역으로 이들 복지정책 도입으로 노동생산성이 자극되어 경제의 안정적 성장을 촉진했다는 것이다. 다시 말해서 역사적으로 복지국가는 경제성장의 전리품이 아니라 성장의 주요 근원이자 선진국이 되는 전제조건이기도 했다는 것이다.

그러다가 1945년 이후 성장주의가 국가 정책으로 굳어지고 '성장과 복지의 선순환'이라는 공식들이 퍼져나갔다. 그러면서 어느새 복지국가가 경제성장률에 의존하는 것처럼 바뀌게 되었다는 것이 엘루아 로랑의 주장이다. 그리고 최근에는 "기후재난 → 복지지출 증가 → (재원 조달을 위한) 더 많은 경제성장 요구 → 더 많은 에너지와 자원 요구 → 온실가스 증가로 기후재난 악화"라는 악순환에 빠지게 되었다는 것이다.

복지와 생태의 선순환 만들기

그런데 기후위기 시대에 접어든 현 시점에서는 생태와 복지의 선순환을 먼저 고려한 뒤에, 이를 통해 경제성장에 대한 필요성을 줄이는 방식으로 복지를 전환할 수 있지 않을까? 무리한 경제성장으로 지구 생태계가 복지를 위협하도록 자초할 것이 아니라 지구 생태계가 받쳐주는 안전한 삶의 공간 확보를 먼저 고려해보자는 것이다.

특히 분배정책의 부실함을 성장정책으로 보완하려 했던 지금까지의 관행에서 과감히 벗어나서 파이를 나누는 분배정책에 다시 적극

나선다면 그만큼 경제성장을 해야 한다는 압력은 줄어들 것이다. 더 중요하게는, 그만큼 기후에 미치는 악영향도 줄어서 기후재난에 따른 사회적 지출의 필요성도 줄어들 것이다. 그리고 이는 '더 많은 지출을 통한 더 많은 복지'라는 악순환이 아니라 '더 적은 지출을 통한 더 나은 복지'로의 전환을 가능하게 해줄 수도 있다. 즉, 기존의 '경제성장 → 재정 여력 확대 → 복지 확대의 선순환' 대신에, '선제적 복지 지출 → 성장 필요성 감소 → 기후위기 완화 → 안정적 복지 유지'라는 복지와 생태의 선순환을 모색할 수 있다.

이 발상은 사실 지금까지 그래도 가장 바람직하고 현실적인 미래 사회의 모델로 상상해온 기존의 '케인스주의 복지국가'를 뛰어넘어 새로운 사회에 대해 상상할 것을 요구한다. 바로 복지가 탈성장과 손잡고 만들어내는 미래 비전 말이다. 그 사회는 시장경제의 존재를 인정하되 적절히 규제하는 동시에 기존의 성장주의 패러다임과 결별하고 탈성장과 손잡은 사회가 될 것이다.

핀란드 사회학자 툴리 히르비람미Tuuli Hirvilammi는 "탈성장은 성장주의 헤게모니에 도전하는 만큼이나 성장의존형 복지국가의 기초에도 도전한다"고 진단했다. 탈성장이 기존의 복지국가에 제대로 도전하려면, 기존 복지국가를 대신할 '탈성장 복지국가'의 대안을 더 적극적으로 설계해야 한다. 반대로 기존의 복지국가는 이제부터 탈성장과 자신이 충돌하지 않음을 보여줘야 한다.

한 가지 의문이 더 있다. 그런데 과연 자본주의는 규제된 시장 안에서 길들여져 복지국가에 참여했던 것처럼 생태 한계 안에서도 길들여져 생태국가의 구성원이 될 수 있을까? 어려운 질문이지만 실제

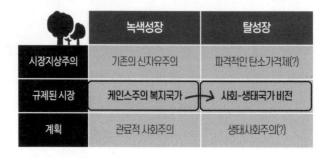

	녹색성장	탈성장
시장지상주의	기존의 신자유주의	파격적인 탄소가격제(?)
규제된 시장	케인스주의 복지국가 →	사회-생태국가 비전
계획	관료적 사회주의	생태사회주의(?)

그림 11 미래 경제의 선택지들, 그리고 사회-생태국가 비전

시도하기까지 미리 예단할 필요는 없을 것이다.

복지와 생태를 동시에 만족시키는 정책 찾기

국가 차원의 추상적 비전 논쟁에서 벗어나 구체적으로 복지와 생태가 어떻게 현실에서 결합될지 몇 가지 사례로 살펴보자. 여름 홍수로 반지하나 저지대 주거지가 침수되는 문제는 복지 이슈일까 아니면 기후 이슈일까? 겨울 난방과 여름 냉방을 위해 공급하는 에너지요금 정책 역시 복지 영역의 정책일까 아니면 기후 대응 정책일까?

점점 더 강도와 빈도가 심해지는 기후재난은 반지하처럼 기존에 취약했던 복지 사각지대를 드러낸다. 또한 2022년 홍수로 인한 포항제철소 침수처럼 안전한 영역이라고 간주되던 곳까지 위험지대로 몰고 갈 수 있다. 복지 관점에서 보면 심화되는 기후재난이 점점 더 이미 구축해 놓은 복지의 경계를 허물면서 사회적으로 안전한 지대를 줄여나가게 된다는 것이고 그에 따라 더 높은 복지 안전망을 요구

하게 될 것이라는 말이다. 더욱이 1.5°C를 넘어갈 위험이 갈수록 커지고 있는 시점에서, 복지 시스템은 심해져가는 기후재난에 견딜 만한 예방책을 미리 준비하고 있을까? 아니면 대책 없이 사회붕괴를 기다리고 있을까? 이런 것들이 기후가 복지에 던지는 질문들이다.

이렇게 이미 복지와 기후, 생태 문제는 현실에서 하나로 얽혀가고 있다. 어떤 의미에서는 '사회적 정의'와 '생태적 안전'은 이미 따로 대처할 수 없게 되었다. 이제는 두 가지가 서로 충돌하도록 만들면 안 되고, 둘을 동시에 풀 수 있는 해법과 정책을 모색해야 한다. 엘루아 로랑은 한쪽의 진전이 다른 쪽의 진전으로 이어지거나, 두 영역에서 동시에 진전이 이루어질 수 있도록 하는 정책이 필요하다고 강조한다. 그에게는 이게 바로 '정의로운 전환'이다. 정의로운 전환은 단지 탈석탄 지역의 노동자 일자리 보장이나 지역경제 활성화를 훨씬 뛰어넘어 사회정의와 생태 안전을 동시에 추진하는 전략이라는 말이다.

복지와 생태를 동시에 만족시킬 수 있는 정책 사례를 들어보자. 에너지 빈곤층을 방치하는 것은 일차적으로 복지의 결핍을 드러내는 것이다. 그런데 이들이 난방 연료 자구책으로 온실가스 배출량이 많은 값싼 연탄을 사용할 위험도 동시에 있다. 이에 대처하여 정부가 단열 개선이나 생태적인 난방 시스템 제공 등을 포함하는 그린 리모델링 정책을 도입한다면 주거복지와 생태 안정을 동시에 달성할 수 있다.

또 주거복지를 확대하기 위해 신규로 공공임대주택을 대규모로 짓는다고 하자. 관행적인 방식으로 탄소 집약적인 건축 자재와 공법으로 건설하면 주거복지는 만족시키지만 생태파괴를 피하기는 어렵

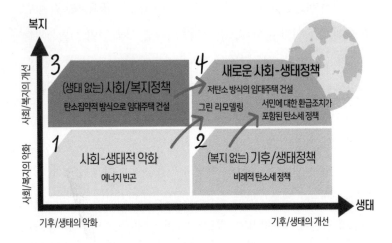

사회(복지)정책과 기후(생태)정책의 4가지 조합

복지

전계의 복지 수준 향상

사회복지의 악화

3 (생태 없는) 사회/복지정책
탄소집약적 방식으로 임대주택 건설

4 새로운 사회-생태정책
저탄소 방식의 임대주택 건설
그린 리모델링   서민에 대한 환급조치가
포함된 탄소세 정책

1 사회-생태적 악화
에너지 빈곤

2 (복지 없는) 기후/생태정책
비례적 탄소세 정책

생태

기후/생태의 악화   기후/생태의 개선

그림 12 복지와 생태를 동시에 만족시키는 정책 찾기

다. 반대로 가능한 한 저탄소 재료와 건축방식으로 친환경 건물을 짓는다면 복지와 생태를 동시에 만족시키게 될 것이다. 화석연료 사용을 억제하기 위해 도입하는 탄소세도 마찬가지다. 에너지 복지를 동반하지 않는 탄소세는 서민에게 부담을 줄 수 있지만, 에너지 복지를 동반하면 복지를 지키면서 생태적 목표도 함께 이룰 수 있게 된다.

복지와 환경을 모두 만족하는 집짓기

실제 사례로 네덜란드 암스테르담 남동쪽 바다를 매립해서 만든 주택 협동조합인 '더 바런De Warren'이 있다. 암스테르담 최초로 자체 시공을 한 협동조합형 사회주택인데 2023년 현재 60명 남짓이 살고 있다. 이 주택은 건축 과정에서 폐목재와 기존 항구시설에서 떼어온

철제 프레임을 재활용했다. 또한 태양광 발전뿐 아니라 지열을 이용한 열교환기와 히트펌프를 사용하여 전기와 열을 모두 생산하는 에너지 자립 건물이다. 이처럼 모든 정책에서 사회적 정의와 생태적 안전이 서로 충돌하지 않고 촉진하도록 할 수 있다.

엘루아 로랑은 한 발 더 나아가 생태 보호와 공동체 활성화를 동시에 추구하는 방향에도 관심을 기울인다. 그는 생태파괴가 공동체 파괴와 동반되어 일어날 수 있다고 보았다. 지구 생태계와 인간의 사회가 긴밀히 엮여 있다는 중요한 지점을 통찰한 것이다. 이는 공유자원과 공동체의 밀접한 관계를 확인했던 정치학자 엘리너 오스트롬과도 맥락이 닿는다. 생태계 안전을 지키기 위해서라도 공동체를 복원하고 강화하는 것이 필수적이라는 것이고, 반대로 공동체의 생존 조건인 지역의 생태계가 파괴되면 그만큼 공동체의 존립도 위험해진다는 것을 의미한다. 이처럼 생태계 보호와 공동체 활성화, 복지는

항구의 폐목재를 활용해서 지은 암스테르담 협동조합 주택

서로 의존하고 있다.

그런데 개별적인 정책에서는 성장과 생태가 아니라 복지와 생태의 적극적인 결합을 시도할 수 있지만, 전체 국가 운영 차원에서도 이것이 가능할까? 뉴질랜드와 핀란드, 아이슬란드 등이 국가 예산 편성을 위해 2019년부터 GDP가 아니라 복수의 목표를 기준으로 삼아 '웰빙 예산제'를 실시해온 사례를 주목해볼 수 있다. 뉴질랜드의 저신다 아던 총리는 경제성장을 완전히 배제하지는 않았지만, 웰빙의 '지속성'을 측정하는 네 가지 지표로서 자연자본과 인적자본, 사회자본 그리고 전통적인 GDP에 해당하는 금융·물질자본을 제시했다. 아울러 세부적인 12개 지표를 제시하고 이를 예산 편성의 기준으로 삼았다. 이렇듯 경제성장을 여러 목표 중 하나로 여기는 방식으로 국가 운영방향을 바꾼 것이다.

이 같은 사례는 국가의 중심 목표를 오직 경제성장에만 두고, 높은 성장률을 달성하면 복지나 고용도 좋아질 것이고 환경을 위한 더 나은 대책도 수립할 수 있을 것이라고 기대해온 과거의 관행에서 벗어나기 위한 중요한 시사점을 제공해준다.

5

복지와 생태가 있는
'도넛 도시'

경제성장과 무관하게 시민에게 사회적 기본권을 보장하는 복지정책과 기후위기를 완화시키는 생태정책을 동시에 추진하여 시민의 삶을 사회적으로 정의롭고 생태적으로 안전한 공간에 머물게 하는 매우 직관적인 경제모델이 있다. 바로 생태경제학자 케이트 레이워스가 제안한 '도넛 경제'다. 그에 따르면 20세기 경제사상은 성장을 경제의 중심 목표로 삼은 탓에 그 성과를 알려주는 GDP가 경제학자의 나침판이 되었다고 진단한다. 그 때문에 이미 상당한 성장을 이루어 부유한 국가가 되었는데도 화폐로 계산된 GDP 숫자 올리기라는 나침반에 따라 끝없는 성장을 추구했다는 것이다.

하지만 기후위기와 생태위기 시대에는 새로운 나침반이 필요하다. "이 나침반은 식량, 물, 건강부터 양질의 일자리와 성평등에 이르기까지 모든 사람의 필수적인 필요와 권리를 우선시한다. 동시에 모든 생명의 건강은 안정적인 기후, 비옥한 토양, 건강한 바다, 보호 오존층 등 지구의 생명 유지 시스템을 보호하는 데 달려 있음을 인식한다. 간단히 말해, 도넛은 인류가 사회적 기초와 생태적 한계 사이에서 번영할 수 있도록, 즉 살아있는 지구의 수단 내에서 모든 사람의 필요를 충족할 수 있도록 도와주는" 새로운 나침반이다.

레이워스는 시각적으로 금방 이해할 수 있는 도넛 그림의 안쪽을 '사회적 기초'로, 바깥을 '생태적 한계'로 명시하고 시민이 이 둘 사이에 머무를 수 있도록 해야 한다고 강조했다. 이에 따라 다양한 사회적·생태학적 지표가 GDP라는 단일 지표를 대체한다. 그녀는 "끝없는 성장이 아니라 사회와 생태계의 경계에서 균형을 이루며 번영하는 것으로 성공을 재정의하는 것이 수반된다. 이를 위해서는 근본적인 패러다임 전환이 필요하다. 그리고 전 세계 어느 경제도 지구 생태계 한계 안에서 모두의 필요를 충족하지 못했다는 점을 고려할 때(코스타리카가 가장 근접), 아직 어떤 경제도 스스로 '선진국'이라고 생각해서는 안 된다"고 못 박는다.

대한민국은 어떨까? 2019년 영국 리즈대학이 도넛 그림에 따라 평가한 것을 보면, 한국은 사회적 기초 부문에서는 민주주의 질을 포함해서 일부 결핍이 여전하며, 생태적 한계 부문에서는 이산화탄소 배출과 생태발자국 등 많은 부분에서 심각하게 한계를 넘어가고 있다.(그림 13 참조)

도넛 경제는 단순한 비전이 아니라 강력한 실천 방법론을 담고 있다. 실제로 케이트 레이워스는 '행동에 집중하고 항상 실험을 통해 학습'하겠다는 의지를 가득 담은 '도넛 경제학 실행 랩Doughnut Economics Action Lab; DEAL'을 조직했다. 이를 통해 도넛 모델 아이디어

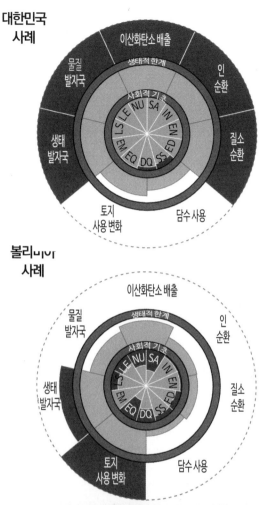

대한민국 사례

이산화탄소 배출
물질 발자국
인 순환
생태적 한계
사회적 기초
LS LE NU SA IN EN
EM EQ DQ SS ED
생태 발자국
질소 순환
토지 사용 변화
담수 사용

볼리비아 사례

이산화탄소 배출
물질 발자국
인 순환
생태적 한계
사회적 기초
LS LE NU SA IN EN
EM EQ DQ SS ED
생태 발자국
질소 순환
토지 사용 변화
담수 사용

사회적 기초 지표

LS : 삶의 만족도
LE : 기대 건강수명
NU : 영양
SA : 위생
IN : 소득
EN : 에너지 접근
ED : 교육
SS : 사회적 지원
DQ : 민주주의 질
EQ : 평등
EM : 고용

생물학적 지표	한국	볼리비아	1인당 경계값	단위(연간)
이산화탄소 배출	13.3	1.4	1.6	tonnes CO_2,
인 사용	4.1	0.4	0.9	kilogram P
질소 사용	35.7	3.2	8.9	kilogram N
담수 사용	286	141	574	cubic metres H_2O
순 1차 생산의 인간 할당량 (HANPP)	1.9	9	2.6	tonnes C
생태발자국	4.5	2.7	1.7	global hectares (gha)
물질발자국	25.2	4.6	7.2	tonnes

그림 13 리즈대학에서 평가한 한국과 볼리비아 도넛 모델 사례

를 구체적인 공동체 실천으로 전환하고 시스템 변화까지 이루려고 시도한다. 특히 도넛 모델은 복지와 생태를 동시에 달성하려는 도시들에서 크게 주목받고 있다. 예를 들어 코로나19 전염병이 퍼졌던 2020년 4월, 암스테르담 지방정부는 "도넛 경제"라는 개념을 도입하여 위기를 극복하기 위한 전략을 발표하고 2년간의 초기 실천 계획을 담은 암스테르담 순환 2020-2025 전략을 세웠다.

암스테르담 시정부는 이 전략에 따라 큰 그림의 사고, 공동의 창의적 혁신, 시스템 변화의 출발점 역할을 하는 '도시 초상화 City Portrait'를 구성했다. 그리고 이를 토대로 80만 시민이 도넛의 안전하고 정의로운 공간에 들어갈 수 있는 정책을 수립해왔다. 예를 들어 도넛 모델에 따라 도시를 진단한 결과, 도시 세입자의 20퍼센트가 임대료를 지불하고도 기본적인 주거 필요를 충족할 수 없다는 사실을 발견했다. 통상적인 해결책은 더 많은 주택을 짓는 것일 수 있지만, 이 방식은 이산화탄소 배출량을 크게 늘릴 수 있으므로 도넛 모델에 맞지 않는다. 결국 시정부는 신규주택 건설에 계속 투자하는 방향을 선택하지만, 대신에 건축업자들이 지속 가능한 자재를 최대한 많이 사용할 수 있도록 규제해야 한다고 결론 내렸다.

시정부만이 아니라 약 400명의 지역 주민과 단체가 '암스테르담 도넛 연합 Amsterdam Doughnut Coalition'이라는 주민 네트워크를 구축하여 풀뿌리 수준에서 자체 프로그램을 운영하기도 했다. 이 과정에 대해 암스테르담 자원봉사 연합의 매니저인 드루인은 "모든 문제를 한 장의 사진으로 볼 수 있어 사람들의 사고방식이 정말 달라졌습니다. 마치 우리가 마주하는 세상을 비추는 거울과도 같습니다"라고 평가했다. 물론 "도넛 경제학의 이론적 언어는 많은 풀뿌리 이해관계자와 주민들이 접근하기는 여전히 어렵다"는 비판적인 의견도 있다. 하지만 이미 많은 도시에서 기존의 패러다임을 바꾸는 중요한 나침반으로 도넛 모델이 활용되고 있다.

그러다 보니 암스테르담 외에도 세계의 많은 도시에서 도넛 모델을 적용하는 실험이 이뤄지고 있다. 바르셀로나(스페인)와 글래스고(스코틀랜드)는 도넛의 사회적-생태적 차원에 이미 시행 중인 계획과 전략을 대입하는 실험을 했고, 이스라엘 텔아비브-야포의 '이스라엘 도넛 연합'은 진행 중인 다양한 프로젝트를 도넛 모델에 비추어 진단하고 평가하기도 했다. 또한 스웨덴 카운티 토멜릴라에서는 지속 가능한 새 학교를 짓기 위한 초기 계획 단계에서 도넛 경제학을 워크숍 도구로 사용했다.

한편 2020년 캐나다의 나나이모는 도넛 모델에 기반하여 향후 25년의 지속 가능한 도시 비전을 세웠다. 그리고 2022년 7월에는 304페이지에 달하는 도시 계획이 담긴 조례를 통과시켰다. 도넛 모델을 활용한 이 계획에는 (1)회복력 있고 재생 가능한 생태계를 지원하는 녹색 나나이모, (2)공평한 접근성과 이동성을 지원하는 연결된 나나이모, (3)지역사회의 복지와 살기 좋은 환경을 지원하는 건강한 나나이모, (4)화해와 대표성, 포용을 지원하는 권한 있는 나나이모, (5)번영하고 탄력적인 경제를 지원하는 번영하는 나나이모라는 목표가 포함되어 있다.

이렇듯 도넛 모델이라는 새로운 생태경제학 도구를 얻은 세계 곳곳의 도시들은 이미 성장 의존에서 탈출하려는 몸부림에 바쁘다.

6

한국 경제는
탈탄소-탈성장 경로에서
얼마나 멀까?

그런데 한국의 경제와 도시들은 언제까지 이 새로운 흐름에서 벗어나 있을 수 있을까? 이 시점에서 경제성장률이 다른 나라보다 얼마나 높은지, 국민소득이 몇 등인지, 글로벌 초일류기업이 몇 개인지 같은 기존의 나침반을 모두 내려놓고 다른 질문을 던져보자. 첫째로, 한국인들은 얼마나 생태 파괴적 삶을 살고 있을까?

가장 대표적인 지표로 '1인당 온실가스 배출'을 다른 나라와 비교해보자. 한국은 소득수준이 비슷한 국가들 가운데 호주나 미국, 캐나다 등 화석연료를 대량으로 생산하는 국가를 제외하고는 1인당 매년 11.6톤(2022년 기준)을 배출하여 기후에 가장 해로운 영향을 주는 나라로 기록되고 있다. 북유럽 복지국가인 스웨덴이나 노르웨이는 말할 것도 없고 독일이나 프랑스보다도 훨씬 더 많은 온실가스를 배출한다. 국가적 차원에서 보면 전 세계 배출량의 1/3을 중국이 차지하지만, 사실 1인당 배출량은 중국이 8톤 정도로 우리보다 훨씬 낮다.

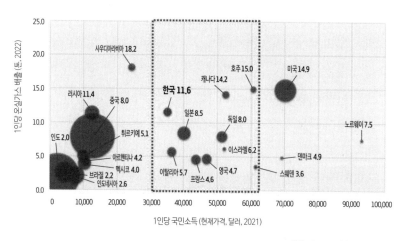

소득이 비슷해도 온실가스 배출은 천차만별

출처 : Our World in Data

그림 14 한국은 소득에 비해 온실가스 배출은 많다

이는 한국이 물질적 성장을 더 하는 것보다는 온실가스를 줄이는 것이 더 시급한 과제라는 것을 말해준다.

두 번째 질문으로 한국은 여전히 미국이나 다른 선진국에 비해 국민소득이 낮으므로 당분간 경제성장을 더 하면서 동시에 온실가스도 줄여나가면 되지 않을까? 하지만 생태경제학은 기술적으로 아무리 효율성을 높인다고 해도 경제 규모를 계속 팽창시키면서 동시에 투입되는 에너지와 물질량, 버려지는 폐기물과 온실가스를 줄이는데는 물리적 한계가 있다고 분명히 지적한다. 이는 실제 데이터를 보면 더할 나위 없이 명확히 드러난다.

경제성장률이 높을수록 온실가스 증가율도 대체로 높다. 반대로 온실가스가 줄어들고 있는 나라들은 대체로 경제성장률이 2~3퍼센트 이하로 상당히 낮다. 더욱이 낮은 성장률에 기대서 온실가스를 줄이고 있는 나라들조차 지구 평균온도 상승을 1.5℃ 이하로 유지하기 위해 필요한 온실가스 감축률 속도(최소 연간 7~8퍼센트 감축)에 도달한 나라는 없고 기껏 0~2퍼센트 내외다. 2020년 코로나19 충격으로 경제 규모가 줄어들었던 2020년의 4~5퍼센트 감축에도 크게 미치지 못한다.

한국은 더 심각하다. 한국은 21세기에 접어들어 평균 4퍼센트의 상대적으로 높은 성장을 하면서 온실가스도 연평균 1.8퍼센트로 매우 높은 증가율을 기록했다. 상당한 선진국들이 비록 부족하지만 그래도 온실가스를 줄이고 있는 추이와 확연히 대비된다. 경제성장을 계속하면서 온실가스 배출을 줄이는 전략, 이른바 '절대적 탈동조화 전략'은 한국에서 전혀 작동하지 않고 있는 것이다. 그 결과 한국은 소득수준이 비슷한 나라들 가운데에서도 온실가스 배출이 더 많은 나라가 되었다. 사실 한국은 소득수준에 비해서 1인당 에너지 소비가 많은 나라이기도 하다. 한국인 1인당 1차 에너지 소비는 다른 나라들에 비해 유독 많은데, 자동차 이용이 지나치게 많고 산유국인 미국과 캐나다를 제외하면 대부분 선진국 국민 1인당 에너지 소비량은 한국보다 적을 정도다.

에너지 소비가 비슷해도 화석연료 에너지가 아니라 재생에너지에 의존하면 그나마 온실가스를 덜 배출할 수 있다. 화석연료를 대체하여 미래 탈탄소 경제 에너지의 핵심을 이루게 될 태양광과 풍력으로 전력을 생산하는 비중을 얼마나 빨리 100퍼센트까지 늘리는가는 사활이 걸린 문제다. 그래서 IEA는 2030년 재생에너지 비중을 59퍼센트(국제재생에너지기구는 68퍼센트)까지, 2035년에는 77퍼센트까지로 확대하자고 강조하면서 그럴 때만 지구 평균온도 상승을 1.5°C 안에 머무르게 할 수 있다고 강조했다.

하지만 한국은 태양광과 풍력으로 전력을 생산한 비중이 2022년 기준 고작 5퍼센트를 조금 넘는다. 그 때문에 선진국은 물론이고 중국, 브라질, 인도 등에도 미치지 못하는 에너지전환 후진국의 신세를 면치 못하고 있다. 더욱이 2030년 재생에너지 목표도 IEA가 제시한 59퍼센트의 대략 1/3수준을 국가 목표로 삼고 있을 정도로 의지조차 부족하다. 특히 윤석열 정부에 와서는 태양광과 풍력 중심의 재생에너지보다 소형모듈원자로를 포함한 핵발전에 집중하는 정책에 매달리고 있다. 한마디로 한국 경제는 아직 탈탄소 경제의 근처에도 가지 못하고 있다.

한국은 1960년대 이후 장기간 고도성장으로 식민지 후진국에서 반세기 만에 OECD의 일원이 된 유일한 나라다. 그래서인지 유독 경제성장에 대한 강한 집착과 관성을 가지고 있다. 그래서 다른 어느 나라보다 관성에서 벗어나 '스스로 브레이크를 밟기'가 어려울지 모른다. 하지만 한국 경제는 이제 물질적으로 선진국 수준에 이르렀는데도 시민들 삶의 만족도가 여러 중진국, 심지어 저소득 국가보다도 못하다. 아울러 비슷한 경제 선진국에 비해 1인당 온실가스 배출이 산유국에 버금할 정도로 많고 에너지 소비량도 지나치게 많다.

사정이 이런데도 온실가스를 줄이면서 삶의 질을 유지하는 데 결정적인 재생에너지로의 전환은 세계적으로 꼴찌에 가까울 정도로 미진하다. 오죽하면 일부 글로벌 기업들이 자신들의 공급망에 들어와 있는 삼성전자 등 한국 기업에게 재생에너지 100퍼센트로 제품을 생산하라고 요구하는데도, 재생에너지가 없어서 대책을 세우지 못하는 상황이 만들어지고 있을까. 한국 경제에서 지금 필요한 것은 '더 많은 성장'이 아니다. 현재 수준에서 '더 나은 삶의 만족', '더 적은 온실가스', '더 좋은 효율화로 더 적은 에너지 소비', 그리고 '훨씬 더 많은 재생에너지'인 것이다. 지금이라도 '탈탄소 경제'와 '탈성장 경제'로 방향을 바꿔 부지런히 걸음을 재촉할 때다.

5장

기후경제를 향한
기후시민의
발걸음

1

막차를 놓치지 않으려면
전력 질주하라

"막차를 타고 집에 가려면 뛰어야 합니다. 그냥 달리는 것이 아니라 목숨을 걸고 전력 질주해야 합니다. 느리게 달리면 기차를 놓칠 수 있습니다. 그 기차는 '안정된 기후'라는 열차인데, 이를 놓치면 앞으로 우리의 모든 삶은 돌이킬 수 없을 정도로 훼손될 것입니다. 뜨거워진 미래 지구 위에서는 성장도 없을 것입니다" "어떤 사람들은 녹색성장을 배제하기에는 너무 이른 것 아니냐고 말합니다. 저는 그 반댑니다. 녹색성장에 희망을 걸기에는 너무 늦었습니다. 우리는 녹색과 성장 사이에서 선택을 강요당하는 상황이 오면 결국 기후와 생명이 희생양이 되리라는 것을 알고 있습니다."

2023년 5월 도넛 경제의 창안자 케이트 레이워스가 〈녹색유럽저널Green European Journal〉과 인터뷰하면서 한 말이다. 그가 경고하면서 요구하는 대로, 탈탄소 경제, 탈성장 경제, 도넛 경제 등의 새로운 경제를 어떻게 현실에서 늦지 않게 구현할 수 있을까? 더욱이 새로운 경제모델과는 너무나 멀리 떨어진 한국 경제가 기후재난에 휩쓸려 가기 전에 어떻게 방향을 바꿀 수 있을까? 안정된 기후라는 기차를 놓치지 않으려면 어디에서 무엇부터 시작해야 할까?

할 수 있는 한 모든 방법을 다 동원하라

한편에서 어떤 이들은 말한다. 온실가스 배출 산업에 대해 탄소세나 탄소배출권 거래시장ETS 같은 제도를 적용하면 된다고. 그러면 시장의 가격이 온실가스를 배출하는 상품이나 산업을 억제할 것이고, 기업은 지금까지처럼 이윤 추구 활동을 계속하고 소비자도 그대로 하던 대로 하고 정부 역시 계속 성장률 목표를 추구하면 된다고 말이다.

또 다른 이들은 말한다. 당장 선진국 국민경제는 기존의 무한성장 경로에서 탈출해야 하고 생태파괴를 감수하는 기업들의 무한한 이윤 추구 활동도 더 이상 허용될 수 없다고. 또 물질 소비를 계속 늘리는 것을 복지 개선이라고 간주하는 라이프스타일도 바꿔야 한다고 말이다. 심지어 자본주의 체제를 바꾸기 전에는 점점 더 악화되는 기후위기를 막는 데 결국 실패할 운명이라고 단언한다. 도대체 누구의 말이 맞을까?

적지 않은 전문가들이나 정책 담당자들이 시장의 가격 메커니즘을 이용하거나, 기업의 혁신 동기를 자극하거나, 글로벌 기업들과의 경쟁에 노출함으로써 온실가스를 줄이고 에너지를 전환하여 기후위기에 대응할 수 있다고 생각하는 경향이 있다. 이는 물론 착각이다. 그렇다고 시장 해법을 통째로 버릴 것은 아니다. 탈성장 패러다임 전환을 지지해 왔던 진보 경제학자이자 정책가였던 정태인은, "현재 경제체제가 의존하고 있는 시장을 활용하지 않으면 어떠한 전환전략도 실패할 것"이라고 경고했다.

한편 무한한 경쟁과 부의 축적을 추구하는 자본주의 시스템이 불평등과 기후위기를 불러온 공공의 적이라는 주장이 있는데 이는 정당하다. 하지만 기후위기 해법을 오직 '자본주의 체제에서의 탈출'로 귀결시키는 것도 좋은 생각은 아니다. 마르크스주의 정치생태학자 안드레아스 말름은 《화석자본》에서 다음과 같이 진단했다. "과거 두 세기 동안의 경험에 비추어 볼 때, 사회주의는 굉장히 달성하기 어려운 조건이다. (중략) 세계적 규모의 사회주의를 건설하고 그 후에 배출량을 줄이겠다는 제안은 (중략) 허황된 망상이다." 말름은 "자본주의 소유관계가 지닌 기후 파괴적 특성을 탐구하는 활동의 목표는 오로지 전환을 가로막는 장애물을 현실적으로 평가하기 위한 것"이지, 기후위기를 모두 자본주의 탓으로만 돌리기 위함은 아니라고 못 박았다.

중층적 시스템에는 중층적 해법이 필요하다.

사실 기후위기나 생태계 파괴 위험에 대해 고민하고 연구했던 이들이 처음부터 주목했던 것은 지구 생태계라는 '시스템'의 복잡성이었다. 시스템 이론가이자 《성장의 한계》의 공저자인 도넬라 메도즈는 "세상이 돌아가는 방식에 대해 알고 있는 우리의 지식의 양은 엄청나다. 하지만 턱없이 부족하다. 우리의 지식은 놀랍다. 하지만 우리의 무지는 훨씬 더 놀랍다"고 했다. 그러면서 지구 생태계의 복잡성과 피드백 메커니즘, 중층성과 회복력 등에 충분히 주의를 기울여 기후위기 해법을 찾으려 했다.

이처럼 지구 생태계를 다양한 하위 시스템이 어우러져 작동하는 중층적이고 복잡한 시스템으로, 그리고 그중 하나인 우리의 경제사회 시스템 역시 같은 방식으로 접근해야 한다. 그런데 현대 사회의 모든 생산, 산업, 경제와 도시 시스템은 물론 시민의 라이프스타일까지 모두 무한성장을 당연한 전제로 하고 있다. 그렇기에 성장의존에서의 탈피는 각 층위 모두의 시스템 변화를 요구한다.

즉, 시스템 변화의 관점에서 기후 대응을 위한 실천적 경로는 시장의 활동, 산업정책을 통한 국가의 산업전환, 거시경제의 방향전환을 통한 경제 시스템의 변화, 물질적 소비에 복지를 의존하는 삶의 방식 전환 등을 입체적으로 고려해야 한다. 이런 다차원적 접근법을 강조했던 이가 바로 정태인이다. 그는 "경제체제를 바꾸지 않고서는 기후위기를 해결할 수 없다고 판단하는 것도 큰 문제를 낳는다. 수많은 참가자들의 혁신 능력을 끌어내는 시장은 생태전환에서 여전히 중요"하다면서 탄소세 도입 등 시장적 해법의 필요성을 인정했다.

단 하나의 마법 같은 은빛 탄환은 없다

정태인은 또한 산업정책을 통한 국가의 적극적 탈탄소 산업전환이나 대규모 공공 인프라 투자정책으로서 그린뉴딜도 기후 대응과 생태전환에서 빠질 수 없이 중요한 과제라고 강조했다. 시장기제 활용, 산업정책, 근본적인 성장체제의 전환을 다차원적으로 추진할 때 전환은 성공할 것이라는 말이다.

그는 특정한 문제를 해결하는 데 "특정 범주(예컨대 국가)가 우월하다고 해서 다른 범주(예컨대 시장이나 공동체)를 배제하자는 주장은 옳지 않으며, 각 범주가 해결해야 할 다양한 역할이 있다는 것이 다중심성의 원리"라고 강조한다. 결국 기후위기 해결을 위한 단 하나의 마법 같은 은빛 탄환은 없다. 강력한 탄소세가 시장 메커니즘 안에서 마법을 부릴 것이라는 것도, 자본주의를 쏘아 떨어뜨리면 말끔하게 기후 문제가 해결될 것이라고 믿는 것도 신앙이지 과학으로 보이지는 않는다.

그러면 지금부터 시장에서의 기업, 국가, 그리고 기후시민에 이르기까지 각 행위자들이 어떻게 시스템을 바꾸는 행동에 돌입할 수 있을지 살펴보자. 우선 시장의 가격신호를 통해 기업의 행동에 얼마나 변화를 일으킬 수 있을지 확인해보자. 그 다음에 국가가 나서서 산업구조를 바꾸고 경제정책을 전환하여 이루어낼 수 있는 제도 변화에 대해 알아보자. 마지막으로 공동체와 시민이 단순히 양심적인 기후소비자를 넘어서 어떻게 능동적 '기후시민'과 '생태시민'으로서 '1.5°C 라이프스타일'을 실천하여 개인의 삶은 물론 사회적 제도 변화를 촉진할 수 있는지 살펴보자.

2

'탄소세'는
버릴 수 없는 카드다

 시장에서 올바른 가격신호를 줘서 기업과 소비자들의 행동을 변화시키는 실천 방안들이 있다. 기후위기를 포함한 생태파괴 문제를 시장실패의 결과로 간주하고, 온실가스 발생에 대해 탄소세를 부과하자는 환경경제학의 주장이 그중 하나다. 탄소세를 통해 시장실패를 교정하면 가격신호에 따라 기후위기를 완화하는 방향으로 작동할 것이라는 주장이다. (이 주장의 한계에 대해서는 6장 1절 "시장은 지구를 구할 수 없다"에서 자세히 살펴볼 것이다.)

 물론 이것만으로는 유한한 지구의 수용 능력을 넘어 팽창하는 경제를 제어할 수 없다. 하지만 윌리엄 노드하우스 같은 환경경제학자처럼 기후위기나 생태 문제 해결의 마법 지팡이 같은 것으로 너무 과장하지만 않는다면, 시장의 가격신호를 바꿔주는 탄소가격제도는 어느 정도 역할을 할 수 있다.

'탄소세'가 효과가 있으려면?

정태인 역시 현실을 인정하는 생태주의자가 탄소세에 반대하는 경우는 매우 드물다고 지적한다. 그러면서 "기후위기를 극복하기 위해서 시장도 이용해야 한다고 생각한다면 탄소세를 반대할 수 없다. 시장을 없앤 상태에서 사람들의 자발적인 (혹은 운동에 의한) 이타주의와 장기주의를 기대하는 것은 오히려 현실적 해결을 가로막을 수 있다"고 조언했다.

생태경제학자 허먼 데일리 역시 "가격신호가 생태적이고 윤리적인 목표를 어디에 세워야 하는지를 알려주지는 못하지만, 과학적이고 도덕적인 원칙이 세워지면 가격은 그에 도달하는 유용한 지렛대의 하나가 될 수 있다. 정의롭고 지속 가능한 시스템에서 시장은 또한 개인들의 기호를 만족시키는 데 도움을 줄 수 있다"고 평가하기도 했다.

그렇다면 온실가스 배출을 줄이고 생태위기를 완화하도록 어떻게 시장 메커니즘을 작동시킬 수 있을까? 우선 경제활동 과정에서 지구 생태계에 영향을 주는 모든 요소에 대해 비용을 부담하도록 해야 한다. '모든' 온실가스 배출활동에 대해 빠짐없이 탄소세를 매겨야 한다는 말이다. 그런데 글로벌 전체 온실가스 배출의 고작 20퍼센트 정도에만 탄소 가격이 매겨지고 80퍼센트는 가격이 제로다. 가격이 매겨진 20퍼센트조차도 그것의 3/4은 배출 톤당 탄소가격이 10달러 미만에 불과하다. 한국은 2024년 현재 탄소세는 없고 유사한 제도인 배출권 거래제도를 운영하는데, 2024년 현재 90퍼센트는 무상할당한다. 이런 식이라면 시장의 가격기능은 작동하지 않을 것이다.

두 번째로 온실가스 배출을 줄일 수 있을 정도로 '충분한' 탄소세가 부과되어야 한다. 윌리엄 노드하우스에 따르면 지구 평균온도 상승을 (1.5℃가 아니라) 2℃ 이하로 유지하려 해도 세계적으로 온실가스 톤당 탄소세가 200달러에 가까워야 한다. 하지만 현재 글로벌 탄소 가격을 환산하면 고작 2달러에 불과하다.

물론 경제활동 과정에서 자연에 주는 피해 비용을 정확히 산출하는 것은 사실상 불가능하다. 그럼에도 탄소세가 제대로 작동하도록 제도화하기 위해서는 기업들이 불가피하게 기술혁신에 투자를 단행해서라도 온실가스를 줄여야 한다는 압박을 느낄 정도가 되어야 한다. 또는 아예 탄소 집약적 산업에서 녹색산업으로 전환을 서두르는 게 낫다고 생각할 정도로 부담을 주는 비용이 되어야 한다. 이를 위해 처음에는 낮은 가격으로 시작하더라도 온실가스 배출 감축의 '효과성' 정도를 평가하면서 단계적으로 가격을 올려가는 방법도 있다.

정의로운 탄소세 부과 방법은 있다

그런데 탄소세를 부과하면 대기업이나 고소득층은 그렇게 해서 올라간 비용을 감당할 여력이 있다. 하지만 중소기업이나 서민들은 탄소세에 따른 부담이 상당히 크기 때문에 오히려 불평등을 조장하게 된다는 우려도 있다. 탄소세가 기후정의나 생태정의에 위배될 수 있는 것이다. 2018년 프랑스에서 탄소세 과세에 반대하며 대규모로 일어났던 '노란조끼운동'이 이런 부작용의 사례로 자주 거론되곤 한다.

그런데 노란조끼운동에 대해 경제학자 뤼카 샹셀이 《지속 불가능한 불평등》에서 밝혔듯이, 당시에 탄소세 과세가 부유세 폐지와 겹치면서 문제가 더 커졌다. 부자들에게 세금을 깎아준 부담을 서민들에게 전가하려고 탄소세를 부과했다는 식으로 해석되어 불만이 증폭되었던 것이다. 반면 캐나다의 브리티시컬럼비아 주처럼, 탄소세를 부과한 후 수입의 1/4 이상을 노동계급과 중산층 가구에 환급해주는 보상체계를 도입하면 수용성과 지속성을 모두 달성할 수 있다.

탄소세를 부과하면서도 시민 전부 또는 일부 서민에게 '탄소배당' 같은 방식으로 환원하여 생태위기 대처와 불평등 해소를 동시에 만족시키자는 제안도 있다. 이는 기존 주류경제학을 포함하여 실제로 많은 이들이 동의하는 공감대 높은 정책이다. 탄소세만 도입하는 경우 시민 여론의 지지가 대체로 30~40퍼센트에 그치지만, 탄소배당과 같은 방식으로 사회적 보상을 결합해서 도입할 경우에 많은 나라에서 찬성 비율이 50퍼센트를 넘어간다는 여론조사도 있다.

기업이 선수도 심판도 같이하는 기후 대응은 안 된다

기업들이 기후 대응을 위해 자발적으로 ESG 경영에 나서거나 자사에서 소요되는 에너지를 100퍼센트 재생에너지로 조달하는 RE100을 실천하는 움직임은 어떻게 평가할 수 있을까? 시민의 친환경 생활을 존중하고 지지해주는 것처럼, 당연히 기업들의 친환경 경영도 존중하고 지지해 줘야 한다. 문제는 이런 활동이 자칫 책임의 회피, 즉 '그린워싱'이 되지 않도록 공적인 모니터링을 해야 한다.

그러나 이보다 더 중요한 문제가 있다. 기업들의 과도한 온실가스 배출 행위나 생태파괴 행위를 규제하고 생태 친화적인 경제 규칙을 세워야 할 국가의 역할이다. 이 역할을 기업들의 자발적인 ESG 경영이나 RE100 약속으로 대신할 수는 없다는 점이다. 세계 최대 사

2021년 11월 기후행동 단체인 영국의 '멸종저항'이 브리스톨 공항의 확장 기도와 탄소중립 주장에 대해 그린워싱이라 항의하며 시위를 벌이는 모습. 이들은 스스로를 "그린워시 버스터스(greenwash busters)", 즉 그린워싱 파괴자로 칭하고 있다.

모펀드 블랙록에서 지속가능투자 최고책임자를 맡기도 했던 타리크 팬시는 이 문제에 대해 다음과 같이 적절히 지적하고 있다.

"기업이 책임 있게 행동해야 하고 그럴 것이라고 믿는 사람들은, 반칙으로 엉망이 된 게임이 끝난 후, 좋은 스포츠맨십이 뭔지를 끝없이 훈계해서 다시 좋은 게임을 기대하는 것보다 나을 게 없다. 반칙이 벌어지면 통상 선수들은 심판을 찾는다. 그런데 이 경우는 기업들과 시장이 심판 역할까지 하겠다는 것이나 다름없다. 이제 사기업들은 자기들 역할만 잘하라고 하고 국가가 할 역할을 해야 한다."

이 문제는 현실에서 여실히 나타난다. ESG 경영을 하는 회사에 집중 투자하겠다고 공언해온 블랙록, 뱅가드, 스테이트스트리트 등 글로벌 '빅3' 자산운용사는 S&P 500 기업 중에서 무려 88퍼센트에 달하는 기업들의 최대 주주였다. 그런데 이들은 현재도 많은 탄소 집약적인 기업들에 투자를 하고 있다. 심지어 블랙록은 최근 ESG 경영에 투자하겠다던 약속에서 후퇴하는 조짐도 있다. 스웨덴 진보 경제학자 브렛 크리스토퍼스도 《가격은 틀렸다 The Price is Wrong》에서 수익 추구를 최고목표로 하는 자산운용사들이나 기업들이 재생에너지로의 전환 같은 기후 대응 행동에 필요한 만큼 신속하게 나서길 기대하는 것은 어리석다고 비판한다.

그에 따르면 태양광과 풍력 발전소를 개발하여 운영하고 여기서 생산된 전기를 판매하는 비즈니스는 수익률이 기껏해야 5~8퍼센트이지만 석유 및 가스 생산 부문은 15퍼센트를 넘기도 한다는 것이다. 그러니 당연히 화석연료 기업들의 주가가 더 많이 오를 것이고 수익을 좇는 투자는 여기에 몰릴 것이라는 얘기다. 이 때문에 크리스토퍼스는 기업들의 자발적인 약속과 행동만으로는 절대로 기후와 생태의 위기에 대처할 만큼 규모와 속도 있는 변화를 기대할 수 없다고 강조한다.

시장경제 말고도 경제영역은 다양하다

요약해보자. 기후 대응을 위한 올바른 접근은 시장경제를 외면하는 것이 아니라 시장경제의 범위와 한계를 잘 정해서 시장경제가 적절히 기능하도록 하는 데 있다. 시장경제가 중심이 되는 현재의 경제 시스템에서는 불가피하게 시장 메커니즘을 활용해야 하는데, 이때 적절한 탄소세를 도입하는 것이 유력한 방안이 될 수 있다.

하지만 탄소세는 온실가스 배출 행위 모두에 대해 효과가 있을 정도로 강력한 과세가 되어야 한다. 또한 시장의 주요 행위자인 기업들의 자발적인 ESG 경영 활동은 도움이 될 수 있지만 그것이 국가의 적절한 규칙 제정을 대신할 수는 없다. 그래서 최근 유럽을 중심으로 ESG를 상장기업들의 의무 사항으로 법제화하고 있기도 하다.

한편 경제 규모가 지구 생태계의 경계를 넘고 있는지의 문제는 시장의 가격 메커니즘이 감지할 수 없다. 사회적 정의를 포함한 사회생활의 많은 국면 역시 시장경제의 가격신호로 해결될 수 없다. 마이클 샌델이 설득력 있게 보여주었듯이 시장가격이라는 자극은 오히려 사회의 규범이나 가치를 파괴할 수도 있다. 우리 사회의 많은 규범이나 가치들은 시장경제와 무관한 별도의 원칙과 방법에 따라 정해져야 한다.

심지어는 경제활동 영역조차 시장 메커니즘이 모두 지배하는 건 아니다. 시장경제는 무급가사 노동에 의존하면서도 그것을 전혀 공정하게 평가하지 않고 있다. 사실 현대의 시장경제 자체도 광범위한 탈상품 영역, 공적 영역, 규제적 시장 영역, 자유시장 영역 등에 다양하게 걸쳐 존재한다. 그렇기에 생물리학적 법칙이 지배하는 지구 생태계 영역, 공정성의 가치와 규범이 작동해야 할 사회영역, 그리고 시장과 비시장, 규제적 시장이 잘 공존하도록 해야 한다.

3

일론 머스크 말고
완강을 아나요?

전기차 시장을 개척하고 대량으로 보급한 공로가 대체로 일론 머스크가 이끄는 테슬라에 있다고 흔히 알고 있다. 물론 부분적으로 맞는 얘기다. 하지만 지난 20여 년 동안 세계 전기차 생산과 시장이 확대되어 온 그림 전부를 설명하지는 못한다. 사실 테슬라는 일론 머스크가 창업한 것도 아니다. 2003년에 테슬라를 창립한 이는 마틴 에버하드와 마크 타페닝이다. 일론 머스크는 2004년에 투자자로 참여했고 2008년에 최고경영자가 되었다. 테슬라는 전기차 생산량이 2023년 한 해에 100만 대에 이를 정도로 급성장해서 세계 최고의 시가총액을 자랑한다.

그런데 비야디^{BYD}, 상하이자동차^{SAIC} 등이 중심이 되어 중국에서 생산되는 전기차는 한 해에 700만 대를 넘을 정도로 거대한 규모다. 우리는 중국이 서구의 전기차 기술을 베끼거나 훔쳐서 품질 낮은 전기차를 양산하는 것으로 오해하기 쉽다. 하지만 전기차 생산에서 이론 중국의 성취는 사실 하루아침에 만들어지지 않았다.

테슬라보다 먼저 시작한 중국 전기차

중국이 세계 최고의 전기차 생산과 소비 시장이 된 배경에는 전 중국과학기술부 장관과 인민정치협상회의 부주석을 역임한 완강Wan Gang이라는 특출한 인물이 있다. 어쩌면 진정으로 전기차의 부상에 공헌한 이는 완강일지 모른다. 그는 일찍이 1980년대에 독일에서 자동차 공학으로 박사학위를 받고 1991년에 아우디에 입사했는데, 여기서 탁월한 역량을 보이며 고속 승진을 한다. 그는 1990년대 후반 중국이 고도성장을 하면서 내연기관차가 어마어마하게 늘어나며 극심한 대기오염을 초래한 상황을 목격했다. 그리고 중국 자동차 시장의 미래가 전기차에 있다고 확신했다.

테슬라가 세워지기 3년 전인 2000년, 완강은 중국 정부에 극심한 오염을 해결하면서도 자동차 시장에서 중국이 서구를 뛰어넘기 위한 전략으로서 전기차 전환을 제안한다. 중국 정부가 이를 전격적으로 받아들이자 그는 곧바로 중국으로 귀국해서 과학기술부가 구성한 대규모 전기차 프로젝트의 리더가 된다.

전기차 프로젝트를 시작한 중국은 일차적으로 2008년 베이징 올림픽을 청정 올림픽으로 만들기 위해 1천 대의 전기버스와 전기차를 생산하는 목표를 세웠다. 그 결과는 약 50대의 전기버스와 50대의 하이브리드 전기차 생산에 그칠 정도로 기대 이하였다. 하지만 글로벌 금융위기 이후 2009년, 중국이 한 해에 1,300만 대를 소비하는 세계 최대 자동차 시장이 되었고, 대기오염이 극심해지고 기후 대응에 대한 요구가 서서히 커지자 전기차 프로젝트는 다시 강력한 정부 지원을 받게 된다.

정부 개입 없이 성공한 자동차 산업은 없다

예를 들어, 2009년에서 2017년까지 중국 정부가 전기차 지원에 쏟아 부은 자금은 약 600억 달러라고 한다. 전기차 구매시 1만 달러를 직접 보조하는 등 전기차 구매자는 물론 생산자에게도 상당한 보조금이 지급되었다.

그사이 2010년대 초반부터 선전에 기반을 둔 배터리회사 BYD가 전기차에 뛰어드는 등 전기차 기업들이 생겨났다. 이런 상황에서 완강은 규제책도 도입했는데, 내연기관 자동차에 대해 각 도시별로 매

중국 선전 시 전경. 홍콩과 맞닿아 있으며 중국의 실리콘밸리로 불리는 선전은 전기차 산업뿐 아니라 인공지능 산업의 중심지다.

해 면허 총량을 정하고 경매에 붙이는 식으로 제한했던 것이다. 그 결과 2011년 전기차 판매량이 고작 1천 대에 불과했지만 2022년에는 7백만 대를 돌파해 중국은 이제 부동의 세계 최대 전기차 판매국이 되었다. 전기차는 현재 중국에서 전체 자동차 판매의 25%를 넘어가고 있고, 글로벌 광물자원 확보부터 배터리 생산, 전기차에 탑재되는 복잡한 소프트웨어에 이르기까지 전체 공급망을 완결적으로 갖추게 되었다.

중국의 전기차 제조가 부상하자 블룸버그 뉴스 저널리스트 악샷 라티는《기후 자본주의Climate Capitalism》에서 이렇게 평가한다. 보조금과 규제정책을 도입한 중국의 산업정책이 기술혁신과 기업가정신을 만나자 기후 대응에 중요한 진전을 가져올 녹색혁신이 얼마든지 가능했다고. 그는 "헨리 포드 이래 어떤 자동차 산업도 정부 개입 없이 세계적인 경쟁력을 가져본 적이 없다"고 단언했다. 그러면서 미국이 한때 최대의 자동차 대국이 되었던 것도 1930년대 루스벨트 시대에 정부가 대규모 도로 인프라를 제공했기 때문이라고 짚는다.

1990년대 중반 미국이 잠깐 전기차 시장에 손을 댔던 것 역시 캘리포니아주가 강력한 내연기관 규제책을 내놓았기 때문이다. 그리고 중국이 세계 전기차 시장의 리더가 된 것도 마찬가지다. 사실 순수하게 민간의 역량으로 최고기업이 되었다고 믿는 테슬라 역시 일론 머스크가 경영권을 쥔 바로 다음해인 2009년에 경영난에 빠졌을 때, 미국 정부가 무려 4억 6,500만 달러의 대출 보증을 해줘서 위기를 넘긴 바 있다.

녹색산업 정책이 기후 해법으로 떠오르다

"경쟁시장은 지금까지 창안된 최고의 가격 탐색기구다. 그렇다고 해서 모든 중요한 경제적 결정을 시장이 내릴 수 있다는 결론이 따라오지 않는다. 세계에는 공공 기준과 집단적 의사결정을 통해서만 해결될 수 있는 문제들이 가득하다. 미래세대를 위해 지구를 살아갈 수 있는 터전으로 보전할 수 있도록 탄소 배출량을 줄이라는 도덕적인 명령은, 시장의 작동만으로는 해결할 수 없고, 해결되지도 않을 결정의 한 가지 예다."

기본적으로 시장경제를 지지하는 저명한 환경 기자 저스틴 길리스와 에너지 전문가 햅 하비가 2022년 공동 저술한 《빅 픽스》에서 강조한 내용이다. 완강과 중국의 전기차 산업의 사례는, 기후위기 대응과 생태전환 과정에서 "탄소세를 통한 시장의 가격신호로 기업의 혁신을 유도"하는 방식 이외에, "정부의 강력한 녹색산업 정책을 통한 산업전환"이 얼마나 강력할 수 있는지를 잘 보여준다.

점점 더 많은 경제학자들이 최근 탄소가격제 같은 전통적인 기후정책 접근법의 효과를 매우 제한적이라고 보고 있다. 특히 로마클럽이 《성장의 한계》 50주년을 맞으며 출간한 《모두를 위한 지구》에서도 "시장을 통한 해결책만으로는 충분치 않다는 것을 인정"해야 한다면서, "지속 가능한 에너지 안보와 식량 안보를 확보하는 데 필요한 투자는 전 세계 연 소득의 2~4퍼센트 수준"인데, "시장원리에만 맡겨서는 이러한 투자가 진행될 가능성이 매우 낮을" 것이라고 전망한다.

이런 분위기에서 '녹색산업 정책'이 강력한 대안으로 떠오르고 있는 것이다. 특히 2019년 전 세계적으로 관심을 모았던 그린뉴딜 정책이 등장한 이후, 국가의 녹색산업 정책이 탄소세와 같은 시장주의 정책을 압도하며 기후 대응의 해법으로 자리를 차지하고 있다. '시장의 보이지 않은 손'과 비교되는 '국가의 보이는 손' 역할을 강조한 산업정책이 기후위기의 해결사로 나타난 것이다.

세계는 지금 치열한 녹색산업 정책 경쟁 중

사실 얼마 전까지만 해도 국가의 산업정책은 시장주의에 밀려 퇴조한 낡은 정책으로 간주되었다. 그런데 최근에 상황이 바뀌고 있다. IMF조차도 '산업정책의 귀환'을 주목할 정도다.

경제사를 보면 산업정책은 한국을 비롯한 동아시아 국가들을 후진국에서 선진국을 향해 밀어 올려준 1등 공신이었다. 19세기의 미국, 독일, 일본이 영국을 따라잡을 때도 산업정책은 중요한 역할을 했다. 심지어 20세기 후반기에 나온 반도체나 21세기에 발명된 아이폰 등 첨단산업이 부상하고 연이은 혁신이 일어난 것 역시 자유시장 경쟁의 귀결이 아니라 국가의 개입과 지원에 의존한 것이다. 이 점을 마리아나 마추카토를 비롯한 여러 경제학자들이 이미 설득력 있게 지적한 바 있다.

하지만 1980년대부터 등장한 시장 근본주의 탓에 산업정책의 역사적 성과와 강력한 잠재력은 '잊힌 국가의 손'이 되었다. 기후위기 해결에서도 얼마 전까지만 해도 국가의 보이는 손이 아니라 탄소가격제 같은 시장의 보이지 않는 손에 의존해 왔다. 그런데 2008년 글로벌 금융위기 이후 시장주의가 비판에 직면하고 그린뉴딜 같은 녹색산업 정책 제안이 관심을 모으면서 다시 분위기가 반전된 것이다.

나아가 세계는 이미 치열한 녹색산업 정책을 둘러싸고 경쟁 국면에 들어갔다. 중국은 오래전부터 녹색산업 정책을 꾸준히 추진해 왔지만 뒤늦게 뛰어든 미국의 사례가 글로벌 경제의 판도를 바꾸고 있다. 2022년 미국의 바이든 정부가 제도화한 '반도체와 과학법(일명 칩스법)', '인프라 투자 및 일자리법', 그리고 사실상 녹색산업법이라고 할 수 있는 '인플레이션 감축법(일명 IRA)' 등이 그것이다.

특히 2022년에 입법화된 IRA는, 녹색 분야를 중심으로 자국 산업 기반을 강화하고 세계 차원에서 산업 경쟁을 증폭한 상징적인 법이다. IRA에서 예정된 총 투자금액은 4,370억 달러인데 이 가운데 80%인 3,690억 달러를 기후변화 대응 분야에 지출하도록 했다. 따라서 IRA는 기후 대응과 새로운 글로벌 공급망 재편, 일자리 안정화 모두를 도모하기 위한 다목적 전략인 셈이다.

대서양 반대편의 유럽 역시 2019년 말에 녹색산업 정책을 담은 '유럽 그린딜'을 시작으로 지속해서 녹색산업 정책을 확장해오고 있다. 2021년 탄소중립 목표를 상향하는 '핏포55Fit for 55'를 발표했고, 2030년까지 총 3,000억 유로(약 400조원)를 투자하여 2027년 안에 러시아산 가스 의존을 탈피하겠다는 '리파워 유럽계획REPowerEU Plan'을 2022년 5월에 발표했다. 그리고 2023년 2월 '유럽 녹색산업계획European Green Industrial Plan'과 이를 입법화한 넷제로 산업법, 핵심 원자재법까지 이르렀다.

특히 유럽 녹색산업계획의 일환으로 2023년 3월 입법 제안된 넷

그린뉴딜을 지지하는 운동들

노동자, 농민, 청년(맨 위에서부터 차례로)은 물론 상점에서도 그린뉴딜을 옹호하는 구호를 내걸고 있다. 그린뉴딜에 대한 미국인들의 뜨거운 관심과 열기를 느낄 수 있다. 이런 분위기에 힘입어 바이든 정부의 인플레이션감축법이 통과되었다.

제로 산업법을 보면, 재생에너지를 핵심으로 하는 녹색 핵심기술을 열거하고 2030년까지 탄소중립 전략산업 제조 역량을 EU 연간 수요의 40퍼센트 수준까지 끌어올리겠다는 의지를 담고 있다. 일본과 영국, 프랑스 등도 유사한 정책들을 내놓고 있다. 문제는 산업정책으로 동아시아의 경제 기적을 이뤘다고 칭찬받던 한국이 2024년 현재까지 이런 추세에 부응하는 녹색산업 정책을 내놓은 것이 전혀 없다는 것이다.

그런데 탄소세가 경제성장을 당연한 것으로 가정하는 것처럼, 녹색산업 정책의 상당 부분은 여전히 '녹색성장'을 인정하거나 수용한다는 문제가 있다. 2008년 글로벌 금융위기 시점에 잠깐 나왔던 녹색산업 정책(그린뉴딜 1.0)이 그랬고 한국 이명박 정부의 녹색성장도 그랬다.

하지만 2019년 이후의 녹색산업 정책(그린뉴딜 2.0)은 많은 나라에서 경제성장을 배제하지는 않지만 초점은 고용과 기후위기 대응에 두는 식으로 개선되고 었다. 《기후를 위한 경제학》에서도 지적했지만, 확실히 2019년 버전의 그린뉴딜은 최소한 "탈탄소화 과정이 시장의 가격신호에 따라 진행될 수 있다는 주류 경제학의 관점을 거부하고, 국가가 적극적 투자정책, 산업정책, 그리고 분배정책을 동원해서 시장에 개입해야 한다고 역설한 점에서" 과거에 비해 훨씬 진전된 것이다.

시장의 힘만으로는 역부족인 기후 대응

그러면 어째서 기후 대응을 위한 역할이 시장에서 국가 쪽으로 점점 더 기울고 있는 것일까? 어쩌면 지금까지 너무 시장에만 맡긴 탓

5장 기후경제를 향한 기후시민의 발걸음   211

에 기후 대응이 한정 없이 지연된 반면, 기후 위험은 점점 커져버렸기 때문일지 모른다. 그 결과 지금 필요한 기후위기 대응의 강도가 어디까지 커졌는지를 로마클럽이 《모두를 위한 지구》에서 잘 설명하고 있다. 즉, 2차대전 직후 유럽을 전쟁의 폐허에서 다시 일어서게 만든 '마셜플랜'보다 더 거대하고 1960년대 미국의 달착륙 프로젝트보다 거대할 정도로 역사상 가장 빠른 속도로 경제전환과 사회전환이 일어나야 하고 그래야만 인류가 기후로부터 안전한 미래를 만들 수 있다는 것이다.

《모두를 위한 지구》에서 '거대한 도약Giant Leap'이라고 이름 붙인 이 시나리오가 작동하려면, 지금부터 '결정적 10년' 동안 "지엽적인 문제를 땜질하는 방식이 아니라 경제, 에너지 시스템, 식량 시스템을 근본적으로 재구성"해야 한다. 하지만 이를 사기업에 맡기면 수익성 위주로 간헐적인 투자밖에 하지 않을 것이다. 또한 "시장가격에 포착되지 않는 환경적, 사회적 이익을 창출하고 민간부문에 금전적 이익을 거의 또는 전혀 제공하지 않는 녹색투자"는 사기업이 손을 대지 않을 것이다. 그래서 시장보다는 정부의 역할이 절실한 것이다.

이 대목에서 반드시 짚어야 할 문제가 있다. 국가가 공공투자를 앞세워 에너지전환, 산업전환, 경제전환을 하려고 해도 이를 감당할 재정 능력과 혁신 능력이 있기나 한 걸까? 지금까지 정부 관료들은 재원 확보를 전제하지 않는 지출을 엄격히 통제하자는 '페이고원칙Pay As You Go'이나, 일정 범위 이내에서 적자를 제한해야 한다는 '재정준칙'을 강조해왔다. 그리고 일정한 국가부채비율(이를테면 60퍼센트 이내 준수) 목표를 지켜야 한다고 해왔다.

이런 상황이라면 국가가 매년 GDP의 2퍼센트가 넘는 공공재원을 에너지전환과 생태전환에 투입할 여력이 있을 것 같지 않다. 하지만 이런 차원을 넘어서 국가의 재정 능력을 제대로 다시 평가하자는 포스트케인지언 경제학자들의 '현대화폐이론MMT' 주장을 주목할 필요가 있다.

국가 재정 역량에 관한 미신

미국 버니 샌더스 상원의원의 경제참모를 했던 스테파니 켈튼에 따르면, 기축통화국이 아니더라도 한국을 포함하여 '통화주권'을 가진 나라들은, 가계나 기업처럼 통화를 사용할 뿐인 경제주체들과 달리 재정을 지출할 때 조세와 여타 수입에 의해서 제약받지 않는다. 주권 통화를 발행할 능력을 가진 국가는 조세 수입 규모에 따라 지출 한계가 정해지는 것도 아니고, 적자나 채무가 늘어난다고 금방 위험에 빠지지도 않는다는 것이다.

그러면 국가는 필요할 때마다 돈을 마음대로 무한히 찍어낼 수 있다는 얘기인가? 당연히 아니다. 다만 그 제약은 재정건전성 비율처럼 정부가 '스스로 부과한 제약' 따위가 아니라 활용할 수 있는 실물 자원(노동력, 기술, 지구 생태계)의 제약에서 온다. 만약 정부가 공공의료 확대를 더 못한다면, 보건 인력이나 병상 등 물리적인 한계 때문이지 건강보험 재정 부족 때문에 못한다고 말해서는 안 된다는 것이다.

만약 지금 경제 상황이 실업자가 많아져서 일하고자 하는 노동력이 남아돌거나, 원료나 기계장치가 사용되지 못하여 기업 가동률이 매우 낮다고 하자. 이때 단지 결재 자금이 없어서 고용도 못하고 공장도 돌리지 못한다면, 국가가 돈을 만들어줘서 경제를 움직이게 해야 한다는 것이다. 특히 지금처럼 경기가 좋지 않아서 노동시장에서 일자리를 구하지 못하는 시민이 있으면, 정부가 최저선의 임금 기준으로 이들을 무조건 고용해주는 프로그램을 제도화하는 '고용보장제'가 대안이 될 수 있다. 사회적으로 에너지전환의 강력한 필요가 있고 고용에 대한 요구도 있을 때 정부는 즉각 공공투자를 통해 재생에너지를 확대하면서 녹색일자리를 만들라는 것이다.

그래서 켈튼은 《적자의 본질》에서 "실물적 여지가 있다면 재정적 공간fiscal space은 있다"고 강조한다. 그리고 이런 질문을 던진다. "우리는 실제 사람의 능력이나 기술, 자연의 한계 등 실물 제약보다는 '돈의 제약'에 갇혀서 더 나은 사회, 더 안전한 사회를 만드는 상상력을 좁은 울타리 속에 가두어 둔 것이 아닌가?"

국가는 생각보다 힘이 세다

한편, 국가의 혁신 능력은 어떻게 보아야 할까? 흔히 혁신은 '사기업'의 고유한 특장점이고, 국가는 '혁신의 방해자' 정도로 간단히 치부해 버리는 관행은 여전하다. 통상적인 경제학 교과서에서도 국가는 비생산적인 소비자로만 규정되어 있다. 그래서 국가의 생산적 역할이나 가치 창조자로서의 역할을 상상하기 어렵다. 결국 국가는 기업의 혁신을 뒤에서 도와주고 규제나 풀어주는 소극적 존재로 생각을 좁히게 만든다. 하지만 경제학자 마리아나 마추카토는 《가치의 모든 것》에서 기존 통념을 뒤집는다.

국가 재정 역량에 관한 미신 (켈튼 2020)	국가 혁신 역량에 관한 미신 (마추카토 2021)
정부 예산은 가정 살림처럼 수입에 맞게 짠다	기업만이 가치창조하고 위험에 도전한다
정부 적자는 과도한 지출의 증거다	정부 목표는 시장실패 교정에 그쳐야 한다
정부 적자는 다음 세대에게 피해를 준다	정부도 기업처럼 경영할 필요가 있다
정부가 빚을 내면 민간 투자가 줄어든다	공공서비스 외주화는 세금을 절약한다
사회보장 확대는 재정위기를 초래한다	정부는 '승자 가려내기'를 하면 안 된다.

표 1 국가의 재정 역량과 혁신 역량에 대한 미신들

"정부 자체가 스스로를 기껏해야 촉진자로만 생각하는 경우가 너무 많다. 시장과 부를 함께 창출하는 공동 창조자가 아니라, 알아서 잘 돌아가는 시장 시스템을 옆에서 촉진하는 역할만 한다는 것이다. 아이러니하게도 이런 인식이 정부 비판자들이 이야기하는 바로 그 정부, 즉 무능한 정부를 만든다." "정부를 지출만 하는 주체가 아니라 투자를 하고 그 투자의 수익 중 일부를 얻을 자격이 있는 적극적인 가치 창조자로 자리매김한다면, 정부에 대한 인식을, 그리고 정부의 행동을 바꾸게 될 것이다."

마추카토는 국가 자체가 경제에서 단지 소비자일뿐 아니라 정책 방향의 결정을 통해 미래 산업지형을 짜고, 초기 인내자본의 공공투자와 장기적 관점의 연구개발을 수행하는 방식으로 리스크를 감수할 수 있다고 한다. 그렇게 함으로써 민간 기업들이 진입할 환경을 만들어주는 '혁신국가'의 역할을 할 수 있다고 주장한다. 특히 기후위기 대처를 위한 탈탄소 경제로 전환하는 시점에서 혁신국가의 역할이 절대적으로 필요하다고 강조한다. 왜냐하면 기존 시스템을 탄소 없는 시스템으로 바꾸는 과정에서 엄청난 저항과 비용이 소모되는데 이때 강력한 국가의 역할이 절실하기 때문이다.

이렇듯 국가는 탈탄소 전환에 대한 확고한 의지와 전망을 보여주는 방향 제시자가 되어야 한다. 그래야 시민도, 시장의 기업들도 탄소 집약형 산업에 더는 집착하지 않고 방향을 바꿔야 살 수 있다는 확고한 믿음을 갖게 된다. 또한 탈탄소 사회로 가기 위해서 국가는 '최초의 투자 의지처' 역할도 해야 한다. 바로 그것이 독일재건은행Kfw이 재생에너지 전환에서 했던 역할이고, 중국의 공공은행이 했던 역할이다. 국가의 재정 역량과 국가의 혁신 역량은 기존의 상식보다 훨씬 강하다.

4

공동체의
숨겨진 잠재력

기후위기와 생태위기 대응에서 시장과 국가가 각자 분명한 역할을 맡아야 한다고 했는데, 그러면 사회를 구성하는 또 다른 기둥인 지역 공동체의 역할은 없을까? 확실히 있다. 기업이나 국가와 함께 공동체(커뮤니티 또는 비영리단체라고 해도 좋다)가 위기 국면에서 중요한 역할을 했다는 수많은 사례가 있다. 그렇기에 현재의 가장 커다란 글로벌 위기인 기후와 생태의 위기에서도 예외가 되지 않을 것이다. 이는 과거의 경험에서도 분명히 확인할 수 있다.

서로 다른 선택을 한 덴마크와 스웨덴

한 가지 대표적인 사례로 1970년대 석유파동이 발생했을 때 북유럽의 두 복지국가, 스웨덴과 덴마크가 걸었던 전혀 다른 선택을 살펴보자. 스웨덴의 경우 당시 석유 가격이 급등하자 대안으로서 현재 한국 정부처럼 핵발전 건설을 국가전략으로 선택했다. 그 결과 스웨덴의 전력 생산 시스템에서 핵발전이 차지하는 비중이 2018년까지 무려 42퍼센트나 되었다. 최근에 들어서야 풍력발전의 대대적 증설로 간신히 30퍼센트 아래로 내려갔다.

덴마크는 달랐다. 덴마크는 처음부터 핵발전을 명확히 거부했을 뿐 아니라 1985년에는 아예 정부가 핵발전 건설 계획 자체를 금지했다. 대신 당시에는 거의 백지상태였던 풍력발전에 과감히 뛰어들었다. 이전부터 덴마크가 특별한 풍력 기술이나 관련 기업이 있었던 것도 아니다. 이 대목에서 위기에 빛을 발했던 이들이 있었다. 그들은 시장의 기업도 국가도 아니었다.

덴마크 고등학교 학생과 교사가 이룬 전설

덴마크 풍력의 역사는 사실 1978년 트빈^{Tvind} 고등학교 학생들과 교사들이 힘을 합쳐 제작했던 '트빈크래프트^{Tvindkraft}'라는 풍력터빈에서 시작했다. 이는 지금껏 작동하는 세계에서 가장 오래된 풍력발전이다. 이 발전은 "유럽에서 풍력에너지의 모든 것이 시작된 곳으로, 과학과 엔지니어링 커뮤니티에서 여전히 잘 알려져 있을 뿐만 아니라 지역과 국가의 발전과 공동체와 결의의 중요성을 상징하는 아이콘"이다. 지금도 공식 웹사이트에 들어가면 다음과 같은 소개를 볼 수 있다.

"1970년대 중반 국민을 위해 국민에 의해 건설된 트빈크래프트는 덴마크의 에너지 정책을 변화시키고 풍력에너지 분야에서 세계를 선도하는 새로운 기술을 개척했습니다. 사전 경험이 거의 없는 자원봉사자 그룹이 지역사회를 위한 지속 가능한 에너지원을 만들기 위해 스스로 나서서 덴마크 전역과 세계에서 모방할 수 있는 설계를 만들었습니다. 그 영향은 대단했습니다. 이 풍차를 통해 덴마크는 핵발전을 배제한 지속 가능한 에너지 정책으로 나아갔고, 풍력 디자인 분야에서 세계적인 리더가 되어 전 세계적으로 풍력에너지를 발전시킬 수 있었습니다. (중략) 이 학교의 교사들은 현대의 모든 대형 풍차에 사용되는 획기적인 기술을 법적 특허로 소유하는 대신 모든 사양을 다른 지역사회와 덴마크 국민에게 선물로 나눠주었습니다.

40년이 지난 지금도 이 풍차는 여전히 사용되며 유럽의 에너지 자립의 중요성과 그것을 지속 가능한 수단을 통해서만 효율적으로 확보할 수 있는 이유를 시의적절하게 상기시키는 역할을 하고 있습니다.”

덴마크 학생들과 교사들이 석유 위기에 대응하여 수행했던 프로젝트는 곧 전설적인 풍력 기술자 헨리크 스티에스달^{Henrik Stiesdal}에게

덴마크 풍력의 기원, 트빈크래프트

도 영감을 주어 더욱 현대적인 육상 풍력과 해상 풍력 모델을 만들도록 자극했다. 그 결과 세계 1위 덴마크 풍력터빈 기업 베스타스의 탄생도 가능하게 되었다. 지금 덴마크는 전력 생산에서 풍력이 절반을 넘는 55퍼센트를 차지하고 있지만 핵발전은 없다. 세계 최고의 풍력 강국 덴마크를 만들어준 것은 이처럼 시장도 국가도 아니었다.

독일에서 재생에너지 생산과 공급을 담당하는 '쇠나우 전력회사' 역시 1986년 체르노빌 원자로 사고 이후 친환경 에너지 공급을 적극적으로 실천하려는 시민운동이 기원이 되었다. '쇠나우 전력'은 지역 주민들이 거대 지역독점 전력회사와 오랫동안 끈질기게 싸워 결국 전력망을 인수해서 만들어졌다. 2009년부터 시민이 소유한 협동조합으로 거듭난 이후 현재 직원 250명을 두고 20만 개 이상 가구에 주로 재생에너지 전력과 열을 공급하고 있다. 이외에도 독일은 900개에 가까운 지역 협동조합들이 협동조합 은행에서 지원을 받아 전국에 풍력과 태양광 등의 재생에너지를 구축하여 운영하고 있다.

위의 사례들처럼 지역 공동체에서 발원한 대규모 프로젝트가 물론 흔하지는 않다. 하지만 에너지 자립마을을 포함해서 중소규모로 세계 곳곳에서 추진되고 있는 다종다양한 전환 프로젝트들은 헤아릴 수 없을 정도로 많다. 이들은 시장과 국가가 외면하거나 무시해온 영역에서 새로운 해법을 만들어 내기도 하고 부족한 영역을 채우기도 하면서 전환과정을 이끄는 제3의 기둥 역할을 훌륭하게 맡고 있다. 한국에서도 마찬가지다. 작은 제로웨이스트 가게부터 많은 햇빛발전 협동조합들, 그리고 곳곳의 에너지 자립마을 실험들이 지금도 지역 활동가와 주민의 헌신적인 노력으로 조금씩 전진하고 있다.

예를 들어 대전광역시 대덕구에 있는 중소기업 신탄진주조는 2020 대덕구 RE100 캠페인 1호 기업으로 활동하고 있다. 여기에는 사회적협동조합인 '에너지전환해유'가 중요한 역할을 했다. 이 협동조합은 햇빛발전소, 교육, 연구 등을 지역에서 꾸준히 수행하여 전환에 기여하고 있다. 특히 2021년부터 미호동 마을에서 태양광, 태양열, 지열 발전을 설치해 미호동의 재생에너지 자립률을 50퍼센트 이상 달성한다는 목표를 두고 움직이고 있다. 원래 산업자원부에서 주도하는 주민 주도형 마을 단위 RE50+ 사업인데 지역 협동조합이 적극 참여했던 것이고, 그 결과 2023년까지 미호동의 약 100가구 중 70퍼센트가 재생에너지를 설치했다. 이는 지역 공동체가 전환을 위한 실천에 참여한 하나의 사례일 뿐이다.

5

기후시민은
'1.5도 라이프스타일'로 간다

시장의 기업과 국가, 공동체가 기후를 위해 해야 할 역할들이 분명하게 정해졌다면, 이제 시민 개개인이 해야 할 역할은 무엇일까? 단지 텀블러 소지나 쓰레기 분리수거 수준을 뛰어넘는 시민의 일상 실천은 어려운 걸까? 그렇지 않다. 최근 기후 대응을 위한 시민참여 공간이 점점 더 넓어지는 중이다.

2018년 그레타 툰베리의 금요일 학교파업 이후 전 세계에서 시민들이 기후 비상사태에 대응할 것을 촉구하며 더 많이 광장으로 나오고 있다. 한국에서도 2022년 9월에 3만 명이 넘는 시민이 광장으로 나와 탈석탄법 입법화와 정부의 기후 대응을 촉구했다. 그 후로도 광장에서의 집합 행동과 참여는 계속 이어지고 있다.

투표장에서의 기후를 위한 참여 공간도 조금씩 생기고 있다. 특히 2024년 총선을 앞두고 기후정치 캠페인이 새롭게 부상하면서 '기후유권자'가 호명되기도 했다. 한편 진작부터 청소년이 앞장서서 정부

의 턱없이 미진한 기후 대응에 책임을 묻는 '기후소송'을 추진해왔
다. 그 결과 2024년 4월 '청소년 기후행동'이 낸 헌법소원에 또 다른
3건의 기후소송이 병합되어 한국 최초의 '기후소송' 공개변론이 시
작되었다. 한국 정부의 기후변화 대응이 국민의 안전을 지킬 수 있을
만큼 충분한지를 법적으로 묻고 있는 것이다.

기업 책임을 개인 책임으로 덮을 수 없다

하지만 이렇게 제한된 공간에서의 실천을 넘어 더 폭넓게 일상에
서 실천을 확대할 방안은 없을까? 그런데 개인의 실천을 강조할 때
주의할 이슈가 있다. '기업의 책임'을 외면한 채 '개인의 책임'으로
기후위기 원인을 돌리면 안 된다는 점이다.

영국 런던에 본부를 둔 비영리기구인 '탄소공개 프로젝트CDP'는
"지난 30년 동안 세계 온실가스 배출량의 71퍼센트가 고작 100개
기업에게 책임이 있다. 또한 산업혁명 이후 160년 동안 배출량의 절
반이 넘는 화석연료를 100개 기업이 생산"한 것이라고 지적했다.
1988년 이후 2015년까지 30년 가까운 기간 동안 산업활동으로 인
한 온실가스 배출량의 71퍼센트에 해당하는 화석연료를 엑손모빌,
셸, BP, 셰브런 등 100개 기업이 생산하고 공급한 것이다.

한국 역시 포스코 등 철강기업, 발전사, 정유회사와 시멘트 회사,
그리고 삼성전자와 같은 반도체 회사 등의 온실가스 배출량이 수억
톤에 이른다는 사실은 잘 알려져 있다. 2021년 기준으로 이들 상위
10대 기업이 배출한 온실가스가 무려 3억 2천만 톤으로 국가 평균
의 절반에 육박한다.

그런데 미국에서 정부가 환경과 안전, 시민 건강을 위해 기업을 규제하는 입법을 추진하려 하자 담배회사들, 총기회사들, 음료수 회사들은 입법을 방해할 목적으로 이른바 '개인 책임론'을 들고 나왔던 역사적 경험을 되새길 필요가 있다. 예를 들어 총기 판매기업들은 "총기가 무슨 죄냐, 총을 쏜 인간이 죄지" 하면서 총기사고를 개인의 책임으로 돌렸다. 담배회사들도 담배를 생산하고 판매하는 기업이 아니라 담배를 피우는 소비자 개인의 문제로 책임을 돌렸다. 하지만 흡연에 따른 피해의 책임을 개인에게 돌리고 창피하게 만들어 금연을 유도해서 흡연이 급격히 줄었던 건 결코 아니다.

이처럼 당연하게도 기업들이 수익만을 보고 무책임하게 환경파괴를 일삼는 행위는 국가가 엄격히 규제해야 하고 시민은 이를 강력히 요구할 권리가 있다. 그리고 이러한 권리 행사가 가장 중요한 시민 실천이 될 수 있다.

라이프스타일 바꾸기는 어떤 의미가 있는 전략일까?

기업의 책임을 시민 개개인의 책임으로 돌려서는 안 되지만, 이와 별개로 시민이 일상에서 생활하고 소비하는 패턴을 바꾸는 것도 중요하다. 그 실천을 통해 온실가스 배출을 감소시킬 수 있음은 물론이고 기업과 정부에 대한 강한 압박으로 이어질 수도 있기 때문이다. 지금은 할 수 있는 모든 방법을 동원해야 하며, 더 많은 시민이 더 자주 실천할 방안을 찾아야 한다. 몇 년마다 한 번씩 하는 투표, 1년에 한두 번 참여하는 광장 집회만으로는 분명히 한계가 있다.

여기서 새롭게 다뤄보려는 시민의 일상 실천은 과거에 많이 봐왔던 '소비자 행동'과는 차원이 다르다. 소비품 구매 패턴뿐 아니라 주거 패턴과 출퇴근 패턴, 식생활 패턴 그리고 소비는 물론 여가까지 포함해서 20세기식 탄소 집약적 삶의 방식에서 탈출하려는 적극적·인 시도를 시민 스스로 해보자는 것이다. 즉, 나의 주거지인 집을 바꾸고, 일상의 식습관과 기존에 이용하던 교통수단, 다니던 사무실까지 다시 고려할 정도로 자신의 라이프스타일을 생태 친화적으로 바꾸는 시도를 해보자는 것이다.

시민의 일상 실천에서 온실가스를 줄이는 방법은 공급(생산) 측면에서 접근해왔던 과거의 방식과 달리 수요(소비) 측면에서 온실가스 배출을 통제해 보자는 접근법이다. 당연하게도 이는 단지 최종 소비자가 소비하는 시점에서 발생하는 온실가스 배출만 산정하지 않는

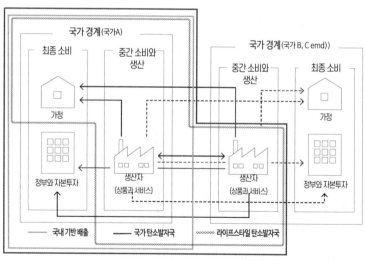

출처 : "1.5 Degree Lifestyle", 2019

그림 15 라이프스타일 탄소발자국의 범위

다. 구매 이후 이용과정에서 발생하는 온실가스에 더해서, 구매 이전의 원료 채취와 제조과정은 물론 유통과정을 거쳐 소비자에 전달되는 전 과정에서 배출된 온실가스를 모두 계산해야 한다. 이른바 라이프스타일 탄소발자국을 전부 고려해야 하는 것이다. 그렇게 되면 기업이 제품생산과 유통과정에서 발생시킨 온실가스가 모두 포함된다. 이는 소비 측면에서 기업의 책임을 따지는 방식이기도 하다.

'1.5도 라이프스타일' 시민 실천이란 무엇일까?

따라서 라이프스타일 바꾸기 전략은 기업의 책임을 개인에게 돌리는 것도, 산업 생산 측면을 도외시한 채 소비에만 집착하는 것도 아니다. 원료 생산부터 최종 소비에 이르기까지 전 과정을 포괄하되 공급 측면이 아니라 수요 측면에서 접근하는 전략이다. 시민이 소비하는 모든 에너지와 상품은 물론 서비스와 여가도 기업의 생산과 연결되어 있고, 심지어 국내의 경계선을 넘어 글로벌 공급망으로 결합해 있다. 이 모든 단계에서 온실가스 배출과 생태파괴가 벌어진다.

최종 소비의 관점에서 보면 통상 글로벌 온실가스 배출의 72퍼센트는 가정의 소비에서, 10퍼센트는 정부 소비에서, 그리고 18퍼센트는 기업 투자에서 발생한다. 요점은 최종 소비의 관점에서 배출의 2/3 이상을 차지하는 가정 소비에 주목하고 이를 시민 실천과 연계해 보자는 것이다. 시민 실천 과정에서 직면하는 장애들이 어떻게 기업과 정부의 무책임과 연결되는지 시민들이 직접 체감하면서 찾아보자는 것이다. 최종적으로는 시민이 자신도 모르게 20세기 탄소문명에 젖어 있음을 스스로 자각하고 생태문명을 향한 열망을 이끌어내자는 전략이다.

바로 이런 의도에 바탕을 둔 전략이 '1.5°C 라이프스타일' 시민 실천이다. 일본의 재단법인 지구환경전략연구기관IGES, 핀란드의 알토 대학, 환경컨설팅 등을 수행하는 기업인 디매트D-mat가 2019년 공동으로 작업하여 관련 보고서("1.5 Degree Lifestyle")가 출간되었고, 2021년 독일의 '핫오어쿨Hot or Cool' 같은 연구소들이 가세하여 한층 업데이트하여 제안한 캠페인이기도 하다.

다시 말해서 1.5°C 라이프스타일 실천이란, 직접적인 시스템 변화뿐 아니라 동시에 소비 패턴과 라이프스타일의 변화를 추구함으로써 둘의 상호작용을 촉진하는 전략이다. '핫오어쿨' 연구소에 따르면 이 전략에는 다음과 같은 의미가 있다.

"라이프스타일이란 단지 소비 패턴이나 행동 그 이상을 포괄한다. 우리가 어떻게 소비하는지는 물론이고 어떻게 다른 사람들과 관계하는지, 어떤 가치를 추구하고 이를 위해 무엇을 수행하고 선택하는지를 포괄한다. 따라서 여기에는 우리 삶의 비경제적인 측면들과 아이나 노인 돌봄, 지인들과 함께 보내는 시간, 자원봉사와 같은 활동들, 또는 지역 캠페인이나 정당을 지지하는 활동들을 포함한다."

정의의 관점이 투영되는 1.5도 라이프스타일 실천

그런데 시민 개인마다 온실가스 배출의 격차는 상당하다. 온실가스 배출의 격차를 결정하는 것은 기본적으로 교육 수준이나 시민의식, 정치 성향 등이 아니라 물질적인 소득수준이다. 경제적 불평등

수준이 곧바로 온실가스 배출 불평등으로 연결되는 것이다. 소득수준이 높은 시민들은 과도한 소비나 탄소 집약적 라이프스타일 탓에 시민 평균 배출량보다 월등히 많은 온실가스를 배출하여 지속 가능한 라이프스타일 범위를 벗어나기 쉽다. 이 경우 과소비를 체계적으로 줄여서 '공정한 소비의 공간' 안으로 들어와야 한다.

반대로 소득이 낮은 서민들은 과도한 온실가스 배출이 문제가 아니라, 오히려 사회적으로 존중받을 만한 기본적 소비가 충족되지 못하는 문제가 심각하다. 이 경우에는 추가로 물질적 복지를 제공받아 기본적인 삶의 질을 유지할 수 있도록 공적인 복지가 제공되어야 한다.

이런 식으로 한편에서는 사회적으로 지속 가능하지 않은 저소비를 끌어올리고, 다른 편에서는 환경적으로 지속 가능하지 않은 과소비

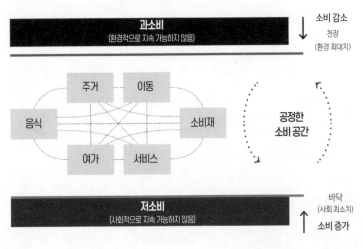

출처 : "1.5 Degree Lifestyle", 2019

그림 16 1.5℃ 라이프스타일을 지키기 위한 공정한 소비의 공간

를 규제함으로써 결국은 모든 시민이 1.5°C 라이프스타일 공간 안으로 들어오게 만들자는 캠페인이 바로 1.5°C 라이프스타일 캠페인이다. 도넛 모델이 공적인 정책전략 수립에 최적화되어 있다면, 1.5°C 라이프스타일 캠페인은 같은 개념을 시민 실천에 초점을 두어 적용한 것이라고 보면 된다.

시민 삶의 어디에서 온실가스를 가장 많이 줄여야 할까?

그러면 현대를 살아가는 시민은 주로 삶의 어느 마디에서 온실가스 배출을 많이 할까? 선진국에서 개인 온실가스 배출의 가장 큰 몫은 대체로 내연기관 자가용, 비행기, 전력 사용, 음식 등에 있다. 특히 주거와 교통, 음식이 라이프스타일 탄소발자국의 79퍼센트를 차지할 정도로 압도적이어서 이를 1.5°C 라이프스타일의 3대 핫스팟이라고 한다.

주거의 경우 건물에서 화석연료로 공급받는 전력 사용이 큰 영향을 주고 난방과 요리에 이용되는 천연가스 같은 화석연료도 큰 몫을 차지한다. 당연하지만 넓은 주거 공간과 높은 생활수준은 온실가스 배출을 급격히 늘린다. 출퇴근이나 이동을 위해 선택하는 교통수단은 특히 고소득 국가에서 가장 많은 온실가스를 배출하는 요인이다. 하지만 일본처럼 대중교통이 잘 발달하면 상당히 줄어들 수도 있다. 식생활에서 온실가스 배출은 육식과 우유 소비가 가장 큰 영향을 준다. 그래서 육식 비중이 낮은 일본, 중국, 인도 시민들은 음식의 배출 비중이 상대적으로 적다.

이처럼 국가 사이에, 그리고 개인들 사이에 편차가 있지만 대부분 현대인의 일상은 음식, 주거, 교통을 중심으로 1년 온실가스 배출량을 구성할 수 있다. 덧붙인다면 온실가스 배출 패턴은 도시와 농촌 어디에 사는지에 따라 크게 달라질 수 있다. 최근에는 도시인들의 경우 소비하는 제품과 서비스 생산이 글로벌 공급망을 통해서 이뤄지고 있으므로, 이들 소비에서 발생하는 온실가스의 85퍼센트는 도시 밖에서 일어나고 있고, 그 가운데 60퍼센트는 자국에서, 25퍼센트는 해외에서 발생한다는 조사도 있다.

시민의 온실가스 배출 절반 줄이기 전략

사실 개인의 탄소발자국을 측정하는 캠페인은 꽤 오래전부터 있었

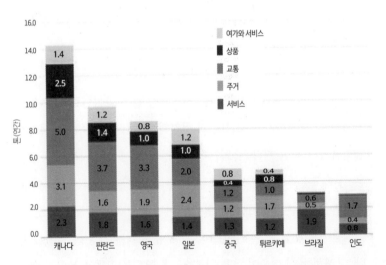

출처: "1.5 Degree Lifestyle", 2019

그림 17 대부분의 국가에서 음식, 주거, 교통이 주요 탄소배출 요소이다

다. 1.5°C 라이프스타일 캠페인이 이것과 특별히 다른 점은 무엇일까? 1.5°C 라이프스타일 캠페인은 단지 시민 개개인의 탄소발자국을 확인하는 데 그치지 않는다. 한 발 더 나아가 지구 가열화를 억제하기 위해서 '국가가 아니라 개인'이 2030년까지 온실가스 배출의 절반을 감축하고 2050년까지 탄소배출 제로를 실천할 방안을 안내해 준다는 데 있다. 그런데 이 목표를 달성하려면 일상적으로 해왔던 작은 실천을 뛰어넘는 매우 과감하고 획기적인 라이프스타일 변화가 필요하다.

예를 들어 보자. 2019년 기준으로 인류 1인당 1년 평균 온실가스 배출량이 약 4.8톤이다. 그러므로 2030년까지 절반으로 줄이려면 80억 인구는 각각 평균 2.4톤 이내로 탄소배출을 줄여야 한다는 계산이 나온다. 그런데 저소득 국가들의 시민은 지금도 평균 0.3톤 정도밖에 배출하지 않고 있으니 더 줄일 것도 없다. 오히려 삶의 질과 복지 향상을 위해 상당히 올리는 것이 허용된다. 하지만 고소득 국가의 평균적인 시민은 한 해에 10.7톤을 배출하므로 절반이 훨씬 넘는 8.3톤 정도의 온실가스를 2030년까지 줄여야 한다. 이 목표를 달성하자면 현재의 생활방식에 문자 그대로 대대적인 변화가 있어야 할 것이다.

더 큰 문제는 한국 시민이다. 한국 시민은 2019년 기준으로 선진국 평균 시민보다 탄소 배출량이 더 많은 14.7톤이다. 따라서 2030년 세계시민 목표에 맞추려면 무려 12.3톤을 줄여야 한다(2022년에는 그나마 조금 줄었다). 물론 같은 한국 시민이라도 소득 구간에 따라 온실가스 배출량은 크게 차이가 난다.

그런데 세계 시민의 평균에 맞추는 것이 너무 도전적이라면, 타협적으로 한국 시민의 평균 배출량을 절반으로 줄이는 것을 목표로 할 수 있다. 즉, 2030년 목표를 2.4톤(세계 평균 4.8톤의 절반)이 아니라 7.4톤(한국 평균 14.7톤의 절반)으로 설정하자는 얘기다. 이때 한국 시민 절반은 이미 6.6톤밖에 배출하지 않으므로 이들은 더 줄일 필요가 없다. 오히려 온실가스가 다소 늘어나도 주거와 교통, 소비 등의 복지를 개선하는 일이 먼저다. 하지만 대한민국 소득 상위 1퍼센트는 172톤 이상을, 상위 10퍼센트는 47톤을, 그리고 상위 40퍼센트는 7톤 이상을 줄일 계획을 세워야만 한다.

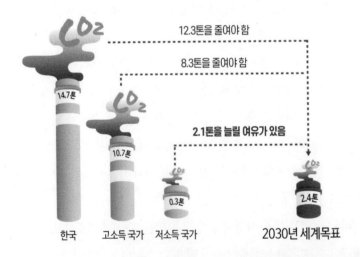

출처 : "World Inequality Report 2022(2019년 기준 데이터)", 2022

그림 18 1.5℃를 지키기 위해 시민 1인당 줄여야 할 온실가스 양

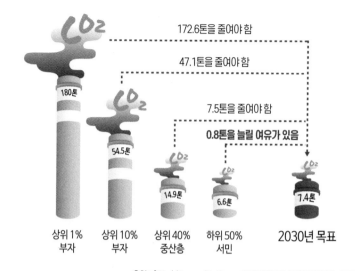

172.6톤을 줄여야함

47.1톤을 줄여야함

7.5톤을 줄여야함

0.8톤을 늘릴 여유가 있음

180톤

54.5톤

14.9톤

6.6톤

7.4톤

상위 1%
부자

상위 10%
부자

상위 40%
중산층

하위 50%
서민

2030년 목표

출처 : "World Inequality Report 2022(2019년 기준 데이터)", 2022

그림 19 한국 소득 계층별로 공정하게 줄여야 할 온실가스 배출량

캐나다 건축가가 2.5톤 탄소배출로 살아가기

이미 서구에서는 세계시민 평균에 맞춰서 1.5°C 라이프스타일을 개인 결단으로 실천한 사례들이 있다. 선구적으로는 영국의 로잘린드 리드헤드가 2019년부터 연간 1톤 이산화탄소 배출로 통제된 라이프스타일에 도전한 것으로 알려졌다. 2020년에는 캐리스 메인프리즈가 연간 2톤의 생활에 도전했다. 그는 평소에 연간 8.5톤을 배출하고 있었다. 그는 이 실천을 하면서 자신이 임대한 주거지의 단열상태가 불량해서 집주인에게 수선을 요청하려 했지만 임대인이 집 수리 의무가 없다든지, 업무상 자가용을 타야 하는데 당시에 전기차가 너무 비싸서 살 수 없었다든지 하는 '시스템의 벽'에 막히는 경험

을 했다고 공개하기도 했다.

　이제 한 사람의 실제 경험을 따라가면서 과연 '1.5℃ 라이프스타일'을 위해 각자의 삶을 어느 정도 바꿔야 하는지 감을 잡아보도록 하자. 원래 건축가이자 부동산 개발업자였다가 지금은 지속 가능한 삶을 주제로 글을 쓰고 몸소 실천도 하는 캐나다인 로이드 알터가 그 주인공이다. 그는 2020년부터 직접 1.5℃ 라이프스타일 실천에 뛰어든 뒤 이를 《1.5도 라이프스타일로 살아가기Living the 1.5 Degree Lifestyle》라는 책으로 출판했다. 그는 과거 자신이 해마다 무려 30톤의 온실가스를 배출하는 삶을 살았다고 성찰하면서, 개인 관점에서 탄소중립의 의미에 생명을 불어넣으려고 1년에 2.5톤 라이프스타일을 목표로 도전했다고 밝혔다.

　그는 우선 앞서 확인했던 6대 분야(음식, 주거, 이동, 소비재, 여가, 서비스)에 '정보통신' 소비를 특별히 추가해서 탄소배출을 줄이는 삶을 시작한다. 이를 위해 먼저 자신이 소비하는 모든 것에 대한 탄소발자국 가계부를 기록한다. 여기에는 음식, 음료, 교통, 오락, 데이터, 샤워, 씻기, 난방 등이 포함된다. 물론 이렇게 해도 결국 불완전한 자료가 될 것이라는 점을 전제해야 한다.

　개인의 탄소발자국 가계부 작성에서 가장 기본이 되는 것은, 일상의 행동 단위들을 스프레드시트에 나열하고 각각에 대해서 단위당 정확한 온실가스 배출량을 찾아내는 것이다. 예를 들어 오늘 자가용을 20km 이용했는데 그로 인해 배출한 온실가스를 알아내려면 '내 자가용의 단위 탄소 배출량'을 먼저 알아야 한다(예를 들어 마이크 버너스리의 책 《거의 모든 것의 탄소발자국》에는 개인이 일상에서 배출하는 온실가스 단위량을 기록해 놓았다). 만약 내 자가용 탄소 배출량이 160g/km라면, 나는 교통부문에서 오늘 3,200g(20×160)의 탄소를 배출한 것이다.

가계부를 기록하는 가운데 탄소배출을 줄이는 전략을 계속 고민하고 실천해야 한다. 세 가지 전략을 선택할 수 있는데 ❶충분성의 원칙에 입각해서 사용량을 절대적으로 줄이는 '절대적 감소' 전략, ❷소비량을 줄이지 않는 가운데 기술혁신으로 온실가스를 감소시키는 '효율성 개선' 전략, ❸온실가스가 덜 나오는 다른 대안으로 갈아타는 '더 나은 대안으로 전환' 전략이 그것이다. 그는 조금 더 나은 것을 추구하려는 효율성 개선 전략을 포기하지 않지만, '충분성 없는 효율성'은 물질과 에너지 사용량을 줄이지 못할 것이므로 '충분성 지향의 라이프스타일'에 더 역점을 두자고 제안한다.

6

라이프스타일 전환
실천에서 얻은 교훈

지금부터는 로이드 알터가 실제 '1.5℃ 라이프스타일'을 실천하며 6대 생활 영역에서 어떤 교훈을 얻었는지 확인해보자. 캐나다라는 환경에서 실천한 라이프스타일이라서 한국과는 다소 차이가 있을 수 있다. 하지만 그가 얻은 교훈의 대부분은 한국 시민에게도 공감되거나 유용하리라고 생각한다.

'음식'에서의 라이프스타일 변화

식생활에서 온실가스 배출을 계산해서 줄일 방법을 먼저 알아보자. 우선 집안과 외부에서 개인이 섭취하는 모든 음식 소비에 대해 생산과정까지 따져봐야 한다. 예를 들어 치킨을 먹는다고 하면, 식재료가 되는 닭을 기르는 과정부터 가공하고 운송하고, 소매에서 가공하여 판매하는 과정까지 배출한 탄소량을 모두 포함해야 한다. 물론 개인이 직접 계산할 수는 없고 기업이나 연구단체들이 제공한 정보를 토대로 대략 추정해볼 수 있을 뿐이다.

어떤 음식을 먹는지도 중요하지만, 지역적으로 가까운 곳에서 조달한 음식을 이용하는 것도 중요하다. 또한 하우스에서 재배하지 않은 제철 음식이 온실가스를 적게 배출한다. 한 연구에 따르면 세계 에너지의 15퍼센트 정도가 다양한 곳에서 다양하게 사용되는 음식의 냉동, 냉장 시스템을 유지하는 데 소비된다고 한다.

온실가스 배출은 채식을 할 경우 급격히 떨어진다. 특히 소고기와 양고기를 먹지 않는 것이 저탄소 식사를 위한 좋은 출발점이다. 북미 기준으로 생산된 음식 가운데 40~50퍼센트는 버려진다. 절반은 수

'1.5도 식생활' 전환 가이드

- 할 수만 있다면 채식주의자가 되어 모든 육고기, 물고기, 유제품 소비를 멈추자.
- 채식주의가 어려우면 소고기, 양고기, 새우 등을 메뉴에서 없애자.
- 탄소발자국이 소고기보다 적지만 채식보다는 3배 정도 많은 유제품과 물고기, 닭고기, 돼지고기는 적게 먹자.
- 원거리에서 조달되거나 콜드체인(냉장 시스템으로 저온 유통하는 것)으로 조달된 음식보다는 지역에서 제철에 나온 음식을, 가공식품보다는 직접 조리한 음식을 먹자.
- 음식 쓰레기를 가능한 적게 만드는 법을 배우자.
- 적절한 음식량을 관리하고 필요한 것보다 더 많이 요리하지 말자.
- 음식을 배달해서 받거나 테이크아웃 할 때에는 자동차 말고 자전거로 가지고 오자.

확-가공-운송-포장 과정에서, 그리고 절반은 조리하고 먹고 남기면서 쓰레기가 되어 나온다. 특히 이미 가공하고 운반해서 가지고 온 음식을 버리는 것이 8배나 더 많은 에너지가 손실된다. 버리는 음식만큼이나 먹는 양을 적절하게 줄이는 것도 중요하다. 주택과 자동차를 적절하게 줄일 뿐 아니라 먹는 양도 다운사이즈 할 때다.

'주거'에서의 라이프스타일 변화

주거생활에서 배출하는 온실가스는 집을 새로 짓는 것부터 주거 공간의 유지보수 과정에서 발생하는 온실가스, 난방과 조리 등에 사용하는 열에너지, 전기에너지 사용과 물 사용을 포함한다. 특히 '어디서 사는가' 하는 이슈는 우리가 하는 업무와 출퇴근 이동에 중요한 영향을 준다. 전원 콘센트를 뽑고 모니터 밝기를 줄이는 것은 별로 큰 차이를 만들지 못한다. 단열을 위해 방의 틈새를 꼼꼼히 막는 것도 마찬가지다. 기본적으로 전체 주거 공간의 단열을 통해 에너지 수요를 줄이고 더 적은 주거 공간을 통해 물질 수요를 줄이며, 자가용이 필요 없는 지역에서 사는 것이 가장 좋다. 또한 상수도와 하수도를 관리하는 데 글로벌 에너지 소비의 3~5퍼센트가 소요될 정도로 물 관리도 온실가스 배출 관점에서 중요하다.

신축을 생각한다면 패시브하우스로 짓자. 이때 건축 자재를 고민해볼 수 있다. 콘크리트는 석회석에서 시멘트를 생산하는 과정 자체가 이산화탄소를 배출하는 과정이다. 콘크리트를 적게 사용하는 방법 외에 달리 방법이 없다. 강철은 코크스라는 석탄을 환원제로 사용하면서 이산화탄소를 대량 방출하는데 수소환원제를 사용해서 생산한 그린철강 대안이 있기는 하지만 가격이 높다. 알루미늄 역시 탄소 전극을 사용하므로 온실가스를 배출하는데, 고령토와 같은 대안이 있기는 하지만 아직 실용화 단계가 아니다.

건축 자재로 사용되는 플라스틱 중 특히 많이 사용되는 PVC 같은 재료는 주로 중국에서 석탄을 원료로 생산한다. 대기 중에서 이산화탄소를 흡수해서 만들어진 목재는 다른 건축 자재보다 온실가스를 덜 배출한다. 건축 자재와 함께 건물을 어떤 규모로 짓고 어떻게 설계하는가도 중요하다. 작고 단순한 주거 공간이 좋다. 공간을 덜 쓰도록 작은 방과 다용도 공간 등을 주의 깊게 효율적으로 설계하는 것이 좋다.

다음으로, 집에서 살면서 배출하는 온실가스의 절반은 가스를 태우는 데서 나온다. 가스 비용이 전기보다 싼 상황에서는 히트펌프를

'1.5도 주거생활' 전환 가이드

- 신축건물이라면, 탄소가 적게 함유된 자연 건축재와 강력한 단열, 고급 창호를 활용하고 잘 밀폐하는 패시브하우스가 답이다.
- 기존 건물이라면 밀폐와 단열을 통해 에너지 수요를 줄이고, 히트펌프 도입해야 한다.
- 탄소발자국을 줄이려면 작은 규모의 아파트가 답이다.
- 걷고, 자전거 타고, 대중교통이 편리한 15분 도시 공간에 거주하면 좋다.
- 30분 이내에 걸어서 통근할 수 있는 거주지를 찾아라.
- 모든 것을 전기화하자.

가정에서 자연스럽게 도입하기가 쉽지 않다. 하지만 가정에서 배출하는 온실가스를 근본적으로 줄이려면 히트펌프 도입을 위해 목돈을 투자해야 한다. 지열을 이용한 히트펌프가 효율이 좋지만 공기열 히트펌프가 훨씬 싸기 때문에 주로 사용된다.

'교통'에서의 라이프스타일 변화

교통(이동)에서는 출퇴근하고 여가를 즐기거나 다른 개인적인 목적으로 자가용이나 오토바이, 대중교통, 비행기, 자전거를 이용하는 과정에서 온실가스가 발생한다. 자가용 운전은 기본적으로 1.5도 라이프스타일과 부합하지 않는다.

전기자동차도 여전히 자동차다. 전기차는 제조과정에서 상당한 온실가스가 배출되기 때문에 사용과정에서 적은 배출을 한다고 해도 내연기관 자동차의 1/2에 해당하는 온실가스를 배출하게 된다. 따라서 온실가스 배출을 줄이는 길은 내연기관차를 전기차로 바꾸는 것보다는 가급적 자동차 대수를 줄이는 데 중점을 두어야 한다. 더욱

다양한 유형의 전기자전거는 온실가스를 적게 배출하면서 이용 편의성이 높은 이동수단이다.

- 개인 자동차는 탄소발자국을 가장 많이 발생시키므로 자동차를 버려라. 있는 자동차를 폐기하지 않는다 하더라도 이용을 최소화하라.
- 자동차를 이용할 수밖에 없는 곳에 사는 것을 피하라.
- 가능한 걷고, 자전거나 전기자전거를 이용하라.
- 비행기는 될 수 있으면 최소한으로 이용하라.

이 자동차를 이용할 수 있도록 지원하는 각종 도시 인프라들, 도로와 주차장, 주유소 등은 매우 탄소 집약적이다.

한편 유럽의 통계에 따르면, 1km 이동시 온실가스는 자전거가 5g, 전기자전거가 25g, 버스가 110g, 자가용이 240g 배출된다. 전기차는 전력을 무엇으로 공급하는지에 따라 달라지므로 별도로 계산해야 한다. 전기자전거는 온실가스를 적게 배출하면서 언덕길, 시니어 이용 편의에 강점이 있으므로 전략적으로 확대할 필요가 있다. 다만 부담 없는 가격, 자전거가 다닐 안전한 길, 안전한 주차 공간 마련 등이 전제되어야 한다.

한 조사에 따르면 전기자전거 이용자의 이동 거리는 2.1km에서 9.2km로 길어졌고, 이동수단에서 자전거를 이용한 이동 거리 비중도 17퍼센트에서 49퍼센트로 늘어났다고 한다. 당연하게도 비행기는 가장 탄소 집약도가 높은 이동수단이다. 비행기의 온실가스 배출이 글로벌 배출량의 2퍼센트라고 하지만, 기관에 따라서는 2.97퍼센트나 4.9퍼센트까지 계산하기도 한다.

'소비재' 구매에서의 라이프스타일 변화

이번에는 가전제품, 옷, 가구, 일상 소비품 등 가정에서 구매하는 다양한 소비재의 온실가스 배출을 살펴보자. 많은 가정 소비품은 쓰레기 배출에 기반한 비순환 경제에 의존한다. 특히 포장재로 이용된 플라스틱 쓰레기를 대량으로 만들어낸다. 플라스틱의 단지 19.5퍼센트만 재활용되며, 25.5퍼센트는 소각되고, 55퍼센트는 그냥 버려지거나 매립된다. 이는 20세기 초 미국에서 자동차를 이용한 테이크아웃과 패스트푸드 전통이 생기면서 확산된 문화다. 이 문제를 해결하는 방법은 수요를 줄이고, 더 나은 디자인으로 바꾸거나, 아예 공적 규제를 강화하는 것이다.

소비재 중에 점점 더 압도적인 비중을 차지하고 있는 전자제품 가운데 스마트폰에 대해 살펴보자. 스마트폰에 체현된 온실가스는 66kg이다. 그런데 미국인은 스마트폰 하나를 평균 24.7개월 동안만 사용한다. 단순 계산으로 자동차는 탄소배출 11톤이 체화되어 있지만 보통 15년을 사용한다고 가정하면 연간 탄소배출은 733kg으로 환산할 수 있고, 스마트폰은 대략 33kg으로 환산할 수 있다. 대체로 스마폰 20개가 자동차 1대와 비슷한 정도로 온실가스를 체화하고

'1.5도 소비스타일' 전환 가이드

- 컴퓨터에서 옷까지 충분성에 대한 질문을 던지자. 정말로 얼마나 필요한 것을 구매하고 있나?
- 최선의 방법은 유행을 타지 않는 디자인의 고품질 제품을 사서 오래 쓰는 것이다.

있다는 얘기다.

스마트폰의 온실가스 배출은 80퍼센트가 제조과정에서 발생하며 구매 후 사용과정에서는 20퍼센트 정도밖에 발생하지 않는다. 반면 PC는 45퍼센트가 제조과정에서 발생한다. 해법은 질이 좋은 제품을 사서 오래 쓰는 것이다.

전자제품 다음으로 옷을 보면, 섬유는 도시 온실가스 배출의 4퍼센트를 차지한다. 청바지 한 벌의 온실가스 배출량은 33.4kg이다. 폴리에스테르 셔츠 한 벌은 5.5kg이다. 옷은 덜 사고, 중고를 사고, 수선하자. 최종적으로 소비재 구매와 관련해서는 "컵이 아니라 소비 문화를 바꾸자(Change the Culture, Not the Cup)"고 제안한다.

'여가'와 '서비스 이용'에서의 라이프스타일 변화

여가는 실외에서 스포츠, 문화, 엔터테인먼트, 호텔 서비스 등을 즐기는 활동을 포함한다. 집에서 하는 문화생활은 주거에 포함하는 반면 외식처럼 밖에서 음식을 먹는 것은 음식 쪽에 포함하자. 과시적 소비가 있듯이 과시적 여가도 있지만 지극히 적은 수의 인구만 그렇게 한다.

장시간 노동은 탄소 집약적 여가를 더 많이 하게 만드는 경향이 있다. 반면 사람들이 시간 여유가 있으면 운동이나 자원봉사, 배움, 친구나 가족과 함께 어울리는 사회활동 등 덜 환경 파괴적인 쪽으로 나아가는 경향이 있다. 현대인은 집에서 TV 등을 보면서 여가시간을 때우는 경향이 크다. 그러나 1시간짜리 TV 프로그램 제작은 약 13톤의 온실가스를 배출하는 등 영화나 TV 프로그램 제작에서 점점 더 많은

'1.5도 여가스타일' 전환 가이드

- 모터엔진 없는 활동적인 여가를 선택하자.

- 차 몰고 시내 핫스팟 가지 말고 동네 레스토랑에 바로 걸어 다니자.

- 대형 TV로 바꿀 생각하지 말자.

- SNS 대신에 책을 읽자.

- 움직이고 활동적인 뭔가를 하면서 여가시간을 보내자.

온실가스가 배출되고 있다. 여가활동에서 온실가스를 줄이는 방법은 수동적인 여가의 대부분을 능동적인 활동으로 바꾸는 것이다. 소파에 누워서 TV를 보지 말고 밖으로 나가 이웃들과 어울리는 등 커뮤니티 활동에 참여하자.

한편 개인생활에서 서비스 이용이란 보험가입, 정보통신 이용, 축제, 세탁, 공중목욕탕, 공공서비스 이용 같은 것을 포함한다. 정부가 지출하는 공공서비스는 제외하자. 인터넷 사용은 기가바이트 당 123g의 온실가스를 배출한다. 이때 에너지 사용이 중요한 요인이다. 교육도 온실가스 배출에 중요한 영향을 미칠 수 있다.

7

시스템과 라이프스타일, 전부 바꿔라

로이드 알터가 '1.5℃ 라이프스타일'을 향해 생활을 바꾸려고 실천하면서 얻은 종합적인 결론은 무엇일까? 첫 번째로는 당연히 전등 끄기, 창문 틈새 막기 등 소극적인 조치만으로는 턱없이 부족할 뿐 아니라 고기를 안 먹고, 자가용 안 타고 비행기 안 타면 된다고 생각하는 것만으로도 부족하다는 사실이다. 스마트폰처럼 우리가 사용하는 수많은 제품들은 이미 사용하기 전에 제조과정에서 많은 양의 탄소를 배출했을 수 있기 때문이다. 일단 여기까지 고려한다면 충분성에 기반한 라이프스타일로 발상을 전환할 필요가 있다. 충분성이라는 렌즈를 통해 모든 것을 바라본다는 것은 뭔가를 없이 살자는 것이 아니라, 더 적게 사용하고 더 낮게 사용하고 다른 대안으로 바꾸어서 살자는 것이다.

주거-이동-에너지 사용은 모두 연결되어 있다

로이드 알터가 깨달은 두 번째 사실은, 탄소배출이 많은 6개의 생활영역이 서로 분리되어 있는 것이 아니라는 점이다. 그는 "주거지 선택과 이동수단 선택, 에너지 사용은 모두 다른 언어로 표현된 같은 이야기"라고 강조한다. 어디에 사는가에 따라 어떤 교통수단을 이용할지가 거의 결정되고, 어떤 집에서 살고 어떤 교통수단을 이용하는지에 따라 예상되는 에너지 사용량도 거의 결정된다는 뜻이다. 그는 모든 것이 서로 연결되어 있을 때는 사실 작은 것을 바꾸는 것조차 매우 어려운데, 그럴 때에는 생각과 발상을 바꾸어야 한다고 제안한다.

셋째로, 개인의 라이프스타일을 바꾸는 것은 과학적 지식, 정치적 행동, 그리고 사회적 변화가 모두 결합되어 작동할 때 비로소 현실이 될 것이라는 점이다. 특히 그는 "1.5도 라이프스타일로 바꾸는 것은 생태적이기 때문만이 아니라 우리 이웃들도 그렇게 하기 때문에" 따라 하는 경우가 많다면서 기후 친화적 사회 규범을 만드는 것이 중요함을 역설한다.

이 대목에서 개인의 라이프스타일 변화와 사회의 시스템 변화가 서로 상호작용해야만 진정한 변화가 시작될 것임을 알 수 있다. 개인이나 가정의 행동과 사회 시스템의 변화가 결합되어야 한다는 것이다.

'1.5도 라이프스타일'은 공공정책을 통해 완성된다

도넛 모델을 창안한 케이트 레이워스도 바로 이 지점을 파고들었다. 그리하여 개인의 '1.5°C 라이프스타일'이 어떻게 공공정책으로 이어지면서 시스템 변화를 촉발할 수 있는지 명확히 짚어낸다. 그는

'1.5°C 라이프스타일' 실천이 시민 수준에서 끝나면 안 된다고 강조한다. 지방정부나 중앙정부가 '선택편집choice editing'이라는 정책 수단을 동원하여 시민 실천을 적극 도와야 한다는 것이다. 즉, 시민이 해로운 것을 선택할 필요가 없게(edit-out) 하고, 대신 유익한 것들을 더 많이 선택하게(edit-in) 만들어주는 정책들을 동원해야 한다.

구체적으로 정부는 '1.5°C 라이프스타일'과 맞지 않는 해로운 선택을 배제하기 위해 규제와 과세, 인센티브 제도를 활용할 수 있다. 예를 들어, 운송과 교통 영역에서 개인 제트기나 호화 요트, 내연기관 자동차, 단거리 비행, 비행 마일리지 등을 점차로 줄이도록 제도화할 수 있다. 동시에 정부는 더 나은 선택들, 즉 최상의 철도와 공유 전기차, 자전거와 버스 같은 '지속 가능한 선택지'를 더 넓게 열어서 모두에게 쉽게 접근할 수 있고 감당 가능한 일상적 선택이 될 수 있도록 만들어야 한다.

주목할 점은 소비 집약적 도시와 국가들에서 이 같은 정책들이 이미 일부 실행되고 있다는 사실이다. 암스테르담은 2025년부터 내연기관 보트를 금지하고 내연기관 오토바이와 자동차는 2030년부터 금지하겠다고 2019년에 선언했다. 영국 웨일스 정부는 2021년에 모든 신규 도로 건설 프로젝트를 동결하고 대신에 대중교통에 투자하기로 했다. 프랑스 정부는 2시간 반 미만 여행 거리 정도의 단기 국내선 비행기 운행을 2023년 5월부터 법으로 금지하고 대신 철도 여행을 장려하기로 했다(이 법에 따라 없어진 항공 노선은 3개 정도로 많지는 않았다).

한편 '1.5°C 라이프스타일'에 맞지 않는 불필요한 소비를 줄이도록 유도하는 것과 동시에 정부가 기본적인 수준의 필수 소비를 모두가 누릴 수 있도록 보편적이고 기본적인 서비스를 공적으로 공급해야 한다. 삶에 필수적인 의료, 교육, 주거, 영양, 디지털 접근과 교통을 모두에게 서비스하는 것이 여기에 포함된다.

많은 기후운동가들은 그동안 "시스템 변화 없는 개인 실천은 거의 의미가 없다"면서 심각해져가는 기후위기 대응을 위해 체제를 전환하자고 목소리를 높여 왔다. 정당한 주장이다. 하지만 그러는 사이 많은 시민들은 지체되는 기후 대응을 지켜보며 기후 우울증에 시달리거나, 텀블러 지참이나 분리수거 협조 실천으로 자족해야 했다.

바로 이 시점에서 시민들에게 '1.5°C 라이프스타일' 실천을 함께 하자고 제안하는 것이 중요하다. 실제 탄소중립에 이르는 경로에서 얼마나 험난한 도전 과제가 있는지 직접 체험하면서 함께 공감하도록 이끌 수 있기 때문이다. 그리고 그 과정에서 (자전거를 이용하려 해도 자전거 전용도로가 없다든지) 탄소 집약적 사회 시스템을 바꾸지 않은 채 시도하는 개인의 행동 변화에 얼마나 큰 한계가 있는지 실감하면서 함께 제도 변화를 요구하는 집합 행동을 조직할 수도 있는 것이다.

결국 정부 정책, 사회 규범, 시민 실천 등이 서로 영향을 미치면서 변화를 촉진할 수 있도록 개인과 시스템에서의 변화가 모두 필요하다는 사회적 인식을 공유하고 모두가 그것을 위해 노력해 나아가는 것이 중요하다고 할 것이다.

지금까지 화석연료의 등에 올라탄 자본주의 시장경제가 끝없이 물질적 생산을 팽창시킨 결과 지구의 수용능력 한계와 충돌하게 되었다고 확인했다. 이제 지구의 자원을 마음대로 탕진하던 '카우보이 경제' 시대는 끝났고, 재생 가능한 범위에서 한정된 자원으로 살아가야 하는 우주인 경제 시대이자 '꽉 찬 세상'으로 접어들었다.

하지만 우주인 경제는 결코 문명의 쇠락과 굶주림의 시대로 되돌아가자는 것이 아니다. 도넛 경제처럼 생태적 한계를 지키면서도 좋은 삶을 만들어갈 방법은 얼마든지 있다. 그리고 이를 위해 기업과 국가, 그리고 시민들이 무엇을 해야 하고 할 수 있는지도 이미 어느 정도 알려져 있다.

하지만 기후시민으로서 번영하는 미래를 꿈꾸고 실천하려면, 생태적 한계 안에서 안전한 삶을 이루게 하는 경제는 어떻게 작동하는지 그 원리에 대해 좀 더 깊이 있게 이해할 필요가 있다. 경제가 생태계의 수용 능력에 다다른 '꽉 찬 세상'에서 우리는 경제를 어떻게 운영해 나가야 할까?

다행히도 우리는 꽉 찬 세상을 위한 경제학을 처음부터 새로 발명할 필요가 없다. 1960년대부터 케네스 볼딩, 조르제스쿠-로젠, 허먼 데일리, 마르티네스 알리에르 등 일군의 경제학자들이 그러한 경제의 원리와 방향을 연구했기 때문이다. 그리고 이후에 많은 학자들이 합류하여 지금은 '생태경제학'이라는 학문의 성과로 축적되고 있다. 이제 6장에서는 생태경제학이 확립한 경제원리 가운데 가장 핵심이 되는 원리 8가지를 하나씩 살펴보도록 하자.

6장

기후시민을 위한
생태경제학
강의

1

시장은
지구를 구할 수 없다

21세기에도 여전히 경제제도의 중심은 '자본주의 시장경제'다. 일반 시민들은 노동시장을 통해 취업하여 돈을 벌고, 소비자들은 시장을 통해 필요한 재화와 서비스를 구매하며, 개인 사업자들이나 사기업들은 생산한 제품을 시장을 통해 판매하고 이윤을 얻는다.

시장경제에서는 상품의 가격이 수요와 공급을 결정하는 지휘자다. 자연에서 가져온 에너지나 자원도 생산요소 시장의 많은 상품 가운데 하나일 뿐이며 이들 역시 가격에 따라 수요와 공급이 결정된다.

자연 안에 시장이 있다. 반대가 아니다.

하지만 지구 생태계, 즉 자연은 원래 시장경제의 한 요소가 아니다. 누군가가 시장에 내다 팔려고 만든 상품도 아니다. 오히려 시장경제가 자연의 일부로서 그 품 안에서 작동한다. 경제의 모든 생산활동은 자연에서 원료와 에너지를 얻어야만 가능하기 때문이다. 그리

배출권 거래제도는 탄소 등의 오염물질 배출을 감소시키기 위해 사용되는 시장 기반 접근법이다.
사진은 미국 나바호 석탄화력발전소로, 석탄화력발전소에 대한 장기투자를 금지하는 캘리포니아 법률 등의 제약으로 인해 2019년 11월에 가동을 중단한 후 폐쇄되었다.

고 모든 소비활동은 최종적으로 폐기물을 자연에 버리면서 끝난다. 이렇듯 시장경제가 자연의 한 부분이지 반대로 자연이 시장경제의 한 부분은 아니다. 하지만 우리는 이런 상식을 종종 잊고 산다. 아직 '꽉 찬 세상의 경제'가 왔다는 사실을 자각하지 못한 탓이다.

그러다 보니 에너지나 여러 가지 자연자원도 그저 생산요소일 뿐이고 시장에서 거래되는 상품에 불과하다고 생각한다. 그리고 특정 상품을 생산하는 과정에서 오염물질이 배출되거나 유독성 쓰레기가 나오는 것은 그 상품에만 관련된 문제일 뿐 경제 전체의 문제는 아니라고 본다. 경제학자들은 이들 환경문제가 거시적인 차원이 아니라 미시적인 이슈라고 표현한다.

하지만 '꽉 찬 세상의 경제'에서 기후위기나 환경문제는 특정 상품 생산과정에서 오염물질이 배출되는 문제를 넘어 전체 경제 규모가 지구가 감당하기 어려운 경계선에 이르러 생긴 문제다. 환경문제를 바라보는 방식이 근본적으로 달라지는 것이다.

이와 유사한 취지에서 정치사상가 더글러스 러미스는 우리 경제

아래에 자연이라고 하는 더 큰 토대가 있다는 점을 우리는 종종 잊는다고 말한다. 그는 경제를 타이타닉호의 맨 아래층에 비유한다. 그러면서 경제는 "타이타닉호의 가장 아랫방, 기관실에 지나지 않았다. 그보다 더 깊은 하부구조가 있는데, 곧 자연환경 그 자체다. 타이타닉호 바깥에는 바다가 있다. 바닷물이 없으면 타이타닉은 뜰 수 없고, 앞으로 나갈 수 없다"고 적절히 지적한다. 이어서 경제가 "근원적으로 환경에 종속되어" 있으므로 "환경이 바뀌면 경제제도의 하부구조는 틀림없이 바뀐다. 환경이 파괴되면 경제제도 역시 파괴된다"고 덧붙인다.

기후위기가 '시장실패' 때문이라고?

'꽉 찬 세상의 경제' 관점에서 보면 기후위기의 원인이 거시경제의 무한성장 시스템에 있다는 것이 분명하다. 하지만 '비어 있는 세상의 경제'에 머물러 있는 기존의 경제학자들은 기후위기를 '가장 큰 시장실패' 즉, "기후위기는 시장이 잘 작동하지 않아서 생긴 문제"라고 계속 주장하고 있다. 이런 주장이 공식적인 견해로 널리 퍼져 있으므로 어렵더라도 조금 더 들어가 보자.

'비어 있는 세상의 경제'에서는 기후위기나 환경오염이 경제 전체의 문제가 아니라 특정 제품의 생산에서 발생한 의도하지 않은 부작용이다. 예를 들어 스마트폰을 하나 생산하는 과정에서 환경에 해로운 화학물질이 배출되었다고 하자. 오염이 발생했으면 이를 처리하기 위한 비용이 당연히 생산비용에 반영되어야 한다. 그렇게 되면 오염을 발생시키지 않고 생산한 제품보다 비싸져서 그 스마트폰은 경쟁력을 잃고 시장에서 사라지게 된다.

하지만 온실가스를 배출하고 산과 강과 하늘을 오염시키면서 제품을 생산하더라도 그 직접 피해자인 자연은 기업주에게 오염 비용을 청구하지 않는다. 그러니 기업주는 굳이 제품에 그 비용을 반영하지 않아도 된다. 그러면 오염을 발생시켜 생산한 스마트폰도 오염 없이 생산한 제품과 같은 가격으로 시장에서 경쟁하며 거래될 것이다. 이처럼 생산과정에서 환경오염 처리비용이 생겼는데, 그 비용이 생산된 제품에 반영되지 않는 현상을 부정적 '외부성externality'이라고 부른다. 그리고 외부성을 시장실패의 전형적인 사례라고 말한다.

그런데 '비어 있는 세상의 경제'에서는 여기에 대한 나름의 해법이 있다. 오염을 발생시킨 스마트폰에 기업이 비용을 계산해 넣지 않으니, 국민을 대신해서 정부가 그 비용을 세금으로 매기면 그만큼 제품 생산비용 즉 가격이 오를 것이다. 그 결과 오염을 배출한 스마트폰은 비싸져 시장에서 사라지든지 아니면 기술혁신으로 오염이 없는 새로운 제조 방법으로 바꾸도록 '시장은 기적을 낳을 것' 것이다.

최종적으로 오염은 사라질 것으로 기대되는데, 외부성을 내부화했다는 말은 이런 뜻이다. 탄소세와 같은 방식으로 비용을 부과하면 시장이 기적을 낳아 기후위기가 해결될 수 있다는 주장은 바로 이런 논리에 바탕을 두고 있다.

기후위기는 시장에서 교정될 수 없다

하지만 '꽉 찬 세상의 경제학'은 기후위기나 생태위기가 오염물질의 비용 계산을 빠뜨린 '사소한 실수' 차원이 아니라고 말한다. 애초에 시장경제 안에서 생긴 문제가 아니라 시장경제 전체와 지구 생태계의 경계선이 충돌하여 생긴 문제이기 때문이다. 당연히 시장실패도 아니고 시장이 교정할 수도 없다.

원로 생태경제학자 피터 빅터Peter Victor는 기존에 환경을 다루는 방식에서 가장 큰 문제가 '미시경제학적' 테두리에 머물러 있는 점이라고 지적한다. 그러면서 기후위기는 해로운 오염물질을 배출하는 특정 상품의 생산 문제가 아니라, 유한한 지구의 생태적 한계를 넘어서 자원과 에너지를 과도하게 남용하는 전체 '거시경제학의 문제'라고 적절히 짚는다.

좀 더 자세히 살펴보자. '비어 있는 세상의 경제'에서는 납, 수은, 프레온 가스 등 오염이 특정 제품 또는 특정 조건에서 예외적으로 일어난다고 생각한다. 하지만 현실에서 모든 생산활동은 자연에서 가져온 에너지와 원료, 노동과 자본을 투입해 상품으로 전환하는 과정이다. 그리고 이렇게 투입하고 남은 폐기물을 자연에 버리는 과정이기도 하다. 당연히 모든 생산과 소비 활동은 크든 작든 자연환경에 영향을 미친다. 눈에 보이거나 사회적 피해가 분명히 드러나는 특정 산업공정이나 폐기물에만 외부효과가 발생하는 것이 아니라는 뜻이다.

현실이 이렇다면 어떻게 시장 바깥에 있는 국가가 일일이 개입해서 개별 상품과 서비스의 생산과 소비에 따른 환경피해 비용을 계산하고 이를 시장가격에 순발력 있게 반영할 수 있을까? 불가능하다. 그러므로 경제활동이 초래한 환경오염의 사회적 비용과 생태적 비용을 사후적으로 모두 계산해서 시장가격에 반영할 수 있다는 생각은 미션 임파서블이라 할 수 있다.

생태경제학자 마르티네스 알리에르에 따르면 경제가 사회와 자연에 환경오염을 유발하는 것은 '의도치 않은 시장실패'라기보다는, 기업들이 "자연과 사회로 '체계적으로 비용을 전가'한 것이다." 그래서 그는 기업들은 "환경에 지고 있는 빚을 그들의 회계에 포함하는 것을 체계적으로 회피"하고 있다고 비판했다.

경제를 위한 무한한 원료창고와 폐기물 창고는 없다

사실 원리적으로 보아도 시장경제는 환경을 '내부화internalize'할 수 없다. 환경 내부에 시장경제가 있는 것이지, 반대로 시장 내부에 환경이 있을 수는 없기 때문이다. 따라서 경제를 지구 생태계 안으로 내부화해야 하는 것이지, 경제 안으로 지구자원이나 오염 현상을 내부화하자는 주장은 사리에 어긋난다.

그러면 어떻게 해야 할까? 오직 지구 생태계가 감당할 수 있는 수용 능력을 추정한 후에, 그에 적당한 정도의 물질량과 에너지량 범위를 정해서 그 안에서 경제활동을 하도록 해야 한다. 즉, 사후적으로 시장가격을 통해 교정하는 것이 아니라 사전적으로 물질량 단위로 측정해서 예방해야 하는 것이다.

다시 강조하자면, 인간에게 지구 생태계는 시장경제에 투입되는 생산요소들의 집합소 정도가 절대 아니다. 인류가 살아갈 터전이며 기반이다. 지구는 물질적 생산을 위한 원료창고라는 차원을 훨씬 넘어서 인류의 물질적, 역사적, 사회적, 문화적, 심리적 존립을 위한 근본 전제다. 그래서 '꽉 찬 세상의 경제학'은 "지구 생태계가 100퍼센트 지분을 가지고 있는 자회사가 인간 경제이지 그 반대가 아니"라는 문제의식에서 출발한다. 즉 생태경제학은 사람이 지구의 지배자나 소유주가 아니라 지구의 한 구성원이라는 생각에서 출발한다.

어쩌면 최근까지 우리는 경제적 사고에서 '지구 생태계의 한계'라는 것을 한 번도 고려하지 않았는지 모른다. 《성장의 한계》의 저자 데니스 메도즈는 지구 생태계의 한계를 거부한 기존 경제학자들의 변명이 시대마다 어떻게 달라졌는지 신랄하게 비판했다. 기존 경제학자들은 1970년대에는 "지구 생태계의 한계는 없다. 한계가 있다고 생각하는 모든 사람들은 단순히 아무것도 이해하지 못하는 것"이라고 했다. 그러더니 1980년대에는 "한계는 있지만 아주 멀리 있다. 그것에 대해 걱정할 필요가 없다"고 말을 바꿨다. 1990년대가 되자 "한계가 어쩌면 가까이 있을 수도 있지만, 시장과 기술이 문제를 해결할 것이기에 걱정할 필요는 없다"고 또다시 말을 바꿨다. 그리고 2000년대에 들어서자 "경제성장을 더 지원해야 한다. 그래야 한계에 직면한 문제를 대처하는 데 필요한 자원을 제공받을 수 있다"고 계속 말을 바꾸어 왔다고 말이다.

2

우리는 모두
태양의 아이들이다

앞에서 석탄, 석유, 천연가스와 같은 고밀도 화석에너지를 대량으로 캐내어 태울 수 있었기에 산업혁명과 현대문명이 가능했다고 설명했다. 그리고 바로 그 값비싼 대가가 온실가스 배출로 인한 기후위기라고 덧붙였다. 그토록 산업과 경제, 문명사회에서 에너지는 특별하다. 대량의 에너지를 어떻게 안정적으로 얻을 수 있는지는 사실 경제의 미래를 결정하는 가장 중요한 문제이기도 하다. 그리고 태양계의 한 행성인 지구 위에 사는 모든 생명은 태양으로부터 오는 빛에너지에 자신의 삶을 빚지고 있다. "태양은 어떤 측면에서 보든 가장 큰 에너지의 샘이며, 지구상 모든 생명체의 삶을 위한 연료"라는 점을 강조하기 위해 러시아 화학자 블라디미르 베르나드스키는 우리는 모두 '태양의 아이들'이라고 말했다.

지구 위에 사는 모든 생명은 태양의 빛에너지에 삶을 빚지고 있다.
아래 사진은 독일 프라이부르크에 있는 주상복합단지로, 일명 '태양의 배(Sonnenschiff)'라 불린다. 이 단지는 자체에서 사용하는 것보다 훨씬 더 많은 에너지를 생산하도록 설계되었다.

우주 만물의 변화는 에너지전환의 결과

지금까지 자연과학이 알려준 분명한 사실은 우주 만물의 변화가 에너지와 관련이 있다는 것이다. 우주 만물이 운동하고 변화하는 것은 끊임없는 에너지의 전환이 이루어졌기 때문이다.

은하수와 별 차원의 천문학적 규모에서 분자 미만 수준의 미세한 규모에 이르기까지 변화가 발생하는 모든 곳에는 에너지의 전환이 따른다. 이 현상은 생명체에서 더 뚜렷하게 나타난다. 생명체를 구분하는 가장 뚜렷한 특징은 "분자와 원자를 조직하여 세포를 구성하고, 세포를 기관으로, 또 기관을 신체로 구성하기 위해, 즉 성장하고 생식하기 위해 에너지를 능동적으로 수확"한다는 것이다. 그래서 "살아 있는 유기체, 말, 인간, 하마 등이 모두 열역학적 엔진"이라고 하는 것이다.

이런 사실에 대해 에너지 전문가 바츨라프 스밀은 다음과 같이 표현한다. "에너지전환은 생명체와 진화의 기반이다. 현대사를 특정 에너지원이 새로운 에너지원으로 유례없이 급속히 옮겨가는 사례들의 연속이라고 해석할 수 있다면, 현대 세계는 그런 전환이 누적된 결과"라고 말이다. 지구 생태계라는 물리적인 세계의 부분집합인 경제 역시 에너지의 지배를 받는 것이 당연하다.

경제에서 돈보다 중요한 에너지

'비어 있는 세상의 경제'에서는 에너지를 그저 다른 원료와 마찬가지로 생산요소의 하나로만 취급했다. 석탄이나 석유, 천연가스 모두가 그저 가격신호에 따라 시장에서 수요와 공급이 달라지고 거래되는 상품일 뿐이다. 현대인에게 특별한 전기에너지도 마찬가지다. 하지만 이는 기존 경제학의 가장 큰 실수다.

바츨라프 스밀은 "현대 경제학이 에너지를 지금까지 거의 무시한 이유를 이해하기 어렵다"고 한탄했다. 역사학자 앨프리드 크로스비도 "인류 경제가 의존하는 모든 자원은 지구와 태양에서 비롯된다. 경제는 자연의 품 안에 존재하며, 이는 경제학자들이 어리석게도 잊고 있었던 진실"이라고 거듭 강조했다. 생태경제학자 케이트 레이워스 역시 "돈이 아닌 에너지가 모든 인간, 생태, 산업 시스템을 지탱하는 생명의 기본 화폐라는 사실이 명확하다. 따라서 경제학 이해의 중심에는 에너지 의존도가 있다"고 강조한다.

심지어 생태경제학자 로버트 에이리스Robert Ayres는, "경제 시스템이란 자원으로부터 에너지를 추출해 가공하고 변환하여, 제품과 서비스 안에 구현된 에너지로 전환하는 시스템으로서, 경제의 목적은 에너지를 투입해 제품을 만들어 내는 것"이라며 경제를 아주 적절하게 에너지 관점에서 재정의했다. 또한 경제학자 슈마허는 "인간은 생산자가 아니라 전환자일 뿐이며 모든 전환 작업에서 1차 재화(자연에서 얻은 원료-인용자)를 필요로 한다. 특히 인간의 전환 능력은 1차 에너지에 의존한다"고 했다. 이렇듯 경제에서 에너지가 가지는 특별한 위치와 역할을 강조한 이들은 이외에도 수없이 열거할 수 있다.

2009년 한 영국 가정의 에너지 사용 실험

그러면 어째서 지금까지 경제학은 에너지를 이렇게 소홀히 다뤘을까? 사실 산업혁명 이전만 하더라도 에너지는 경제에서 중요했다. 다만 당시에는 에너지가 주로 사람과 가축의 노동력이나 목재에서 얻는 불이 중심이었고 이는 매우 한정된 자원이었다. 그런데 산업혁명 이후 엄청난 양의 석탄과 석유, 천연가스를 이용할 수 있게 되었다. 그때부터 시장에서 거래되는 에너지 가격이 크게 떨어졌다. 심지어 현대인은 약간의 전기요금만 지불하면 어디서나 전원을 연결하여 전기에너지를 풍족하게 사용할 수 있게 되었다. 그 때문에 우리는 에너지의 중요성을 잊은 것인지 모른다.

이 맥락에서 프랑스 녹색당 정치가 이브 코세는 이렇게 묻는다. 경제학자들은 "GDP에서 에너지 비용이 차지하는 비중이 약 5퍼센트 정도이니 걱정할 필요가 없다고 재차 반복한다. 그런데 이 5퍼센트가 경제에서 빠져 버릴 경우 나머지 95퍼센트는 더 이상 존재하지 않을 것이라고 말한다면, 저들은 우리에게 뭐라고 반박할 것인가?"

사실 인류가 이룩한 20세기의 놀라운 문명도 엄격히 말하면 무분별하게 '에너지를 폭식'한 결과다. 선진국들이 현대적인 삶을 유지하기 위해 얼마나 막대한 에너지를 쓰는지는 영국 BBC 방송을 통해 소개된 한 가지 실험이 잘 보여준다.

2009년 영국의 평범한 4인 가족 셸리 콜린스 식구들이, 지원자 80명이 자전거 페달을 밟아 전기를 생산하는 이른바 '인간 발전소'의 전기를 이용하여 24시간을 보내는 실험에 참여했다. 이 인간 발전소의 전기 생산에 자원한 이들은 엘리트 사이클링 클럽의 회원들이었다. 콜린스 가족은 이 실험이 어떤 내용인지 전혀 모른 채 그저 평소처럼 행동하고 자기 집에 있는 것처럼 행동하라는 말만 들었다.

일요일 오후에 콜린스 가족은 청소기를 돌리고, 토스트를 굽고, 게임기를 가지고 놀고, 전등 몇 개를 켜두는 등 평소와 다름없이 일상적인 활동을 했다. 이때 80명의 지원자들이 전속력으로 자전거 페달을 밟아 에너지를 공급했다. 그 결과 오븐을 켜면 24명이 자전거 페달을 밟아야 했고, 토스트 두 장을 굽기 위해서는 11명이 필요했다. 헤어드라이기는 18명, 진공청소기는 11명, 전기다리미는 15명, 전자레인지 14명, 세탁기 17명, 심지어 전기 샤워기를 작동하기 위해 무려 70명이 전속력으로 페달을 밟아야 했다.

문제는 오후에 가족들이 한꺼번에 요리를 하고, 컴퓨터 게임을 하고, 진공청소기를 돌리기 시작했을 때 발생했다. 전력 수요를 따라잡기 위해 9개 그룹이 전속력으로 페달을 밟는 동안 한 그룹이 1분만 쉬는 비상 모드에 돌입했다. 일부 지원자는 다리에 경련이 일어나서 비명을 지르며 고통을 호소했다. 이런 사실을 모르던 콜린스 가족은 자전거로 공급할 수 있는 것보다 더 많은 에너지를 사용했고 결국 전기 공급이 끊겼다. 실험 후에 결과를 알게 된 콜린스 가족은 큰 충격을 받았다. 그리고 에너지에 대한 관점이 완전히 바뀌었고 이후 일상생활에서 에너지 낭비를 극적으로 줄이게 되었다고 한다.

3

경제는 물리 세계에서
벗어날 수 없다

시장경제가 지구 생태계의 일부라는 말은 경제가 물리 세계와 분리되어 있지 않다는 뜻이다. 또한 물리 세계에서 작용하는 원리들이 그대로 경제 세계에도 작용한다는 뜻이기도 하다. 이는 에너지가 물리 세계의 변화를 설명하는 가장 중요한 요인이면서 경제과정을 이해하는 키워드이기도 하다는 사실과 연결된다.

물리학 이론에 따르면 에너지는 열역학 제2법칙 또는 엔트로피 법칙의 지배를 받는다. 엔트로피 법칙이란 간단히 말해 자연 상태에서는 사용할 수 있는 에너지가 사용할 수 없는 에너지로 흩어지고, 열은 높은 곳에서 낮은 곳으로 흐를 뿐 반대 방향으로는 가지 않는다는 법칙이다. 다시 말해 세상은 점점 더 무질서해지는 방향으로 나아간다는 것이다.

물리법칙은 자연뿐 아니라 경제에도 작용한다

우주의 물리계를 관통하는 엔트로피 법칙은 생물계를 관통하는 진화론과 함께 최상위 수준에서 세상을 이해하는 키워드다. 일찍이 아인슈타인은 엔트로피 법칙을 "기본 개념의 적용 범위 내에서 결코 전복되지 않을 것이라고 내가 확신하는, 보편적인 내용을 갖춘 유일한 물리 이론"이라고 했을 정도다.

엔트로피 법칙은 물리 세계의 일부인 경제과정에도 당연히 적용된다. 지구 안의 에너지와 물질을 소비하는 경제활동이 계속되면 엔트로피가 증가한다. 생산과정에서 한 번 사용한 에너지는 일을 하는 데 다시는 사용할 수 없는 폐열로 전환한다. 이미 사용된 물질은 퇴화하므로 아무리 많은 에너지를 투입하더라도 100퍼센트 재활용되기는 어렵다. 경제과정이 반복될수록 가용 에너지와 고품질 물질은 계속 소진되고 대신에 폐기물과 오염물을 누적시키며 엔트로피가 증가해 간다. 지구 생태계 안에서 인류가 문명을 발전시키기 위해 경제활동을 확대하면 할수록 지구는 점점 더 무질서한 상태로 '퇴화'한다는 역설에 직면하는 것이다.

이렇게 보면 경제과정은 무한 순환의 반복 과정이 아니라 한쪽으로만 움직이는 과정이다. 즉, 오직 낮은 엔트로피에서 높은 엔트로피로의 불가역적인 전환, 폐기물과 오염물질을 누적시키는 방향으로만 움직인다. 인류가 산업혁명 이후 화석연료를 대량으로 사용하여 경제의 무한성장을 추구한 결과, 온실가스를 대기 중에 누적시키고 지구 생태계를 교란한 것도 이렇게 엔트로피 증가로 설명할 수 있다.

엔트로피와 싸워 절대 이길 수 없다

물론 일부 자연현상에서는 엔트로피 증가 법칙과 어긋나 보이는 사례를 목격할 수 있다. 생명 활동이나 프랙탈 현상처럼 자기조직화 과정에 따라 무질서에서 질서로 전환하는 사례다. 진화 과정에서는 더 복잡한 고등생물이 탄생하기도 한다. 하지만 내부의 질서를 이룩한 대가로 반드시 주위의 엔트로피가 높아진다. 예를 들어 인간의 경제가 인공지능과 같은 고도의 질서 있는 생산물을 만들어 낼수록, 지구 생태계 전체의 엔트로피는 더 높아지게 되는 것이다.

생태경제학자 팀 잭슨은 혼란에서 질서로 엔트로피 역전을 실행할 때마다 대가를 치러야 하는데, 그 대가가 곧 엔트로피의 전반적 증가라고 했다. 그러면서 "에너지를 상황에 적용해 질서 잡힌 작은 천국을 창조하더라도 계 전체로 보면 엔트로피는 증가"한다고 강조했다. 그는 심지어 우리가 엔트로피 증가와 맞서 절대 이길 수 없으므로, "우리가 할 수 있는 일이라고는 엔트로피 법칙에 복종하는 것"이라고 단언한다. 인간이 물질과 소비의 천국을 만들 수는 있지만, 어디까지나 생태계를 지옥으로 만드는 대가를 치러야 가능하다는 말일 것이다. 경제가 무한히 성장할 수 있다는 믿음이 잘못된 것임을 여기서 다시 확인하게 된다.

4

가격표로는
온실가스 배출량을 알 수 없다

　시장에서 물건을 살 때 가장 중요하게 보는 건 뭘까? 기능과 색상, 디자인이나 편의성, 품질 등 사람들마다 차이가 있다. 하지만 이런 특성들이 모두 가격에 반영된다고 가정하므로 결국에는 가격표를 찾아볼 것이다. 그런데 가격표를 보면 그 물건이 얼마나 많은 온실가스를 발생시켰는지 알 수 있을까?

상품 가격으로는 알 수 없는 것들

　아이폰으로 예를 들어보자. 아이폰이 생태계에 얼마나 큰 영향을 미쳤는지 알려주는 것은 포장지에 붙어 있는 '가격표'가 아니다. 100만 원에 아이폰을 구매했고, 매월 7만 원의 이용요금이 나간다는 사실로는 생태계에 어떤 영향을 주는지, 얼마나 많은 온실가스를 배출했는지 알 방법은 없다. 그것을 알려면 아이폰 제조에서 사용에 이르는 생애주기 동안 배출된 '온실가스 중량'을 알아야 한다.

'아이폰 11' 모델의 경우 3년 동안 사용한다고 가정하면 전체 주기 동안 약 80kg의 온실가스가 배출된다. 대체로 생산과정에서 83퍼센트가 발생하고 사용과정에서 나머지가 발생한다. 이는 연간 단위로 약 28kg, 하루 단위로는 75.8g에 해당한다. 이처럼 우리가 아이폰을 사서 사용하며 기후위기에 얼마나 영향을 주는지를 측정하려면 그 구매가격이나 매월 사용료가 아니라 매일 또는 매년 배출하게 되는 온실가스 물리량을 따로 알아야 한다.

한마디로, 경제활동이 지구 생태계에 끼친 물리적 영향은 '화폐단위'로 계산하기 어렵다. 사실 가격은 시장경제 안에서만 통하는 언어이다. 그 외의 사회생활 영역과 지구 생태계에서 가격은 아무 의미도 없다. 더불어 가격으로 환산하기 어렵거나 환산해서는 안 되는 수많은 사회적 가치들이 있다. 사람들은 그것을 가격과는 다른 기준으로 비교하거나 평가한다. 민주주의, 사회 규범, 정의, 인권 등 이런 분야는 엄청 많다. 물론 1980년대 이후 신자유주의 득세로 모든 걸 시장가격으로 환산하려는 경향이 확대되면서 심지어 인간의 목숨도 화폐가치로 환산하는 것이 유행했다. 출산율 변동도 화폐적 투자 효율에 따라 평가하는 추세가 득세했을 정도다.

사회와 지구에는 더 소중한 숫자들이 많다

이렇듯 생태계에는 가격으로 환산하기 어렵거나 가격으로 환산하면 사라져 버리는 가치들이 널려 있다. 경제활동이 초래한 생태파괴 등에 대해서 가격으로 환산할 수 없는 상황도 수없이 많다. 그래서 생태경제학자 알리에르는 경제가 자연에 미치는 피해를, "화폐적 가치'의 측면에서만이 아니라 생태적 가치나 미래세대와의 관계, 생물에 대한 존중 등 다양한 가치를 말해주는 언어들로 설명되어야 한다"고 강조했다.

물론 우리 개개인은 자신의 연봉이나 아이폰 구매 가격, 월별 요금은 잘 알아도, 아이폰의 온실가스 배출량이 얼마나 되는지를 나타내는 단위들은 매우 생소하다. 아마도 이런 계산을 해본 적도 다른 이들이 하는 것을 접한 적도 없을 것이다. 하지만 생태계에 미치는 물질량에 대한 감각이 없으면 기후위기나 생태위기에 대처할 수 없다. 지구 생태계는 가격이 아니라 에너지와 물질량에 반응하기 때문이다.

이제 상품과 서비스를 구매하고 이용한 후 폐기하는 경제활동에서 시장경제의 언어인 가격 말고 자연의 언어인 물질량에 대해서도 큰 관심을 가져야 한다. 당연하게도 앞으로 기업들은 모든 상품에 가격표뿐 아니라 온실가스 배출량을 표시하여 소비자가 자신들이 구매하는 제품이 미치는 환경피해 정도를 쉽고 명확히 인지할 수 있도록 해야 한다.

시민들도 이제는 스마트폰 값이 얼마인지뿐 아니라 소요된 실리콘이나 리튬의 중량이 얼마인지 관심을 가질 필요가 있다. 스마트폰 생산과정에 투입된 전기의 비용이 얼마인지뿐 아니라 전기에너지 사용량이 얼마인지, 그 에너지는 석탄 몇 톤을 투입해서 생산했는지를 알려고 노력해야 한다. 그리고 원료 채취부터 다 사용한 스마트폰을 폐기할 때까지 배출한 온실가스 중량이 얼마나 되고 어느 정도 대기에 부담이 되었는지도 물을 수 있어야 한다. 이렇게 세상을 실물 물질량으로 계산하면 세상을 화폐로 계산할 때 보이지 않던 지구 생태계의 '한계'들이 서서히 눈에 들어오게 될 것이다.

이제부터는 돈이라는 단일한 잣대가 아니라 다양한 사회적, 자연적 지표를 가지고 우리의 삶을 측정하자. 주거의 질과 생활의 만족도, 교육 성취도, 사람들의 삶에 필수적인 서비스에 대한 접근성, 기후 안정성, 토양과 바다의 건강 상태를 측정하자. 생명이 의존하는 생태계의 무결함과 온전함도 측정하자. 과거에는 데이터가 없었지만 디지털 시대인 지금은 데이터가 충분하다. 이용하기만 하면 된다.

5

경제에도
순환계와 소화계가 있다

　대학 교재로 사용되는 경제학 원론 맨 앞에 나오는 그림은 동그란 원의 양쪽에 가계와 기업이 있고 이들이 서로 상품과 화폐를 주고받는 과정을 그린 '경제순환 모형'이다. 2차대전 후에 미국 경제학자 폴 새뮤얼슨이 고안한 모형이다.

　그런데 일찍이 허먼 데일리는 이 모형이 매우 이상하다면서 이렇게 지적했다. 기존 경제순환 모형은 "경제적 과정을 기업에서 가계로 이어지는 고립된 순환의 연속인 것으로 생각하게 만드는 단선적 세계상을 전달한다. 여기에는 유지와 재충전이 내부적으로 이뤄지는 것처럼 보인다. 즉 환경에 의존할 필요가 없는 듯하다. 이것은 마치 생물학 교과서가 동물 연구를 제시할 때, 소화기관은 전혀 언급하지 않고 순환계만으로 설명할 수 있다고 하는 것이나 마찬가지다."

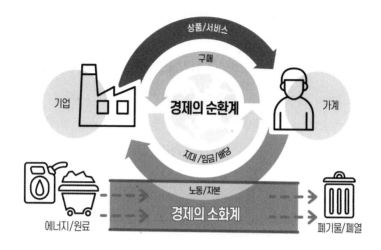

그림 20 경제의 순환계와 소화계

순환계만 있는 경제가 놓치는 것

가계와 기업 사이의 경제순환만을 묘사하면 경제가 어떻게 자연의 물리적 과정과 연결되는지를 알 수가 없다. 또한 경제가 지구 생태계의 한계에 얼마만큼 도달했는지에 대해서도 관심을 가질 수 없다. 생명체에 순환계만 있고 소화계가 없다면, 생명체의 혈액순환에 어떻게 영양분과 산소가 공급되는지 알 방법이 없는 것과 같다.

이런 경제 모형에 대해 허먼 데일리는 다음과 같이 문제 삼는다. 이런 "경제순환은 이론적으로 영원히 성장할 수 있다. 추상적인 교환가치는 물질적 차원을 가지고 있지 않기 때문이다. 그러나 엔트로피 흐름 속의 성장은 고갈, 오염, 생태적 훼손이라는 물질적 장벽에 직면한다." 케이트 레이워스 역시 "새뮤얼슨의 순환 흐름 모델에서 보이지 않는 것은 경제활동과 관련된 방대한 양의 에너지, 자재, 폐기물"이라고 정확히 짚는다.

그래서 '꽉 찬 세상의 경제'에서는 경제와 물리 세계를 연결하고, 경제가 지구 생태계의 한계와 어떻게 충돌하고 있는지를 제대로 파악하기 위해, 경제의 '순환계'와 '소화계'를 함께 넣은 그림을 제시한다. 그러면 경제과정이 재화와 화폐의 교환을 반복하는 교환가치의 순환계만으로 닫혀 있는 것에 그치지 않는다. 경제와 지구 생태계 사이에서 끊임없이 에너지와 물질을 교환하면서 지구의 엔트로피를 증대하는 물질대사 과정, 즉 소화계로 열려 있는 경제모형이 완성된다.

한쪽에는 물리 세계, 다른 쪽에는 윤리 영역

이처럼 '꽉 찬 세상의 경제'에서는 물리과정과 경제과정이 서로 긴밀하게 연결되어 있다. 그리고 물리 세계에서 에너지와 자원을 가져와서 상품을 생산하는 소화계가 경제의 중요한 부분으로 포함된다. 이러한 관점에서 보면, 그동안 생산요소로 여겨온 자본이나 노동, 인공원료조차 사실은 근본적 생산요소라고 말할 수 없다. 더 근원에는 자연에서만 얻을 수 있는 낮은 엔트로피의 에너지와 자연 물질이 있다. 이들은 단지 소모해버릴 수만 있고 경제과정에서 새롭게 창조하거나 다른 것으로 대체하는 것이 불가능한 요소다.

덧붙이자면 '꽉 찬 세상의 경제'가 한쪽에서 물리 세계와 연결되어 있다면, 다른 쪽에서는 윤리 영역과도 분리될 수 없이 연결되어 있다. 경제활동의 결과 더 많은 재화와 서비스를 생산하고 소비하여 개인의 삶과 사회를 유지하고 즐거움을 주는 것은 어디까지나 경제활동의 중간 목표이지 최종목표는 아니기 때문이다. '꽉 찬 세상'에서는 경제활동이 물질적 소비량 증가나 경제성장을 목표로 할 것이 아니라 더 높은 윤리적 차원에서의 목표를 달성할 수단이 되어야 한다.

그런데 과거의 경제학은 이른바 '가치 중립'을 말하면서 윤리 영역과 거리를 두었다. 그러면서 인간 활동의 궁극적 목표가 무엇인지를 질문하고 탐색하는 노력 대신에 중간 목표인 물질적 생산과 소비에 너무 큰 비중을 두었다. 하지만 이제는 무한한 물질적 소비 추구를 멈추고 보다 윤리적인 목표를 향해 방향을 바꿔야 한다. 이에 대해 생태경제학자 리처드 하워스는 "경제는 지구 한계 안에서 머물러야 하는 동시에, 윤리적이고 사회적인 목표에 복무하는 방법으로 작동"되어야 한다며 경제가 자리해야 할 위치를 적절하게 제시했다.

6

기술혁신만으로는
기후를 구할 수 없다

그런데 굳이 경제성장을 중단하지 않고 최첨단 과학과 기술혁신으로 에너지나 원료를 적게 쓰면서 동시에 더 좋고 더 많은 상품을 생산하면서 온실가스도 점점 줄일 수 있지 않을까? 그러면 경제가 계속 성장하고 우리 삶의 방식을 크게 바꾸지 않아도 기후와 생태의 위기를 해결할 길을 찾게 되지 않을까?

사실 최근 10여 년 동안 태양전지와 배터리의 비용이 1/10로 떨어질 만큼 엄청난 기술 변화가 있었다. 그리고 풍력발전도 60퍼센트 이상 가격 하락을 가능케 한 기술혁신이 있었기에 그나마 지금 전력 생산에서 탄소배출 순제로(배출하는 온실가스를 대지와 바다가 모두 흡수해서 추가로 대기에 더해지는 온실가스가 없는 상태)를 내다볼 수 있게 되었다. 이런 식으로 기술혁신을 통해 점점 더 경제의 자연 의존도를 줄여갈 수는 없을까?

기후가 아니라 수익성 때문에 혁신하는 기업들

하지만 여기에는 적어도 세 가지 문제가 있다. 첫째는, 과연 시장 메커니즘의 자극만으로 기후위기 대응에 필요한 속도로 기술혁신이 촉진될 수 있을까? 일론 머스크나 스티브 잡스 같은 혁신적 기업가들이 더 많이 등장하여 조만간 온실가스를 거의 배출하지 않는 신기술을 들고 나오게 될까? 지난 경험은 그렇지 않다는 것을 말해준다.

에너지를 효율화하고 온실가스 배출을 줄이며 화석연료를 대체할 기술들은 아직 수익성이 보장되지 않는 초기 기술들이 많다. 장기 투자가 필요하고 실패를 무릅쓰고 오랫동안 연구개발을 할 수 있어야 한다. 5년 안에 투자 회수를 기대하는 사적 자본이나 사기업들에게 시장의 가격신호는 투자하지 말라는 신호를 줄 뿐이다.

따라서 정부의 역할이 결정적으로 중요하다. 처음에 기업들이 투자하지 않을 때 정부가 먼저 나서서 기술 투자를 하거나, 높은 비용 일부를 감당하거나, 강제적으로 규제해서 투자와 생산을 확대하도록 유도하고, 그 결과 비용이 떨어지는 선순환 국면으로 진입시켜야 한다. 사실 유럽에서 독일과 영국이 선도적으로 재생에너지를 늘려갔던 것은 2000년 독일의 재생에너지법, 2008년 영국의 기후법 역할이 컸다. 그리고 2010년대에 태양광 기술혁신과 실제 배치 모든 측면에서 선두로 나섰던 중국 역시 전방위적인 정부의 지원과 규제, 제도 구축을 통해 이를 달성한 것이다.

혁신을 무력화하는 '제본스 역설'

두 번째 문제점은, 기술혁신이 최고조에 달하더라도 넘을 수 없는 환경 제약이 있다는 점이다. 활발한 경제성장이 아주 적은 양의 에너지와 물질을 통해 진행될 수 있다고 믿는 것은 심각한 착각일 것이다. 실제 현실을 보면 거듭되는 자원 생산성 향상에도 불구하고, 적어도 현재까지는 '생태발자국'이나 '물질발자국' 등으로 측정되는 자원 소모량은 줄지 않고 계속 늘어나고 있다. 아무리 효율성을 높이더라도 자연의 에너지와 물질을 투입하지 않고 자본과 노동만으로는 아무것도 생산해낼 수 없다고 하는 물리법칙을 이해한다면 이는 당연한 일이다.

세 번째는 기술혁신으로 단위 생산성 효율을 높이더라도 총량이 늘어날 수 있다는 점이다. 그 유명한 제본스 역설이 바로 그것이다. 윌리엄 제본스는 19세기에 영국의 석탄 매장량이 급격히 줄어들면서 고갈 우려가 커졌는데, 석탄을 효율적으로 이용할 수 있는 혁신기술을 도입하면 소비량을 줄일 수 있다는 당시 일부의 전망에 반론을 제기했다. 즉, 효율을 향상시킨 기술혁신이 오히려 더 많은 석탄 소비로 귀결되리라는 반론이었다. 효율성 향상으로 석탄 단위 사용당 비용이 하락할 것이고 비용 하락은 수요 증가를 촉발할 것이기 때문이다.

실제로 경제의 거의 모든 분야에서 효율성 증대가 더 많은 양의 소비를 촉진해 결국 소비 총량을 늘린 수많은 사례가 있다. 컴퓨터 칩의 에너지 효율은 계속 높아졌지만 그 이상으로 칩의 처리량이나 저장량도 늘어났다. 자동차 연비는 계속 향상되어 왔지만 자동차 대수는 그 이상으로 늘었고, 심지어 소형차에서 SUV 등으로 중형화하면서 연료의 소비총량은 증가했다. TV, 냉장고, 세탁기 등도 에너지 효율이 계속 좋아졌지만 더 많은 이들이 가전제품을 구입했고, 심지어 더 큰 용량으로 2대, 3대씩 구입하면서 가전제품의 총 전력소모는 줄어들지 않았다. 이처럼 제본스 역설은 총량 규제 없는 기술혁신만으로 자원 사용량이나 탄소 배출량을 줄이지 못할 것임을 알려준다.

혁신은 온실가스 배출을 결코 줄이지 못했다

거시경제로 돌아와서 확인해 봐도 마찬가지다. 2010년대에 세계 경제는 연평균 3.15퍼센트씩 성장했다. 그러면 기술혁신으로 효율을 높여 온실가스를 최소한 그 이하로 줄였는가? 그렇지 않다. 같은 기간에 단위 산출당 연평균 온실가스 배출은 2.3퍼센트 줄어들어 경제성장률을 상쇄하기에는 부족했다. 같은 규모로 생산할 경우 기술혁신에 힘입어 온실가스가 덜 배출되는 것은 맞지만, 기술혁신이 경제 규모가 팽창하는 속도를 따라잡지는 못하고 있는 것이다. 거기에 인구까지 연평균 1.2퍼센트 증가하면서 최종적으로 전 세계 온실가스 배출은 연평균 1.25퍼센트 늘었다. 기후위기를 막기 위한 경계선인 지구 평균온도 상승을 1.5°C 이내로 막으려면 전 세계가 매년 온실가스를 7.6퍼센트 이상씩 줄여야 하는데, 그러기는커녕 여전히 매년 늘고 있는 것이다.

하지만 유럽 일부 나라들은 매우 높은 기술혁신으로 경제성장을 하면서도 온실가스 배출을 줄이는 성과를 보이고 있지 않나? 맞다. 그런 나라들이 있긴 하다. 환경경제학은 이를 '탈동조화'라고 부르며 기후위기 대응의 모범사례로 보고 있다. 지난 2010~2021년까지 기간을 잡아서 살펴보면, 연평균 온실가스 감축을 이룬 나라들로 독일

(-1.2퍼센트), 프랑스(-1.2퍼센트), 영국(-2.6퍼센트), 스웨덴(-2.1퍼센트), 그리고 심지어 미국(-0.5퍼센트)을 들 수 있다. 이 나라들은 모두 경제성장을 했음에도 기술혁신으로 온실가스를 줄인 것이다. 같은 기간 한국은 연평균 1.2퍼센트씩 온실가스 배출이 늘었다.

소형모듈원자로와 핵융합이라는 히든카드는?

하지만 여기에도 함정은 있다. 우선 이들 나라 대부분은 경제성장률이 매우 낮다. 연평균 경제성장률이 3퍼센트 이상인 나라들은 하나도 없고 대개 1.5~2.9퍼센트 사이에 있다. 결국 중국처럼 높은 경제성장을 하면서 온실가스를 줄이기는 어렵다는 것을 암시한다. 또하나는 이들 국가들이 감축한 연평균 온실가스 감축 비율 1~2퍼센트 내외는 기후위기를 막기에는 턱없이 부족한 규모다. 전 세계 평균으로 매년 7퍼센트 이상씩 배출을 줄여야 하며 선진국들은 훨씬 더높은 비율로 줄여야 하기 때문이다.

결론은 경제 규모를 계속 팽창시키면서 시장의 가격신호에 따라기술혁신을 유도하는 해법으로는 기후위기와 생태위기 해결이 불가능하다는 것이다. 물론 기술혁신 없이 거시경제 변화만으로는 기후위기를 막는 것도 어렵다. 하지만 반대로 거시경제 변화 없이 기술혁신만으로 위기에 대응할 수 있다는 것도 환상이다. 위기 대응을 위해서는 둘 다 필요하다.

한 가지만 덧붙여 두자. 혹시 차원이 다른 획기적인 기술이 도입되면 얘기가 달라지지 않을까? 두 가지가 후보로 떠오를 수 있다. 하나는 '소형모듈원자로SMR'이고, 다른 하나는 '핵융합'기술이다. 기후위기 대응에 적극이라고 스스로 믿는 빌 게이츠 등은 최신 핵발전 기술에 호의적이고 직접 벤처기업까지 만들어 투자하고 있다.

하지만 빌 게이츠가 존중하는 학자이자 최고의 에너지 전문가인 바츨라프 스밀은 2023년에 쓴 《인벤션》에서 이를 회의적으로 평가하고 있다. 우선 소형모듈원자로에 대해서는 이렇게 평가한다. "1980년대 초부터 소형 모듈식 원자로 프로젝트가 논의되긴 했지만 실질적인 발전으로 이어지지는 못했다. 게다가 전 세계 이산화탄소 배출량을 줄이기 위한 다각적인 노력의 일환으로 핵발전의 부활을 위한 결정적이고 구속력 있는 움직임은 없다."

또한 핵융합에 대해서도 다음과 같이 전망한다. "기술적 불확실성과 자금조달의 어려움을 고려하면 '국제핵융합실험로'가 '성공적'으로 완수되더라도, 핵융합의 상용화에는 추가로 30~35년이 필요할 것으로 보는 것이 일반적인 관측이다. 핵융합 상용화에 필요한 시간이 30년가량이라는 예측은 1950년대 이후로 일관되게 유지되고 있다. 지난 70년 동안 전 세계는 제어 핵융합 개발에 최소 600억 달러를 투자했지만, 핵융합은 여전히 30년이 더 지나야 도달할 수 있는 신기루로 남아 있다."

화성이 지구의 대안일 수 없는 것처럼, 소형모듈원자로나 핵융합 기술의 놀라운 성공을 믿으면서 계속 경제성장을 하자는 것 역시 대안으로 의지하기에는 너무 위험하다.

7

자연은 언제나
경제보다 복잡하다

 금융시장에서 주가가 변동하는 시스템이 복잡할까 아니면 지구 생태계에서 기후가 변화하는 시스템이 복잡할까? 다소 이분법적 발상이지만 기존 경제학은 인위적으로 개입하기에는 경제가 너무 복잡하므로 정부는 시장의 가격 메커니즘이 잘 작동하도록 돕는 데 주력하자고 말한다. '시장을 이기는 정부는 없다'는 유행어도 이러한 관점을 상징한다.

 그 때문인지 기존 경제학은 경제보다는 자연과 기후변화를 통제하기 위해 인공적인 방법을 동원하는 것을 선호한다. 그래서 대기의 성층권에 아황산 에어로졸을 뿌려 태양 빛을 차단하여 지구 온도를 떨어뜨리려는 발상이 자주 나온다. 이러한 '지구공학'은 빌게이츠 같은 기업가들에게 '비상시를 위한 최첨단 기술'로서 늘 선택지에 올라와 있다. 시장 메커니즘의 비위를 맞추면서 자연을 재단하려는 관성이다.

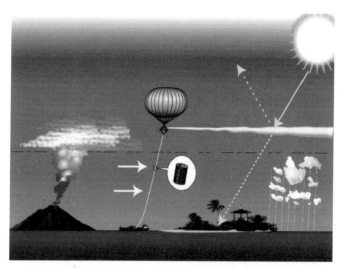

성층권에 아황산 에어로졸을 뿌리는 방법 가운데 하나로 대형 풍선을 이용하는 방법. 하지만 이러한 지구공학은 기후와 생태계에 미칠 영향과 위험에 대해 확실한 답변을 줄 수 없다.

경제가 아니라 자연을 조작하자는 주장

이렇듯 '지구공학'의 해법을 주장하는 사람들은 진정 인간이 고작 수백 년 동안 만들어낸 경제 시스템보다 지구가 46억 년 동안 안착시켜온 기후 시스템이 더 후진적이고 더 단순하다고 생각하는 걸까? 이러한 생각은 경제와 자연 사이의 관계를 잘못 이해할 경우 나올 수 있다. 말하자면 지구 생태계를 경제활동을 위한 에너지와 자원 창고나 폐기물 처리장쯤으로 간주하는 것이다. 이런 관점에서는 문제가 생기면 기술공학적으로 제어하겠다는 상상이 그다지 무리가 없어 보일지 모른다.

하지만 '꽉 찬 세상'에서는 반대로 접근해야 한다. 오히려 경제는 상대적으로 통제할 수 있는 대상이지만 자연은 쉽게 인위적으로 조작하기 어려운 복잡계다. 지구 시스템은 46억 년의 지질학적 역사 과정을 통해 물순환, 탄소순환, 질소순환 등을 중심으로 생물과 무생물이 서로 얽히고 의존하면서 매우 정교하고 균형 잡힌 시스템을 만들어 왔다. 물론 대기권, 수권, 지각권, 생물권은 일시적 교란을 겪은 후에도 어느 한도 안에서는 스스로 복원되는 강한 탄력성을 갖고 있다. 하지만 이 시스템은 고도로 복잡하기 때문에 어떤 최첨단 지식과 기술로도 인공적으로 통제하는 건 절대로 쉬운 일이 아니다. 따라서 지구 생태계를 인위적으로 교란하고 통제하는 것보다는, 경제 시스템이 지구 생태계의 허용 한계 안에서 작동하도록 큰 범위에서 통제하는 것이 훨씬 더 현실적이다.

지구를 복잡계로 이해하기

인간 경제를 지구 생태계의 부분집합으로 접근하는 생태경제학은 경제활동 하나하나가 모두 자연의 현재 조건과 연결되어 있고, 자연 위에서 함께 살아가는 다른 생명체들의 활동과 연결되어 있다고 바라본다. 원료를 채취하든 폐기물을 버리든 경제활동은 주위에 연결된 모든 것에 동시에 영향을 미친다는 것이다. 이때 통상적으로는 지구 생태계가 감당할 수 있는 선에서 그 영향들이 흡수되거나 적응을 통해 '회복'되는 과정이 작동한다. 그런데 이미 지구의 지질학적 지형을 바꿀 만큼 강력한 힘을 소유한 인류가 지구 시스템의 균형을 흔들면서 돌이킬 수 없는 상황으로 몰아가고 있다.

예를 들어보자. 북극의 빙하는 마치 거대한 거울처럼 태양 빛 일부를 우주로 반사하여 지구 가열을 완화하는 역할을 한다. 이를 알베도

효과라 한다. 그런데 인간이 일으킨 온난화로 빙하가 녹으면서 어두운 땅이 드러나면 빛이 반사되지 못하고 흡수되면서 지구가 더 더워지게 된다. 이렇게 되면 이제 인간이 추가로 탄소를 배출하지 않더라도 '북극 빙하의 감소 – 태양열 흡수 – 온난화 가속'의 자기 강화 과정에 들어간다. 이 과정은 이미 진행 중인데 1980년에 7백만 제곱미터에 달하던 빙하는 이제 4백만 제곱미터밖에 남지 않았다.

열대우림 같은 숲도 마찬가지다. 온난화로 숲 지대가 건조해지고 화재가 빈번하게 발생하면, 화재 탓에 탄소가 추가로 배출되는 동시에 탄소를 흡수해왔던 숲의 기능이 약해진다. 또한 숲의 생명활동으로 대기 중에 수증기를 내뿜어 비를 내리게 하는 기능도 약해지면서 숲은 더욱 건조하게 된다. 이 과정이 일정 범위를 넘어서면 역시 인간의 탄소배출과 별개로 숲은 자기 강화하는 되먹임 작용으로 급격히 황폐화하는 것이다.

이런 상황에 대처하고자 '지구공학' 같은 기법을 동원하여 지구를 인공적으로 통제하려고 하면 어떤 문제가 생길까? 독일 생태경제학자 마야 괴펠은 지구 생태계라는 복잡한 시스템을 무시하는 이런 방식은 대체로 '오늘의 해결책이 내일의 문제를 낳는' 결과를 초래한다고 경고한다. 괴펠은 "우리는 자연이라는 시스템을 지배할 수도, 그 신비를 다 밝혀낼 수도 없다. 하지만 얼마든지 함께 춤출 수는 있다"면서, 기존의 시장경제 요구에 자연을 적응시키려 하지 말고 반대로 지구 시스템이 균형을 유지하도록 시장경제를 변화시키라고 요구한다. '꽉 찬 세상의 경제'에 맞는 적절한 조언이 아닐 수 없다.

8

공정한 분배는
자연도 요구한다

앞에서 지금 지구는 평균온도가 올라가는 체온 이상을 겪고 있고 사회는 불평등이 깊어지는 혈압 상승을 겪고 있다고 말했다. 그런데 이 두 가지 이상 현상은 서로 어떻게 영향을 주고받을까? 전통적으로 경제의 가장 예민한 주제인 '분배와 불평등'이 '환경과 기후위기'를 만나면 경제가 어떻게 다르게 보일지 살펴보자.

지구는 체온 상승으로, 사회는 혈압 상승으로

매우 잘 알려진 사실 중 하나는 '가난한 이들이 기후위기의 피해를 가장 크게 본다'는 것이다. 그러면 이에 대해 어떻게 대처할 수 있을까?

전통적인 경제 처방은 사실 좀 모호하다. 환경경제에 기여한 공로로 노벨 경제학상까지 받은 윌리엄 노드하우스는 《그린의 정신》에서 '그린 공정성'을 얘기하면서 "환경에서 피해를 본 사람들을 다른 부분의 이익으로 보상"하자고 주장한다. 심지어 "사람들에게 적절한 의료를 제공하는 것이 모종의 해로운 물질을 마지막 한 톨까지 샅샅이 제거하는 것보다 훨씬 효과적일 수 있다"며 과도하게 기후위기에 대응하기보다 피해에 대한 보상을 적절히 하는 것이 나을 수 있다고 주장한다. 납득하기 어려운 주장이다.

그런데 최근 불평등 경제학자 토마 피케티와 뤼카 샹셀 등이 경제 불평등과 환경 불평등을 본격적으로 교차시켜 연구하고, 전 세계 국가들을 대상으로 한 환경 불평등 보고서를 발간했다. 한 차원 높아진 이 연구에서 이들은 "경제적 불평등이 대체로 환경적 불평등을 결정한다"고 전제한다. 그리고 "관건은 환경을 보호하면서 경제적 불평등을 어떻게 줄일 것인가 하는 데" 있다고 강조한다. 구체적으로는 소득격차에 따라 기후위기의 책임을 차별적으로 할당해야 하고, 기후재난에 대한 보호 역시 소득격차에 따라 달리 해야 한다고 주장한다. 그레타 툰베리도 "기후 파괴와 불평등은 서로 연결되어 있으며 서로에게 연료를 공급한다. 하나를 극복하려면 두 가지를 모두 극복해야" 한다고 강조한다.

이는 기존 환경운동이 암묵적으로 전제했던 사실, 즉 기후와 환경을 위해 모든 사회구성원이 '1/N'로 책임을 분담해야 한다는 가정과는 확연히 다르다. 또한 경제적 불평등을 감안하지 않는 기후운동이 왜 종종 서민들의 반발을 불러일으키는지를 잘 설명해준다.

대표적으로 2018년 프랑스 노란조끼운동은, 환경파괴 책임이 적은 서민에게만 과도하게 부담을 주는 환경정책이 공감보다는 오히려 반발을 불러일으킬 수 있다는 점을 보여주었다. 이 문제는 이른바

'정의로운 전환' 논리로 확장된다. 과거에는 정의로운 전환이 폐광지역이나 석탄화력발전 중단에 따른 노동자들의 일자리 안정 문제로 국한된 주제였다. 하지만 지금은 생태적으로 안전한 경제전환 과정에서 불평등을 최소화하는 전략으로 그 범주가 크게 확장되었다.

특히 위기에 대응하기 위해 한 세대 안에 탈탄소 경제와 탈성장 경제로 근본적인 전환을 해야 하는 상황에서는 사회의 거의 모든 영역에서 전환으로 인한 위험에 노출될 수 있다. 그러므로 기후위기 시대의 '정의로운 전환'이란 ❶시민이 필요로 하는 어떤 '시스템 전환' 과정에서, ❷불가피하게 발생하는 모든 전환 위험과 비용, 기회와 이익에 대해, ❸사회구성원들 사이에서 공정하게 분배하는 것으로 재정의할 필요가 있다.

무한성장을 멈추면 분배가 정면에 들어온다

사실 분배와 환경의 문제는 더 큰 주제로 이어진다. 경제에서 생태적 안전, 분배, 시장의 효율성이라는 세 가지 큰 주제를 어떤 원리와 순서로 풀어야 할지 답해야 하기 때문이다. '꽉 찬 세상의 경제'에서는 유한한 지구 생태계의 수용 능력 안에 경제를 머무르게 하는 정책이 가장 우선해야 한다고 주장한다.

과거에는 경제적 파이의 분배를 둘러싼 사회 내부의 갈등을 회피할 목적으로 아예 파이를 키우는 경제성장을 선호했다. 파이를 키우면 서민에게도 분배 몫이 조금은 늘어날 것이기 때문이다. 어찌 보면 지금까지의 경제는 인간 사회의 갈등을 회피하려고 경제 파이를 계속 키움으로써 지구 생태계에 부담을 주어왔다고 할 수 있다. 그러나 이제 지구 생태계가 감당하기 어려울 정도로 경제 규모가 팽창하고 위기가 심각해지면서 사회의 갈등 요인을 더는 자연에 떠넘기기 어려운 상황이 되었다.

따라서 더는 파이를 키우지 말고 생태적 한계 안에서 최적의 경제 규모가 되도록 해야 한다. 대신 일정한 크기의 파이를 어떻게 공정하게 나눌 것인가 하는 이슈를 정면으로 응시해야 한다. 생태경제학은 경제 파이를 공정하게 나누는 분배의 큰 틀은 시장이 아니라 사회적 합의에 따라 결정해야 한다고 주장한다. 이를 위해 최저임금제, 최고임금제, 고용보장제, 보편서비스, 기본소득제 등 다양한 분배정책이나 불평등 완화정책들을 제안한다.

특히 로마클럽이 최근에 출간한 《모두를 위한 지구》는 기후를 위해서 "소득 재분배는 타협할 수 있는 사안이 아니"라는 강력한 원칙을 세우고 두 가지 대안을 제시한다. 우선 최고소득 제한을 강력히 주장한다. 구체적으로 경제학자 호세 가브리엘 팔마가 제안한 팔마비율에 따라 상위 10퍼센트 부자 '한 사람'이 버는 소득이 하위 40퍼센트에 속한 서민 '네 사람'이 버는 소득을 넘지 않으면 감내할 만한 불평등이 될 것이라는 기준을 제시한다. 북유럽 복지국가들의 팔마비율이 대체로 1이고 미국은 3이다.

또 하나는 공유자원에 대한 사용료를 징수하여 '보편적 기본 배당금'을 줌으로써 생태전환이 일어나는 동안 사회의 모든 구성원을 보호하자고 제안한다. 어떤 공유자원을 말할까? "사회의 모든 구성원이 관리해야 할 것으로 여겨지는 자원을 추출하고 사용할 때는 그 사용료를 지불해야 한다. 여기에는 화석연료, 토지, 담수, 대양, 광물,

사회적 기초와 생태계 한
계 안에서 머물러야 한다
는 도넛 경제학에 대해 설
명하고 있는 케이트 레이
워스

대기, 심지어 데이터와 지식도 포함된다"고 제시한다.

　분배 과제는 생태적 한계선을 유지하면서 복지 기준을 높이는 방
식으로도 고려될 수 있다. 불평등과 기후위기를 동시에 해결하려는
정책 모델로 주목받는 '도넛 경제'가 바로 그런 접근법이다. 도넛 경
제는 '사회적 안전망'이라는 바닥을 지키면서 동시에 '생태적 한계'
라는 천정을 보호하자고 주장한다. 이를 위해서 한편으로, 사회의 절
반 정도의 인구는 사실상 생태적 한계를 넘어서 문제가 아니라 사회
적 안전망 안에도 들어오지 못해서 문제이기에 에너지와 물질이 더
투입되더라도 더 강력한 공공복지를 제공해야 한다고 말한다. 반면,
주로 소득 상위계층은 이미 생태적 한계선을 넘어가 있으므로 이들
의 과도한 소비를 규제하는 정책 수단들을 도입하여 생태 한계선 안
에서 물질적 생활을 하도록 유도해야 한다고 말한다.

　종합하자면, 그레타 툰베리의 다음과 같은 호소는 '꽉 찬 세상'을
위한 성장과 분배의 과제를 가장 잘 요약해주고 있다.

"우리 사회의 운영 방식을 근본적으로 바꿔야 합니다. 유한한 지구에서 무한한 성장을 추구하는 것을 중단해야 합니다. 더 큰 책임이 있는 사람들이 더 큰 대가를 치르도록 해야 합니다. 그리고 지구와 모든 인류를 우선시하는 평등한 사회로의 전환을 향해 나아가야 합니다."

맺음말

'이기적^{ego} 경제'를 넘어 '생태적^{eco} 경제'를 향해

"지구는 영원하지 않다. 끝없이 커지지도 끝없이 재생되지도 않는
다. 지구에는 그 나름의 한계와 안정, 그리고 물질적 필요가 있다. 지
구를 기적 같은 곳으로 만드는 것은 완벽함이 아니라 우리 지구가 인
간이 생명을 유지하기에 충분하다는 단순명료한 사실이다. 그렇기에
우리는 이 충분한 지구에서 충분한 삶을 구축해야 한다. 충분한 삶은
우리와 이 행성을 공유하는 수많은 동물과 식물을 포함해 '모든 존재'
를 위한 것이다."

프린스턴대학교 철학자 아브람 알퍼트가 《모든 삶은 충분해야 한
다》는 책에서 쓴 내용이다. 사실 기존 경제학은 이런 단순한 사실을
인정하지 않았다. 아니 지금까지도 인정하지 못하고 있다. 대신 시장
경제에서 기업들이 에너지와 자원을 덜 쓰는 기술혁신을 부단히 추
구하면, 굳이 지금 소비하는 물질적 풍요를 포기하지 않고도 에너지

와 자원 사용을 줄이고 온실가스 감축에도 성공할 거라고 주문을 외우고 있다.

그렇게 성공하기 위해 할 일이라고는 이윤을 추구하는 기업들이 친환경 기술혁신을 통해 수익을 창출하도록 돕는 것뿐이다. 수익만 보장된다면 기업들은 스마트폰 판매를 늘리면서도 반도체 칩의 효율 개선으로 전력 사용량을 줄이려 하거나, 아예 효율성이 뛰어나거나 환경피해가 적은 대체품을 만들어낼 것이다. 환경경제학자 윌리엄 노드하우스는 인류가 기술혁신의 도움으로 말 대신에 자동차를 타게 되면서 현대 도시가 환경적으로 얼마나 깨끗하게 되었는지를 이렇게 강조한다.

"19세기 말에 주요 도시들은 말이 배설한 오물로 진창을 이루었다. 당시 뉴욕에서는 주요 운송 수단으로 말 10만 마리가 도로를 누비고 다녔다. 그들은 매일 300만 파운드의 똥과 1만 갤런의 오줌을 쏟아내며 도시를 더럽혔다. 매년 처분해야 할 말 시체도 2만 5천 마리에 달했다. 자동차의 발명과 대중화가 주요 도시 운송 수단인 말을 몰아냈다. 당시의 공중 보건 전문가들은 자동차를 건강과 후생의 구세주로 여겼는데 정말이지 그들의 판단이 옳았다."

물론 이 사례는 어떤 면에서는 옳다. 하지만 20세기 이후 자동차가 모든 도시를 누비고 거리를 꽉 채우게 된 결과, 말을 탈 때보다 압도적으로 많은 석유 에너지를 소모하게 되었고, 그것이 과거 말이 발생시켰던 위생 문제를 능가하는 환경오염과 기후위기를 낳았다는 점을 그는 전혀 언급하지 않고 있다.

효율이 최고라도 전체 소비량이 늘면 끝이다

경제과정에서 효율을 높이는 것은 위기 해결에 매우 큰 도움을 줄 수 있다. 그래서 기후위기 대응의 중요한 한 꼭지에 '효율화' 전략이 있다. 단열로 주택의 에너지 효율을 높이든, 각종 가전제품의 효율을 높이든, 대체로 기술혁신으로 이전과 같은 소비를 하면서도 더 적은 온실가스만 배출하고, 더 적은 에너지를 쓰고 더 적은 물질을 쓰고 더 적게 버릴 수 있기 때문이다.

그런데 여기서 결정적으로 빠진 것이 있다. 단위 산출당 효율성을 높인다고 해서 총생산과 총소비가 줄어드는 것은 아니라는 점이다.

예를 들어보자. 과거에는 1기가바이트 데이터를 인터넷으로 전송하는 데 100와트시 전기가 소모되었지만, 이제는 기술혁신으로 효율을 높여 10와트시만 소모된다고 가정하자. 그런데 과거에는 1인당 매월 인터넷 전송량이 고작 10기가바이트였으므로 매월 전력 소비량은 1,000와트시(10×100)였다. 하지만 지금은 유튜브나 넷플릭스 시청 등 동영상을 많이 보는 탓에 월간 인터넷 전송량이 폭발적으로 늘어났다. 그 결과 매월 1000기가바이트를 사용한다고 가정하자. 그러면 기술혁신에도 불구하고 매월 전력 사용량은 10,000와트시(1,000×10), 즉 과거보다 10배가 늘어나게 된다.

이렇게 효율이 개선되는 속도가 사용량이 늘어나는 속도를 따라잡지 못하는 문제, 즉 제본스 효과는 현대 경제 곳곳에서 나타난다. 자동차 엔진의 효율 개선이 늘어나는 자동차 수를 따라잡지 못하고, 가

전제품들의 뛰어난 에너지 효율 향상이 역시 가전제품 자체의 양적인 팽창으로 상쇄된다. 그리고 최근에는 '생성형 인공지능'의 확산이 반도체의 전력 효율 향상을 넘어 컴퓨팅 전력 소모량의 폭발적 상승을 일으키고 있다.

충분성을 효율성 앞에 놓자

개별적인 효율 개선에도 불구하고 전체 소비량을 잘 관리하려면 지구 생태계의 수용 능력 범위 안으로 '총사용량'이 머무르게 해야 한다. 바로 이 지점에서 생태경제학은 '충분성sufficiency' 개념에 주목한다. 충분성은 한마디로 모든 이들에게 사회적 기본 필요를 충족시키는 것을 일차적으로 하고, 그 이상의 물질적 소비 확대는 생태적 한계 범위 안에서 이루자는 것이다.

독일 부퍼탈 연구소는 "충분성은 소비와 생산에 있어 적절한 균형을 찾는 것이다. 기술혁신만으로는 지속 가능성 목표를 달성할 수 없다는 과학적 증거가 점점 더 많이 제시되고 있다. 대신에 충분성 전략을 통합하는 것이 해마다 증가하는 상품 수요를 제한하는 데 핵심적인 역할을 한다"고 설명한다.

생태경제학은 기후 대응을 위한 핵심으로 '충분성' 전략을 놓고 효율성은 그 하위에 두어야 한다고 주장한다. 한 가지 의문이 생길 수 있다. 이기적인 경쟁이 지배하는 시장경제에서 각자의 효율성 추구는 자연스러울 수 있겠지만, 과연 각 개인이 전체 사회의 한계를 고려하면서 충분성 안에서 머무르는 것이 가능할까?

이 대목에서 경제활동을 하는 인간의 본성이 무엇인지에 대한 근원적인 질문과 마주하게 된다. 잘 알려진 것처럼 전통적인 경제학은 오직 자신만의 이해타산을 '합리적으로' 추구하는 '이기적 개인'을 경제활동의 기본 행위자로 가정한다. 이런 합리적 인간에게 충분성을 고려한 행동을 요구하기는 어렵다. 만족을 모르고 완전히 계산적이며 오로지 자기 이해관계만 따지는 원자적 개인인 호모 이코노미쿠스는 충분성에 만족하지 않고 늘 더 많은 생산과 더 많은 소비를 추구할 것이기 때문이다.

그런데 정말 우리는 '이해타산적 개인'으로 경제활동과 사회활동에 참여하는가? 다행히 생태경제학은 인간을 고립된 개인으로 보지 않고 사회 안에서 다양하게 관계를 맺고 살아가는 '관계적 인간'으로 접근한다. 즉 현실의 개인들은 가난한 이들, 미래세대, 그리고 다른 생물종들과의 관계 속에서 살아가고 있다는 엄연한 사실에 주목한다. 따라서 생태경제학은 '공동체 안의 개인person-in-community'이라는 경제 행위자를 새롭게 정의한다.

다시 공동체 안에서 관계 맺는 나와 너

사실 우리 모두는 누구의 아들(딸), 누구의 남편(아내), 누구의 아버지(어머니), 누구의 친구, 어디의 시민, 어느 곳의 구성원이다. 이 모든 관계를 버리면 '나'를 규정할 것이 얼마 남지 않는다. 더욱이 이들 관계는 자의식과 의지를 가진 존재로서 나의 정체성 일부를 구성하는 내부적 관계다. 심지어 나와 환경에 관한 관계 역시 외부적인 것만은 아니다. 나는 말 그대로 내가 환경에서 취하는 것으로 구성된다. 공기에 대한 나의 연결도 외적인 것이 아니라 내가 호흡하는 폐의 관점

에서는 내적인 관계다

이처럼 우리는 늘 개별적인 인간으로 살아가면서도 동시에 우리의 개별적 정체성 자체가 실은 사회적 관계의 질에 의해서 결정된다. 가난한 사람들에 속한 개인의 개별적 정체성이 부유한 사람들에 속한 개인의 개별적 정체성과 같을 수 없다. 어느 지역에 사는지, 누구와 함께 사는지에 따라서도 그 사람의 특성은 달라질 수 있다. 이렇게 우리는 서로 다른 물건을 구매할 의사가 있는 개인들일 뿐 아니라 빈곤한 사람들, 미래세대나 심지어 다른 생물종들과도 상호 연결되어 있다.

아브람 알퍼트는 이렇게 관계 안에서 우리 자신을 보면 다음과 같은 자명한 사실들이 눈에 들어올 것이라고 생각했다.

"우리는 '너무 많으나 부족한' 세상에서 살고 있다. 오늘날 우리는 인류 역사상 전례가 없는 생산과 풍요 속에서 살고 있지만, 그래서 넘치고 버려지는 지경이지만, 이 순간에도 수십억 명의 사람들은 제대로 먹지도, 입지도, 치료받지도 못하고 있다. 한편 기계화, 자동화로 그 어느 때보다 많은 생산을 하고 있지만, 우리는 여전히 바쁘고 쉴 틈이 없다. 유사 이래 이처럼 많은 인구가 지구에 살았던 시절이 없는데도 너무나 많은 사람이 혼자다. 수세기에 걸친 지식 축적과 과학 발전으로 행복을 누릴 것 같았으나, 가면 갈수록 불안과 우울만 늘어갈 뿐 행복한 사람들은 찾기 어려워지고 있다."

이런 식으로 나와 너, 우리를 생각한다면 개인의 물질적 소비에 탐닉하는 것 대신 다른 이들과 함께 나누는 데 더 관용적인 태도를 갖고, 다른 생물종들과 공존을 위해 경제 규모 팽창에 한계를 두려는 움직임에 이전보다 훨씬 더 진지해질 수 있을 것이다. 그리고 우리 모두의 미래를 위해 '필요한 만큼만 충분히' 생산하고 소비하는 경제를 훨씬 포용적으로 받아들일 수 있게 될 것이다.

프랑스 철학자 프레데릭 르누아르는 《욕망의 철학, 내 삶을 다시 채우다》에서, 아직은 소수일지라도 점점 더 많은 사람들, 특히 젊은 이들이 물질적 만족보다는 정신과 사랑, 관계가 가져다 주는 행복에 눈을 돌려야 한다는 필요성을 절실히 느끼고 있다면서 다음과 같이 덧붙였다.

"이들은 뛰어난 물질적 조건이 주는 편안함과 사회적 명성 대신 자기실현, 사회정의, 지구에 대한 존중이라는 깊은 욕망을 충족시키는 소박하면서도 행복한 삶을 선호합니다. 지배와 경쟁보다 협력을 선호합니다. 출세보다는 자신의 삶을 잘 꾸려나가면서 타인과 아름다운 지구의 모든 생명체와 조화롭게 사는 것을 선호합니다."

자연과학이 해명한 기후위기와 생태위기 해법을 찾으려고 이 책 전체를 통해 새로운 생태경제학의 원리와 실제를 탐구했지만, 어쩌면 마지막 해답은 사실 우리가 추구해야 할 윤리적 가치와 철학에 있을지도 모른다.

감사의 말

이 책을 쓰면서 가장 감사를 드려야 할 분들은 무엇보다 《기후를 위한 경제학》을 읽고 강연과 토론회에 초청해 주시고 함께 다양한 얘기를 나눠주신 기후시민들이다. 그분들의 경청과 질문과 조언, 토론 과정에서 받은 선한 영향들을 필자가 소화한 만큼 책 내용 안에 담으려고 노력했다. 다시 한 번 감사의 마음을 전한다.

최근 녹색전환연구소가 진행하는 지역의 도넛 모델 구축과 1.5℃ 라이프스타일 적용 프로젝트에 함께하고 있는데, 지역전환팀의 배보람 팀장, 고이지선 연구원, 서윤경 연구원과 함께 연구하고 토론하며 배운 것이 아주 많았다는 점을 꼭 밝히고 싶다. 그 결과의 일부를 이 책에 담아서 독자들과 공유할 수 있었다. 아울러 그들과 2023년 9월 독일과 암스테르담을 방문하여 도넛 모델의 구현 사례를 듣고 쇠나우 등을 비롯해 여러 지역의 에너지전환 사례를 직접 관찰할 수 있었던 것 역시 이 책의 내용을 보강하는 데 큰 도움이 되었다. 현장 답사 여행에 합류하도록 도와주신 이유진 소장과 지현영 부소장께 특별히 감사드린다.

책의 내용과 관련해서 독자 여러분께 알려드릴 점이 있다. 핵심 내용을 쉽고 빠르게 전달하도록 돕기 위해 웬만하면 참고문헌 표기를 생략했고 인용할 경우는 원저자 이름만 간단히 표기했다. 해당 저자의 문헌과 주장을 더 알고 싶으면 《기후를 위한 경제학》에 참고문헌 정보 등을 자세히 수록했으니 참고하셔도 될 것이다. 또한 이 책의 목적이 좀 더 쉽게 생태경제학의 핵심과 실천적 시사점을 전달하는 것이므로, 생태경제학 입문 내용을 충실히 전달하고자 했던 《기후를 위한 경제학》에서 설명했던 일부 내용은 특별한 인용표시 없이, 경우에 따라서는 다소 각색도 하여 사용했음을 밝힌다.

원래는 《기후를 위한 경제학》을 내고 얼마 지나지 않아 좀 더 대중적으로 접근 가능한 해설판 역할을 할 수 있는 책을 출판할 생각이었다. 하지만 원래 계획보다 거의 1년 가깝게 일정이 늦어지게 되었다. 그럼에도 인내하고 기다려주신 착한책가게 출판사 전광철 대표와 관계자 여러분께도 고맙다는 인사를 드린다. 이번에도 여러 면에서 나의 작업을 격려하고 도와준 가족도 나의 감사 인사를 받아 마땅할 것이다. 특히 김민재, 김연우 두 딸의 도움이 컸다.

추천하는 책

해외에서는 생태경제학 이론을 탐구하거나 해설하는 정말 다양한 단행본들을 만날 수 있겠지만, 국내에는 약간의 번역서들이 고작이고 사실 논문들도 많지 않다. 참고로 함께 보면 좋을 단행본을 몇 권 추려서 소개해 보겠다.

1. 《기후를 위한 경제학》, 김병권, 2023, 착한책가게.
   본문에서 밝힌대로 필자가 생태경제학의 최신 성과를 종합하고 기후대응과 연결한 책인데, 시민들이 쉽게 읽기에는 좀 어렵다는 지적이 있어 이번 책을 내게 되었다.

2. 《성장의 한계》, 데니스 메도즈 외, 2021, 갈라파고스.
   1972년에 처음 나오면서 세계적인 충격을 준 이 책은 30주년 기념판이 최근 다시 번역되었다. 워낙 선구적인 책이지만 지금도 도움이 되는 고전이다.

3. 《모두를 위한 지구》, 상드린 딕손-드클레브 외, 2023, 착한책가게.
   《성장의 한계》를 기획했던 로마클럽이 50주년을 맞이하여 새롭게 낸 책인데, 《성장의 한계》가 미래의 시나리오를 예시했다면 《모두를 위한 지구》는 생태위기에 어떻게 대응할 것인지에 주목해서 해법을 제공한 책으로 강력히 추천할 만한 내용을 담고 있다.

4. 《성장을 넘어서》, 허먼 데일리, 2016, 열린책들.
   생태경제학을 개척한 핵심 인물인 허먼 데일리의 1997년 저서의 번역으로 그의 책 가운데 유일한 번역본이기도 하다. 그의 핵심 주장들이 상당히 많이 담겨져 있는 놀랄 만한 책이다.

5. 《도넛 경제학》, 케이트 레이워스, 2017. 학고재.

최근 가장 인기 있는 생태경제학자 케이트 레이워스의 저서로 지금도 전 세계
적으로 가장 많이 읽히는 생태경제학 해설서이자 도넛 모델의 교과서다.

6. 《성장 없는 번영》, 팀 잭슨, 2015, 착한책가게.

영국의 저명한 생태경제학자 팀 잭슨의 2009년 저서인데, 생태경제학의 핵심
교과서 반열에 들 정도로 잘 정리된 생태거시경제학 해설서다.

7. 《포스트 성장시대는 이렇게 온다》, 팀 잭슨, 2022, 산현재.

팀 잭슨이 최근에 에세이 형식으로 쓴 생태경제학 저서. 경제학 이론을 풀어쓰
기보다는 철학 에세이에 가까운 내용으로 구성되어 있는데, 생태경제학의 철
학적, 가치적 배경을 이해하는 데 도움을 얻을 수 있다.

8. 《미래를 위한 새로운 생각》, 마야 괴펠, 2021, 나무생각.

독일의 생태경제학자 마야 괴펠이 쉽게 풀어쓴 생태경제학 저서로 역시 이론
적 전개보다는 에세이 방식으로 쉽게 해설하고 있다.

9. 《미래는 탈성장》, 마티아스 슈멜처 외, 2023, 나름북스.

독일의 경제사학자 마티아스 슈멜처가 탈성장과 관련된 역사, 접근법, 방법론
등을 집대성한 탈성장 교과서라고 부를 만한 교재다.

10. 《적을수록 풍요롭다》, 제이슨 히켈, 2021, 창비.

탈성장 주창자 중에는 최근 가장 인기가 있는 제이슨 히켈이 자본주의 분석부
터 파고들어가 탈성장의 정당성을 논증하고 정책대안까지 제시한 역작이다.

11. 《지속 불가능한 불평등》, 뤼카 샹셀, 2023, 니케북스

생태경제학자가 아닌 불평등 경제학자가 불평등 관점에서 생태문제로 확장하
여 "경제적 불평등이 환경 불평등을 결정한다"는 사실을 논증한 드물고 중요
한 단행본이다. 프랑스 경제학자 뤼카 샹셀은 이 분야에서 독보적이다.

12. 《기후 책》, 그레타 툰베리, 2023, 김영사.

너무 유명한 스웨덴 청년 기후활동가 그레타 툰베리가 100여 명의 세계 저명
인사를 기후 책이라는 저서에 참여시켜 역어낸 단행본이다. 이 책 자체가 생태
경제학을 다루지는 않지만, 생태경제학과 연관된 수많은 주제들이 있는 데다
가, 이 저서 참여자 중에 케이트 레이워스, 제이슨 히켈, 뤼카 샹셀은 물론 니
콜라스 스턴 같은 경제학자들이 다수 포함되어 있다.

본문 사진 저작권

본문 일러스트 김연우, 김민재